法律與生活【第二版】

劉俊麟、劉俊良◎編著

蔡　序

　　這是一個充滿生活競爭壓力的時代，因此該如何妥善地調適並健全自我保護的觀念，便成為現代人頗值得關切的一項課題。

　　過去或許民智未開，我們可以說不懂法律也無傷大雅，但是現代社會與法律息息相關，加上各種法令多如牛毛般的繁瑣，稍有不慎便可能有無端涉法而仍不自知的窘境發生；因此當一個人面對已出現之法律事件而必須做出選擇時，除非息事寧人或者忍氣吞聲而蒙受不白之冤，否則唯一的途徑便是必須循法律來爭取最基本的捍衛與保障。

　　俊麟、俊良兄弟二人於就讀東吳法律系時，除努力於法律本身的鑽研外，更分別熱心於企管、財會方面的研習，畢業後，俊良君更繼續攻讀政大法研所，而後從事律師實務工作至今，其在律師實務界的成績斐然，足見其用功頗深，並榮獲「二○○○年世紀財經政治菁英名人錄」，一併在此致賀；至於俊麟君雖未繼續深造，但卻自修從事法律與生活相關方面的各種學術研究，筆下更著有十多本生活法律方面的專門著作，確屬法界之異數，誠屬難得。

　　今欣聞二人共同完成這本《法律與生活》的著作，對於提供非法律人的大專學生，作為研讀參考，實有相當助益，茲值此書即將付梓之際，欣為序文以資勉勵！

台灣大學法律系教授

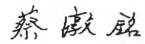

自　序

　　從十二年前開始學習法律開始，便在法律事務所工作至今，多年來看遍人間的悲歡離合，有些人因不懂法律而身敗名裂，有些人卻利用法律胡作非爲，當然更有人遊走法律邊緣獲取暴利，凡此種種讓筆者不禁要問，法律究竟是不是存在公平正義呢？

　　其實只要牽涉到人性，就沒有絕對的是非對錯，因此在這種社會環境中唯有明哲保身一途，恰逢揚智文化公司總編輯熱情邀約，於是與舍弟勉力共同執筆撰寫《法律與生活》一書。

　　本書在寫作初期，每每不知該如何去簡單淺顯地詮釋法律這門經世的哲學，因爲法律畢竟與一般教育的思考模式，有著一定程度的差異性，於是在動筆上便必須一再斟酌，如何展現法律的原貌，又能針對一些尚未涉世的大學生，能夠輕易地從中學習到法律基礎的價值觀；畢竟新世代的年輕人，或許對於學問的認知，便在於像陶淵明式的不求甚解，但每有會意便欣然忘食的無爲學習法，因此本書除在一開始的提綱挈領的說明外，更在每章後列出一些生活實際的案例，供學生們參照檢測學習的心得與經驗分享。

　　當然如果法律能夠被當成一門藝術來修持與運用的話，那麼法律便不會成爲一種工具，甚或爭權奪利的利器，而是排除彼此隔閡或戒心的誠信礎石；如此所有的法律人皆不會再爲皇后的貞操擔心，如此一切才能自然而然地回歸正道，並展現其眞善美的意境。

　　然而目前法律人都只崇拜那被當作傀儡一般的獨門理論圖騰

柱去盲從膜拜，也因而捲入紛爭中成為法匠而不自知，一個無法舌燦蓮花、排憂解難的法律人，如何能夠維護那人世：

　　因貪嗔欲覬而起的是是非非；
　　因功名利祿而生之恩恩怨怨？
　　卻不知人生如潮汐，生命似朝露；
　　爭來爭去又如何，還不是人生來去最後均成空；
　　還不如兩袖清風，瀟灑來去自安逸。

目　錄

蔡　序 *i*

自　序 *iii*

第一章　緒論 *1*

第一節　法律的意義 *2*

第二節　法律的理念 *4*

第三節　法律與其他社會規範 *5*

第四節　法律的效力 *9*

第五節　法律的形成 *13*

第二章　憲法與人民的基本權利與義務 *17*

第一節　憲法的意義 *18*

第二節　人民的權利 *20*

第三節　人民的義務 *26*

第四節　選舉、罷免、創制、複決 *27*

第三章　有關青少年的法令 *33*

第一節　少年事件處理法 *35*

第二節　兒童及少年福利法 *47*

第四章　民法 57

第一節　民法的意義 58
第二節　民法總則編 61
第三節　民法債編 69
第四節　民法物權編 86

第五章　犯罪與刑罰 95

第一節　刑法的意義 96
第二節　刑法的原則 102
第三節　刑法的內容 107

第六章　兩性婚姻的法律常識 139

第一節　訂婚與結婚 140
第二節　夫妻財產制 149
第三節　父母子女 153
第四節　離婚 157
第五節　繼承 165

第七章　商法 173

第一節　公司的意義 174
第二節　公司的種類 180
第三節　票據的意義 185
第四節　票據的種類 187
第五節　保險的意義 196
第六節　保險的種類 199

第八章　智慧財產法　207

第一節　專利法　209

第二節　商標法　217

第九章　著作權法的一般概念　231

第一節　著作的功用　233

第二節　著作權與出版界　241

第三節　著作權與相關行業　250

第十章　經濟生活的法令　265

第一節　公平交易法　266

第二節　消費者保護法　279

第三節　稅法　294

第十一章　勞工法及勞工權利的保障　313

第一節　勞動基準法及附屬法規　314

第二節　勞工保險　325

第三節　工會　335

第四節　勞資爭議處理法　347

第十二章　公寓大廈住戶的實用法律　359

第一節　公寓大廈及住戶的意義　361

第二節　住戶管理組織　369

第三節　刑罰及其他重要規定　384

第十三章　如何打官司 *393*

第一節　打官司的意義　*396*

第二節　官司的種類　*401*

第三節　為何打官司　*412*

第四節　訴訟之法律關係　*416*

第十四章　行政救濟法令 *421*

第一節　請願法　*422*

第二節　訴願法　*423*

第三節　行政訴訟法　*428*

第四節　國家賠償法　*440*

第五節　公務人員保障法　*447*

第一章 緒論

法律做為維持人類社會秩序繼續存在的規範，似乎是一種無法加以避開的課題，而這也是一種無法加以忽視的現實狀況，然而法律究竟如何發揮其規範的功能？法律的意義與其他規範如道德、宗教以及中國傳統中的倫常、禮法究竟有何不同？而身處現代民主社會中的國民，又應該如何去看待法律的規範功能呢？這些在在顯示法律的重要性，所以本書希望透過法律基本理論的介紹、法學方法的說明以及實際案例的研析，以便能簡單地剖析「法律」給非法律系的學生閱讀！並且希望藉由案例引發青年學子對於法律究竟與切身的日常生活有何關係而深入探究的興趣。

第一節　法律的意義

　　任何人做事，無論其係年長或年幼，必然會依直覺導引至本身對事的區分以及識別上的思考；這正如同今日我們求取學問一般，在開始時只求自己能懂，對於所學能夠清楚其涵義而不致誤解，便感到沾沾自喜；而後，從所知中逐步深入了解而達於熟悉的階段，此際便能判斷事情的優劣；其次，自己亦可嘗試仿作，從模仿中窮究印證真相，以達到深層的論理分析；然後，便邁入創新與評斷的層面，而於此際將體會到許多「用語」上的差異，於是字句上的斟酌思索，便很容易造成即使遷就所同，仍會有感於不敷其需或詞難盡意之遺憾，故此乃有定義之說。而且唯有以定義能切合本然，才算是清楚地使用定義之所以然。

　　「言法」、「尚法」，在於能兼具本然一體實現之重點；至於其對象，並非局限在學習法律的人，亦非單以執法人員為其範圍，而係以生活在其間的每一個人均為主要適用的對象，經由習慣的

傳承，逐步演進至一種規範，然後形成一種約束之法制。

　　所以基礎之法中會講求「定義」，主要在為每一個人闡明理念的差異，助長辨識，促進判斷，善用特定界說為重心，以掌握理念上之樞紐，而能發揮亨通貫連的通行作用。

　　定義若明，則法律之意義自清，其意即為保障公眾社會的安寧，並藉此維持最基本的秩序，進而通過國家公權力來強制實施的一種整合性的社會規範。

　　而中國是一個文化歷史悠久的民族，惟早期學者有關法學著作，嘗以竹板為之雕刻，再穿孔而鑿以牛筋，是故往往言簡意賅，而使後人對古籍用語，有著二種或二種以上截然不同的說法，而造成錯覺，聞者不置可否，如此人云亦云之結果，反倒使初學者在蕭規曹隨之引導下，茫然不知所措，是故現行法律定義白話的重要性便可見一斑，否則只是見山是山之「中人之法」。

　　接下來談到法律的意義，就不能不談到法律的文義，現行我國法律條文的文義，基本上可區分為隱性及顯性兩種意涵，舉例來說：有關智慧財產權的相關法律，如專利、商標及著作等，均會在條文當中就特定法律之意義加以詮釋，而這很明顯的是顯性文義，而像民法中有關善意及惡意的解釋，就非一般我們社會觀念的認知，而是有特別的意義，善意是指不知情，而惡意是指知情而言，這點在法律使用上我們稱之為隱性涵義；因此當一般人想要了解法律的內容時，不妨看看開始的條文當中，是否開宗明義地作特定名詞的解釋，如果沒有的話，那就要小心其中隱含的意思，以免誤蹈法網而不自知！

第二節　法律的理念

　　我國明清時代，在湘西一帶有一種特殊的習俗。當地劊子手這種行業，雖說係執行公務，但始終擔心自然律中之殺人行徑於天理所不容。於是在每次行刑之後，劊子手便會與縣太爺到城隍廟演一齣雙簧，由縣太爺將劊子手殺人一事加以審訊一番，並且象徵性地加以處罰之。

　　等到以上這一切手續均當著城隍爺面前交待清楚後，由神祇作證，如此方才算將本案結清。然而歷經民國，朝代更換，風俗也變了，但人們的思維邏輯仍然沒有改變。

　　雖然以現代人之眼光來衡量理解此事，均認為法律有其公平客觀的標準，及明察秋毫一視同仁的軌跡，怎可當作儀式般虛晃一招，欺人欺己。但是現代檢察官在執行槍決時，執行前後亦曾有如斯之儀式在進行。

　　也許由這點上來看，中國並未曾達到一個真正的法治社會。法律的威嚇作用，並不完全透過具體而微的執行，反倒是其中絕大部分維繫在以法律作為一種儀式功能，否則為會讓社會詬病司法不公、不廉及法庭暴力事件的層出不窮呢？

　　看美國通過之憲法第二十七條修正案，規定國會議員如通過加薪案，必須在改選之後的下一個會期才能生效。而反觀台灣卻在國會自行延長任期而引起社會軒然大波以觀，現行法律豈不如同宗教儀式，只在求得心安，而根本不去計較它所應該擁有的實質且正面性的功能？

　　因此為避免形式上的謬誤，必須試著學習開始創造傳統，忍

受當先知的寂寞，因為畢竟人們慣有的惰性較傾向於保持固有文化傳統，否則一切便成為異端邪說。為此以蔣夢麟所言為斷論：「中國既不是一個天神般萬能的國家，也不是個低能毫無作為的國家。」它是一群有感情有思想的凡人結合而成的國家。因而要想臻於至善，除需加以糾正缺習外，更須正法之精義方能竟其功效，因此鄭玉波先生認為，法律即是生活規範，而其涵蓋的規範包括純正的價值規範及經驗實驗的規範。

所以法律維護正義理念必須堅持，公法與私法雖各具特殊之法源，但二者亦有其共通的原理，而整體法律的趨勢，亦將逐步經由私力制裁進入公力制裁；由威脅趨向感化的現代法治前進。

第三節　法律與其他社會規範

真正研究實證法律運作的基礎，除了表面上的次級事實（second order facts）也就是法條、判例，以及與現有法律系統相關法典中的一些規則外，在這些事實的背後，還有所謂的原始事實（first-order or primary facts）或稱初級事實，係遨遊於法律學者、行政官員、法官或其他與這些複雜法令相關人士（包括律師，甚或一般民眾在內）實際行為所構成的整體思維之中。

其實也就是這些繁複的原始事實，才使被覆著它們的規範架構與原則架構具有意義與目的，在探討這兩種層次事實的微妙而複雜的交互作用，以便了解社會中法律的重要關鍵，因此純粹以概念為根據所創建的任何理論，如果忽略問題中各個概念所代表的事實基礎，便會形成缺乏滋養的現象學而不切實際。

至於法律與過往其他社會規範的關係如何呢？且聽筆者慢慢

道來：

一、法律與道德

兩者係相輔相成，內外兼合，蓋道德係誅心，設定禮儀在於防患於未然，係屬治本；而法律重在論事，制定規約在於懲罰其已然，故屬治標。不過法律受道德的影響亦問心，究其係善意或惡意來論斷，並應審酌犯罪之動機而定輕重，相對法律亦成為公共道德的規約，是故兩者在基礎內容上並無差異。

二、法律與宗教

兩者係並行關聯，異曲同工，蓋宗教係論因果，局限於信仰的教眾，效力薄弱但影響深遠；而法律係論是非，廣及於社會的大眾，效力雖強但影響有限。因此從自我約束上來看宗教發自內心，而法律則因畏懼而凸顯於外，兩者在維護秩序上亦有關聯共通性。

三、法律與政治

兩者係牽連影響，不過政治很容易引導法律的傾向，法律之形成必須透過民意機關的立法單位來制定，而政治形成卻變動無常，甚至主權者不受法律的拘束，如此透過行政機關的政策便很容易影響法律的方向，然而此種引導乃車之兩輪、鳥之雙翼，取決於民心向背及社會的實際需求而予制定。

四、法律與經濟

兩者係聯立並存，蓋因人與人之間的紛爭，皆來自各類經濟活動，例如買賣、租賃、證券、工商、保險、貿易等等，所以可謂法律支配經濟，定紛止爭；古代法家所云：「衣食足而後知榮辱，倉廩實然後知禮義。」正足以解釋兩者的關聯性，尤其在反常的經濟狀況下，必須透過法律來管制經濟活動，例如戰時或非經濟因素造成的股市波動。

五、法律與命令

兩者係權限高低，查中央法規標準法中，將牴觸法律之命令定為無效，即可說明兩者的位階不同，因法律透過立法機關制定，具備廣泛的適用性，而命令純由行政機關因事制宜所頒布，所以兩者有著明顯的效力差異性。

生活實例演習

☛ 案例：

現居住於永和市三十歲的王姓廚師，因購買檳榔而認識十七歲的許姓檳榔西施，因為該許姓少女想要開PUB店，但是缺錢，於是王姓廚師表示，倘若與其發生性關係，可給付三十萬，後來談到願付八十七萬元，經許姓少女同意後赴賓館發生關係，孰料事後竟賴帳不付，被許姓少女以詐欺一狀告到檢察官，然後被法官依違反兒童及少年性交易防制條例，處王姓廚師新台幣八萬元

罰金！

🖐解析：

其實本案應屬道德與法律約制的最佳表徵，男女雙方均必然會在法庭各執一詞，至於本案中與未成年少女發生性關係，除道德上有問題外，必須要釐清的是法律判斷上的區別：

1.如有對價關係：

  (1)與未滿十六歲為性交易者，適用兒童及少年性交易防制條例第二十二條第一項規定，依刑法第二百三十三條第二項規定處一年以上七年以下有期徒刑，得併科五萬元以下罰金。

  (2)與十六歲以上未滿十八歲為性交易者，適用兒童及少年性交易防制條例第二十二條第二項處一年以下有期徒刑、拘役或新台幣十萬元以下罰金。

  同時依該法第三十五條應實施輔導教育，不接受者得科新台幣六千元以上三萬元以下罰金，並得按次連續處罰。

2.無對價關係則依其年齡適用刑法之妨害性自主罪責處斷：

  (1)姦淫未滿十四歲者，處三年以上十年以下有期徒刑。

  (2)姦淫十四歲以上未滿十六歲之男女，處七年以下有期徒刑。

  (3)至於十六歲以上，未滿二十歲者，基本上如有使其脫離家庭之意者，則觸犯刑法第二百四十條第三項，處六個月以上五年以下有期徒刑，得併科一千元以下罰金。

3.針對未滿十八歲之人有以下行為，無論是否有金錢交易，均構成兒童及少年性交易防制條例第二十七條之罪：

  (1)拍攝、製造未滿十八歲之人為姦淫或猥褻行為之圖畫、錄影帶、影片、光碟、電子訊號或其他物品者，處六個月以上五年以下有期徒刑，得併科新台幣五十萬元以下罰金。意圖營利犯前項之罪者，處一年以上七年以下有期徒刑，應併科新

台幣五百萬元以下罰金。

(2)引誘、媒介或以他法，使未滿十八歲之人被拍攝、製造姦淫或猥褻行為之圖畫、錄影帶、影片、光碟、電子訊號或其他物品者，處一年以上七年以下有期徒刑，得併科新台幣一百萬元以下罰金。

第四節　法律的效力

　　法律效力的意義，在形式上是指法律的有效適用性，在預設結果的情形下，要求社會中每一個人必須一體遵行；而在實質上，則指實際發生作用最起碼的效力要求，基本上因人性弱點來看，法律形式意義可能大於實質意義。

　　其次談到法律的效力問題，我們可以從兩方面來討論，一為根據的問題；另一則為範圍的問題。

一、法律的根據

　　首先談到法律的根據，學說上有自然法說、神意說、歷史法說、承認說、命令說、實力說、社會意識說、輿論說與法之階段說等等，然而各種學說見仁見智，互不相同，因此若強要採行任何一種說法，都可能會形成以一而概全的偏頗，因此應由法律的妥當性、時代性與實效性上作複合性的整體研究，故對非法律系之學生來說，則無庸多加探究，故不贅言。

我們僅須知道法律須經立法機關通過、具備條文格式及固定名稱，並經總統公布施行；同時不違背憲法及牴觸其他法律為範疇。

二、法律效力的範圍

　　至於法律效力的範圍則可區分為時、地、人及事四種效力，茲簡述如次：

（一）時

　　法律必有始期，亦即生效之日期，我國法律生效期計有：

1. 自公布或發布日施行，係指自公布或發布之日起算至第三日起始發生法律效力。
2. 特定施行日期起生效，例如民法債編施行法規定自八十九年五月五日開始施行即為適例。
3. 法律不溯既往，意即法律僅能適用於該法律實施後所發生的事實。

　　至於法律的終期，則可區分為公布廢止（包括規定事項執行完畢、機關裁併、法規因有關法規廢止或修正、同一事項已另定新法規）及當然廢止兩種。例如：八十八年四月二十一日公布的民法債編施行法第三十六條規定，民法債編修正條文自中華民國八十九年五月五日施行，而債編原條文則自八十九年五月四日起終止實施即為適例。

（二）地

　　法律因國家地域上的限制，亦即領土主權範圍（包括領土、領海、領空）內，不論其國籍如何，均受該國法律所支配及監管。但其有兩種例外，即依國際慣例（外國元首及使節）或國際條約（領事裁判權）。例如：中華民國領海及鄰接區法、中華民國專屬經濟海域及大陸礁層法。

（三）人

　　法律因屬人主義而有以下兩種因人而異的法律上劃分：

1.**國籍劃分**：凡具有本國國籍，則不論其居住在何地，均受其本國法律的支配與監管。而其中例外的情形有二，其一包含居住國內之本國人，因特殊身分或職業者，例如國家元首及軍人之職業身分；其二則是僑居外國之本國人之例外，例如服兵役的問題、國籍法、刑法第六、七條規定、涉外民事法律適用法。

2.**專業劃分**：凡具有某種特定專業身分，則不論其在何地執業，都必須受到該法規範者。例如：律師法、醫師法、建築師法、社會工作師法、技師法等。

（四）事

　　法律關於事的效力，僅就法律規定範圍內的事項發生拘束的效果，其中包括：

1.**一事不再理**：即凡同一機關對同一法律關係，所已確定的同一事件的同一當事人，不得再重複受理。

2.一事不兩罰：指對同一違法處罰之事件，不得施以兩種以
上性質相同或刑名相同的罰則。

生活實例演習

☛ 案例：

　　吳健宏居住於蘆州市，因預期股票高漲而於民國八十九年四
月二十五日向親友招會，自己擔任會首，孰料股市突然遭遇不利
因素而大跌，吳健宏因此損失慘重，逐利用擔任會首收取會款的
機會，挪用會款，被得標會員張敏敏發現而提出告訴，結果竟被
檢察官以此為民事糾紛，而處分為不起訴，張敏敏對此十分忿恨
不平。試問原因何在？

💡 解析：

　　過去民間互助會的法律關係，係會首與會員間的個別契約，
因此會首收取的會款，所有權係移轉於會首，會首捲款潛逃並不
構成侵占罪；或者如本案例中吳健宏挪為私用的情況，因非代收
會款，亦不是為得標會員處理事務，因此也不構成背信罪，因此
在無法另行構成詐欺罪的情況，刑事方面檢察官也只能以不起訴
處分結案。

　　不過這種情形在民國八十九年五月五日民法債編修正生效施
行後，凡於五月五日後所招的互助會，會首僅取得法律上代理人
的地位，而代得標會員收取會款，其持有的會款係得標會員所
有，若有意據為己有，當然便會構成侵占、背信罪嫌，且新條文
規定會員應於得標後三日內給付會款，會首應於期滿之翌日前交
付，否則應代墊；不過本案因係在此修正條文生效之前，依法律
不溯既往的規定，張敏敏只能提出民事訴訟來救濟。

第五節　法律的形成

法諺云：「有社會，斯有法律。」由此觀之，法律係隨社會現象而逐步形成雛形；而若考究其發生，則不外乎「塔布」、「復仇」兩項基礎。

一、塔布

塔布（taboo）原爲太平洋中玻里尼西亞群島之土語，學者間因無適當之意譯，遂沿用原音，其意即禁忌接觸神聖或污穢事物之一種習俗。如以國王或酋長爲「塔布」，則不許任何人接觸，或不准直呼其名即其適例。既屬禁忌，犯之者當遭天譴，初民知識未開，且「恐懼」爲人類之本能。此種習俗在當時既具有規範社會之功用，即當然發生法律之效能，學者因此稱此時代爲「神秘法時代」。

二、復仇

復仇者即被害人對於加害人所爲之報復行動，此之復仇，則基於人類之洩恨心而生，復仇之方法，有所謂反坐制（Talion）者，亦稱同害制，例如「殺人償命」。此種復仇初期爲個人對個人，繼之則發展爲團體對團體，所謂團體乃指被害者所屬族群之全體及加害者所屬族群之全體而言，亦即所謂族群復仇。

其次由於復仇一事更演出兩種制度，即「賠償制度」與「扣

押制度」，其內容如下：

（一）賠償制度

賠償為一種緩和復仇的方法，其係以物質代替實力之復仇。蓋加害者為免受復仇的痛苦起見，常願予被害者以物質上補償，以贖己罪，以慰人心，而對方亦樂於接受，以息事寧人。此種制度產生後，因君權發達的結果，加害人不僅須向被害人為賠償，同時更須向君主繳納「和平贖罪金」，類似今日我國之罰金制度，因其侵害之行為，兼具破壞社會和平的罪惡。學者認為前者為民事上損害賠償之起源，後者則為刑事上罰金之起源。

（二）扣押制度

扣押制度為上述賠償方法之一種，此種制度側重於民事糾紛方面，其演進可分三期：第一期，被害者得扣押對方之財物，包括妻子，而直接據為己有，以充賠償；第二期：則以扣押物為擔保，藉以促對方為賠償或履行應盡之義務，倘對方仍不履行時，始沒收其財物；第三期：扣押物之所有者得訴諸該團體之長老，請其為扣押當否之裁判，並據此返還扣押物。

此一期開民事訴訟之端緒，吾人由此更可看出法律之發達，程序法實優先於實體法誕生。

簡而言之，整個發律的形成，其主要的表徵有三：(1)實質表現出公權力化；(2)形式由習慣到成文法化；(3)觀念上則由神意演進到民意化。

舉例來說民國八十五年十月二十三日，立法院三讀通過後經總統公布之貪污治罪條例，便係針對集體貪污增訂第八、九條之「自新條款」的規定，其法律的形成，便在集體貪污自首者，得因

自首或自白因而查獲其他共犯，以便使自首者免除其刑，自白者減輕或免除其刑。

因此一規定，讓我國貪污治罪條例為此特別以「法定免刑」作為攻破貪污堅實共犯網的一項利器；同時依此法律之規定，只要在犯罪被發現前，敢勇於「檢舉」，就一定可以獲得免刑，所以將對那些違背本意行賄的業者或是被迫服從上級命令的公務員，本案例應該具有相當大的鼓勵與示範作用。

因自首者本是集體貪污共犯結構中的一名成員，故此項規定被立法者稱為「窩裡反條款」，而設計此條款將會讓一些肆無忌憚的高層公務員，不能再以「大家都是一條船上的人」來威脅業者或者其屬下，作為掩飾其非法的工具，正好可以說明法律形成的前因與始末。

另外透過行政法院判決，以行政法理來補充法律之不足，或透過大法官會議來解釋法律的矛盾處，這樣一來，除一方面可以積極保障人民的合法既得之行政處分或各種法律的利益；另一方面，也可以監督行政機關應審慎地「依法行政」，避免權力濫用，這也是過往為人所詬病之處。

進一步來說行政機關過去廢止授益處分，依過往法律規定，因為並無給付損失補償的明文規定，而正因法無明文補償，所以，過去行政機關作成對人民有利之授益行政處分，先准後廢，時有所聞，此一行為對於行政處分的公信力相對低落，民怨亦常因此而滋生。

所以法治先進國家例如德國，在行政法上一般均採行「信賴保護原則」，使所有因為信賴行政機關所為處分的人民，能夠在無任何過失的情況下，獲得基本權利保障，是為行政處分先例的維護，此亦為健全發展法治的重要里程碑。

第二章
憲法 與人民的基本權利與義務

第一節　憲法的意義

　　憲法，是規定國家組織、基本國策以及人民的權利義務之國家最主要的根本大法。在世界各國，凡是國家的組成以及權力的行使、人民基本權益的保障，都不能不加以規定，以作爲政府施政時的依據及限制，爲了確實達成此目的，必須有一套最根本的法律規定，這也就是憲法的由來。在憲法的規定之下，政府的組織及架構都有其最基本的雛形，關於行政權的行使也有其明確的界線，如此才能眞正避免政府濫權，導致社會大眾受害之情形產生。

　　首先，我國憲法關於國家組織的規定方面，依照我國現行憲法的架構，總統係由公民直接選舉產生，具有軍令、外交、赦免及任免文武百官等權力，爲國家實質的領導人。至於中央政府方面，則區分爲以下五院：

♀ 行政院

　　院長由總統任命，並負責中央行政相關事務，其下設置內政、外交、國防、交通、財政、經濟、教育、法務等八個部及其他直轄委員會，各負責相關行政事務的執行。

♀ 立法院

　　立法院是國家最高的立法機關，由人民直接投票選舉立法委員，再由立法委員投票選舉產生立法院長、副院長，立法院主要工作爲制定法律，以及行使同意權等，例如對於監察委員、司法院長、大法官等經總統提名的人員，由立法院投票決定是否同意其出任該項職務即屬之。

♀ 司法院

司法院是國家最高的司法機關，其下管轄各地方法院、高等法院、最高法院、行政法院以及大法官會議等，至於其院長、副院長、大法官等均由總統提名，經立法院通過後任命。

♀ 考試院

考試院是國家最高考試機關，負責國家考選制度的執行，包括考試、任用、銓敘、考績、級俸、升遷、保障、褒獎、撫卹、退休、養老等事項。考試委員及院長、副院長均由總統提名，並經立法院同意後任命。

♀ 監察院

監察院是國家最高監察機關，負責對行政機關等之監督，並具有彈劾、糾舉及審計等權力。監察委員及監察院長、副院長均由總統提名，並經立法院同意後任命。

除了前述的中央組織之外，在憲法的制度中原來尚有國民大會的設計，但是在憲法修正時已經改成任務型的組織，主要僅被動地於立法院提出憲法修正案等情形時，始依政黨比例代表的方式選出，以議決是否修正憲法等情事，至於其他原始設計的功能則目前幾乎均遭到凍結而無法行使。

在中央組織外，憲法也對於地方制度以及中央與地方權限等加以明文規定，以便能避免爭議。至於基本國策方面，則區分為國防、外交、國民經濟、社會安全、教育文化、邊疆地區六節，主要以政府於施政時所必須遵循的規範，以及對於特殊項目的保障，例如教育科學文化之經費，在中央不得少於其預算總額的15％，在省不得少於其預算總額的25％，在市縣不得少於其預算總額的35％等，凡是各級政府進行相關施政行為時都必須遵守相關的規定，始屬符合憲法的規定。

最後，關於人民的權利義務部分，由於牽涉範圍較廣，所以詳述於第二、第三及第四節。如果政府有違反憲法規定的行為，導致侵害人民的權益等情形時，此時就屬於違憲審查的問題，依照憲法的規定，凡是有牴觸憲法的情形，不論是立法院制定的法律，或是行政機關的行政命令，都可以向司法院大法官會議申請釋憲，一旦經大法官會議解釋為違反憲法規定時，該法律及行政命令都會因而無效，人民如果有受害的情形時，尚可依法請求相關的國家賠償，以維護權益。

第二節　人民的權利

　　關於人民的權利，為憲法規範相當重要的部分，其目的就在保障人民不致因為政府的不當措施而導致權利受損，甚或造成權利的受侵害，因此乃於憲法上明文規定人民的基本權利。依照我國憲法明定，凡是在憲法上規定的人民權利，除非為了防止妨害他人自由、避免緊急危難、維護社會秩序或增進公共利益之必要的情形下，可以用法律加以限制外，否則根本不能加以侵犯。換言之，如果沒有法律的規定，政府根本不能侵犯人民憲法上所保障的權利；縱使法律有規定，也必須符合前述憲法所規定的四種情形之一，否則該法律也會因為侵犯人民的基本人權而違憲無效，以期能確實保障人民的權益。

一、平等權

　　依我國憲法規定：「中華民國人民，無分男女、宗教、種

族、階級、黨派，在法律上一律平等。」此即平等權之規定。換言之，依我國憲法上之保障，所有的人民不能因為其黨派、種族、所信宗教等之不同，而在法律上給予不同的待遇，而需一視同仁，賦予平等的權利始可。按在古代，往往會因為貴族階級的不同，而使得其他人民受到不平等的待遇，例如僅有世族才能任官等情形，如此無形中對於一般民眾即造成不公平，為了徹底杜絕此種現象，我國憲法乃明定此處的平等權，以保障所有民眾立足點的平等。

二、自由權

（一）人身自由

所謂人身自由，就是人民的身體擁有自由的權利，非依法定程序不能加以侵害而言。詳言之，依憲法規定，人民身體自由應予保障，除了現行犯之逮捕由法律另定外，非經司法或警察機關依法定程序，不得逮捕拘禁；非由法院依法定程序，不得審問處罰。非依法定程序之逮捕、拘禁、審問、處罰，依照憲法規定人民得拒絕之，以保護人民之不受侵害的權利。在古代或極權統治的情形下，人民有時會因為違反當權者的意思就莫名其妙被逮捕、拘禁，甚至被處決，凡此現象對於人民的權益侵害甚大，為了防止此種情形的發生，我國憲法乃特別明定此項人身自由的權利，以保障人民不致受到當政者的不當侵害。

關於人身自由方面，除了規定非依法律程序不得逮捕、拘禁外，對於逮捕拘禁的程序也不能不加限制，以免有濫用的情形。因此憲法也明定，人民因犯罪嫌疑而被逮捕拘禁時，其逮捕拘禁

機關應將逮捕拘禁的原因，以書面告知本人及其本人指定之親友，並至遲於二十四小時內移送該管法院審問，以便使被捕的人民及其親友能知悉相關原因，以便維護自身權益。

其次，除了逮捕拘禁機關有依法於二十四小時之內移送該管法院審問的規定外，為了避免有不當濫用逮捕權的情事存在，所以憲法也規定，本人或他人亦得聲請該管法院，於二十四小時內向逮捕之機關提審，以明事實真相。法院對於前述提審之聲請，依法不能拒絕，並且也不能先令逮捕拘禁之機關查覆後才辦理，以便爭取時效。至於逮捕拘禁之機關，對於法院之提審，依法也不能拒絕或遲延，否則必須對此行為負相關的民刑事責任。

此外，如果人民係遭受任何機關非法逮捕拘禁時，為了保護其權益，憲法也明定追究的程序。詳言之，其本人或他人得向法院聲請追究，法院對於此項聲請不得拒絕，並且應於二十四小時內向逮捕拘禁之機關進行追究，並依法處理，例如將被違法逮捕之人釋放，並追究相關違法人員之責任，以維護一般善良民眾的權益。

（二）居住及遷徙之自由

居住的自由，是指人民有自由選擇居住於任何地區，以及住所不受侵犯的權力而言，屬於靜態的自由權；遷徙的自由，則是人民有自由選擇要去何處的權力而言，屬於動態的自由權。按如果居住及遷徙之自由皆不存在時，就如同封建時代的奴隸，對於人身自由的保障將毫無意義，因此我國憲法乃特別明文加以保障，以維護人權。

（三）言論、講學、著作及出版的自由

　　關於此部分是包含所有言論自由表現的行為在內。言論，是指以口頭方式表達自我意見者；講學，則是將自我之意見及學識在學校教授或討論者；著作，是指以文字、符號或圖畫等方式來表達自我意見者；出版，則是將自己的著作物印刷而向外發行或傳布之行為而言。以上四種，都是有關於個人意見的表達行為，而言論、講學、著作及出版四者對於文化的發展以及學術的進步都具有相當的影響，透過個人的意見表達而集思廣益，對於學術及科技的進步亦顯有助益，特別是在民主制度中，唯有大家都能有表達意見的自由，才能真正展現出民主的本質，因此我國憲法乃明文對此四種自由權加以保障，以期能真正保障大眾自由表達意見的權利。

（四）秘密通訊的自由

　　所謂通訊，包含以書信、電話、無線電、網路等方式與他人為溝通、交談之行為而言。如果對於人民的通訊均可由他人加以刺探、窺知，則無疑將使人民的秘密均掌握於他人或執政者的手中，對於人權之侵害頗為嚴重。因此，我國憲法明定，人民有秘密通訊的自由，以期加以保障。

（五）信仰宗教與集會結社之自由

　　這是關於人民意思自由的範圍。在古代，往往會因為宗教問題而發生戰爭，人民也因為無法自由決定自己之信教與否而造成困擾，甚至因而死亡，如此一來，對於人民之意思自由就有相當大的妨礙；其次，人民當然有權自由決定要組成一定的團體，以

進行學術研究、聯誼、討論，甚至舉辦活動等，如果對於這方面也加以限制，不啻是限制人民以自由意思而爲相關行爲的權利，對於民主制度的推行也當然會有影響。因此，我國憲法乃明文規定人民有信仰宗教及集會結社的自由，以利維護人民之自由權。

三、受益權

(一) 生存權、工作權及財產權

按人民爲國家的主要組成份子，如果沒有人民則國家當然無法成立，國家存在既係基於人民的付託，自然對於人民生存的權利應加以保障，不能任意加以剝奪或侵害，因此我國憲法乃明文規定對於人民的生存權應予保障。其次，就工作權及財產權方面，均係維護人民生存的重要依據，如果人民的工作可以任意被侵擾、財產可以任意被剝奪，則人民的生活當然會受到相當的危害，因此我國憲法明定，對於人民之工作權及財產權應予保障，其內容不僅是指政府不能任意加以侵擾，而且對於有危害人民前述權利的行爲存在時，亦應加以排除，如此始能讓人民之相關權益獲得妥善的保障。

(二) 請願、訴願及訴訟權

請願是指人民對於國家政策、公共事務或是跟自己權益之維護相關的事項，向職權所屬的民意機關或主管之行政機關表達意見，請其能做出符合自己意見的決定之一種權利。訴願，則是指當人民對於中央或地方行政機關的行政處分，認爲違法或不當，致損害其權利或利益；或是人民因爲中央或地方機關對於其依法

聲請的案件，在法定期間內應作為而不作為，致損害自身的權利或利益，而向該管上級機關提出聲請，請求救濟的一種制度。訴訟，則是包含對於私人間之爭執、犯罪行為以及行政機關之行為，而向司法機關起訴請求加以追究或判決的一種制度。以上三種權利，都是人民認為制度不當或是受損害時之救濟方式，如果加以排除，則必然會造成人民權益無法伸張之結果，因此憲法乃明定：「人民有請願、訴願及訴訟之權」，以資加以保障。

（三）受國民教育之權

國民教育，也就是指人民所接受的基本教育，唯有人民皆受到良好的教育，才能擁有相當的學識及品德，社會才會因知識的累積而成長，國家也才可能更加富強進步，因此憲法乃明文保障人民擁有此項權利。在此規定下，依法各級政府即負有廣設學校以供人民就讀的義務。不過為了避免人民拒絕行使而造成困擾，所以憲法也明定人民除有此權利之外，並有受國民教育的義務，以便能確實維護憲法的本旨。

四、參政權

我國憲法上的參政權，包括選舉、罷免、創制、複決四種權利，以及應考試服公職的權利。關於「應考試服公職」方面，就是人民有自由選擇參加國家考試，並於考上後取得擔任公務人員的權利而言，為了避免政府有侵害此項權利或是為不公平的限制之情事，因此憲法明文規定加以保障，以防弊端的發生。至於選舉、罷免、創制、複決四項權利方面，由於牽涉較廣，因此於第四節再詳加論述。

第三節　人民的義務

　　憲法主要以保障人民的權利為其制定的重點，因此關於人民的義務方面並未如同人民的權利方面之詳細規定，而僅規定人民有納稅、服兵役及受國民教育的義務三種，但是此三種僅係例示規定，並非除此三種義務之外人民對國家即不用再盡任何義務，而仍應依照相關法律的規定來執行，不能以憲法未規定有此義務即主張不用負擔。

一、納稅的義務

　　依照憲法規定，人民有依法律納稅的義務。按政府為處理公共事務、保衛國家安全等，都需要相關的經費，為了能進行相關的行政工作，自然必須有一定的經費來源。雖然政府可以用舉債等方式取得財源，但並非長久之計，而人民既然是國家的成員，享受政府相關的行政服務，自然負有支持政府經費的義務，因此憲法乃明文規定人民有依法律納稅的義務。至於究竟需要繳納哪些稅呢？依我國現行法律稅捐的名目相當多，例如有所得稅、地價稅、房屋稅、土地增值稅、契稅、營業稅、關稅、遺產稅、贈與稅、使用牌照稅、菸酒稅等等，只要符合個別稅捐的應繳納規定，就必須依法繳納，以維持政府的運作。

二、服兵役的義務

依照憲法規定，人民有依法律服兵役的義務。一般而言，國家要永續發展，除了必須要有經費之外，當然還需要一定的兵力，以防止外侮、保障國民，為了達到此目的，現代各國大多採行徵兵制。我國憲法也採用相同制度，規定人民有依法律服兵役的義務，以維護國家安全。至於人民應如何服兵役，則依照兵役法的規定實施，原則上一般士兵係從男子年滿十八歲時開始有服兵役的義務，一直到年滿四十五歲之時除役。

三、受國民教育的義務

憲法關於此部分的規定是人民有接受國民教育的權利與義務。一般而言，人民接受教育可以使知識更加增進，對於國家的整體發展具有相當的助益，因此憲法乃於明定人民有受國民教育的權利外，復強制要求人民都有接受國民教育的義務，以期能使人民都能真正接受相關教育，而使國家更加進步發展。

第四節　選舉、罷免、創制、複決

選舉、罷免、創制、複決是人民行使政治權利的四種主要權利，為了明確加以規範，因此憲法乃將此四項參政權特別獨立規定於第十二章，以利能加以明確保障，並使行政者能有所遵循依據，而不致加以侵害。

一、選舉

選舉，就是以投票等方式選出適當的候選人來代表人民行使政權、擔任民意代表，或是擔任相關民選公職人員而言。關於選舉，依憲法規定，必須以下列方式進行：

（一）普通選舉

所謂普通選舉，就是對於選舉投票人不能以其具備一定之身分、具有一定之學識，或是具有一定之財產始能行使，而需遍及於所有的公民之規定而言。在以往，為了維護威權體制，因此往往對於可選舉投票之人加以限制，以期能維護政權不致發生動搖，但是此種觀點，對於以人民為主之民主制度具有頗大之戕害作用，所以在今日世界各國大多規定採用普通選舉之方式，以符合民主的真意。雖然普通選舉對於有投票權人不設限制，但是依照憲法規定此項規定僅限於公民，也就是具有中華民國國籍，並且已經成年者而言，如果尚未成年，則依法仍然沒有投票之權利。

（二）平等選舉

平等選舉，即凡有投票權之人，依法均僅有一個投票權，而且每票價值均屬相等而言。在選舉制度初萌芽時，由於執政者的理念問題，所以往往會賦予特殊身分者，例如貴族等較高的投票權或是具有否決其他人投票結果之權力，但是此種情形並不符合民主政治的本質，因此為現代各國所不採，我國憲法也依民主之原則而採行平等選舉制度。

（三）直接選舉

　　直接選舉，就是由選舉人直接進行投票，以選出當選人之制度而言。與直接選舉相對者即為間接選舉，這也就是選舉人不能直接投票選出當選人，而需由選舉人選出代表，再由代表選出當選人之制度，例如以往選舉總統時，一般民眾僅能先選出國大代表，再由國大代表選出總統之方式即屬於間接選舉。由於間接選舉使人民無法直接選出所欲選舉之人才，對於人民參政權的行使具有一定的妨礙，因此我國憲法明定除非憲法另外有特別規定，例如監察委員現在改由立法院選舉之外，其餘選舉（包括現行的總統選舉）均由全國公民直接選舉產生，以確實符合民主的真諦。

（四）無記名選舉

　　無記名選舉是指於選票上僅需記載候選人之姓名，而選舉人無庸在選票上記載自己的姓名之選舉方式而言。由於民眾如果投票時必須書寫自己之姓名，則恐會有因怕遭受威脅利誘之狀況產生，而導致投票不公正之情形，為此，我國憲法遂明定選舉投票原則上均為無記名投票，以保障投票人之投票自由。

（五）公開競選

　　這是指在憲法所規定的各種選舉競選時，各候選人均有公開競選的權力，以便能表明其政策主張來爭取選民的支持。如果違反規定而要求候選人不能公開競選時，依法就會有違憲的問題，而導致該項選舉失去效力之情形產生。

（六）婦女與少數民族之保障

這是憲法針對弱勢族群所做的特別保障規定。依照憲法規定，選舉時對於婦女方面應該保障婦女之當選名額，換言之，也就是選舉時至少必須有多少女性候選人當選，以便能保障婦女的參政權。至於少數民族的保障，是針對內地生活習慣特殊的國民，為了保障其參政權利，憲法特別明定關於其應選名額及選舉均適用特別之方式，例如原住民依法保障其當選名額，以及選舉時係由原住民直接投票產生之情形即屬之。

在選舉以外，一般民眾的被選舉權也是憲法所保障的對象。依我國憲法規定，除憲法及其他法律有特別規定之外，我國公民原則上年滿二十三歲就有被選舉權，換言之，只要年滿二十三歲依法就可以登記參選立法委員、市議員等。至於憲法及其他法律另有規定之部分，即總統、副總統依法必須年滿四十歲始有被選舉權，直轄市長需年滿三十五歲，縣（市）長需年滿三十歲等。

二、罷免

罷免，就是將原來選舉當選的候選人以投票的方式使其解任的制度。按在民主制度中，人民雖然可以選舉選出自己心目中適合的候選人，但是這些候選人也有可能在當選後卻讓原先投票的支持者不滿意的情形，為了使選民有可以使不適當的當選人下台之權利，因此我國憲法明定人民有依法罷免的權利。至於罷免的方式，依公職人員選舉罷免法規定，需經以下三道程序：

（一）罷免提案

罷免案依法需先由原選舉區選舉人總數2％以上提案，始符合第一道程序，但罷免案的提出必須在民選公職人員就職滿一年後始能提出，而且依法現役軍人、警察及公務人員均不能爲罷免案提案人，否則該罷免案依法就不生效力。

（二）連署

在罷免案經選委會查對符合前述規定後，該罷免提案即完成，其後選委會必須指定一定的期間，請該原選區的選民進行連署。罷免案的連署人，依法必須有原選區選舉人總數13％以上始可，如果未達此項標準，依法該罷免案即爲不成立。

（三）罷免投票

如果罷免案經提案成立，以及連署人數符合法律規定時，依法選委會就應公告該罷免案成立，然後選委會就應指定罷免投票日期，由原選區的選民投票決定是否罷免該公職人員。如果投票日經原選區二分之一以上的選民前往投票，並且經投票人數過半數同意罷免時，該罷免案即通過，被罷免人就必須依法解除職務，並且於四年內不得再擔任同一公職人員的候選人，例如立法委員被罷免時，被罷免人四年內即不能再擔任立法委員選舉之候選人。

三、創制、複決

創制，是指人民認爲應制定或修改某項法律，而立法機關卻

第二章
憲法與人民的基本權利與義務

沒有提出或進行修改時，可以用連署的方式提出或進行投票，請
立法機關加以修改或制定爲法律的權利而言；複決，則是指人民
對於立法機關所通過的法律，可以用投票的方式決定其是否能成
爲法律的制度而言。依我國憲法規定，創制、複決兩權的行使以
法律加以規定，換言之，必須有法律的規定使能實行，但是現行
法律中尚未對於創制、複決兩權之行使方式及程序加以規定，僅
國民大會有創制複決兩權行使辦法，因此目前一般民衆仍然無法
行使創制、複決的權利，僅能等待法律通過後始能行使此項憲法
上所賦予的權利。

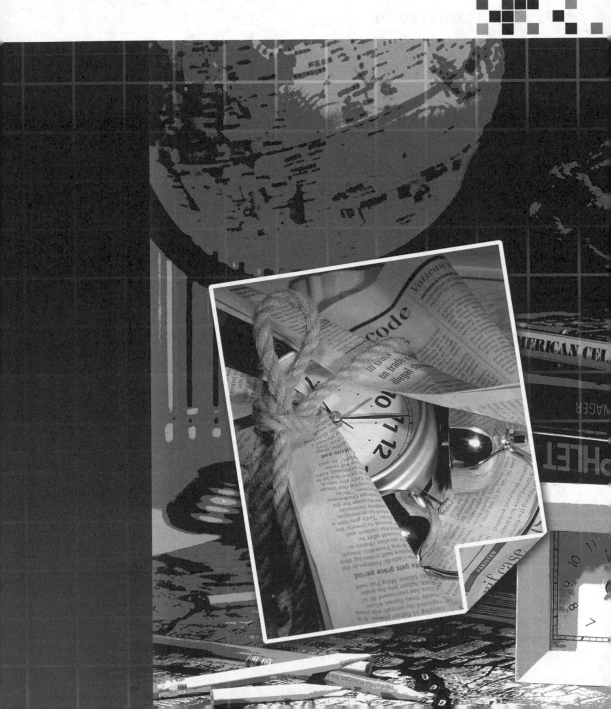

第三章
有關 青少年的法令

我國法律明文規定不能因不知法律而免其應負之法律責任，此一法理不論成年人或青少年均一體適用，可惜國內主管教育行政工作者卻很少省思過這些問題，以致當犯罪發生時，絕大多數的被告總是會說政府是不教而罰，然而真正的原因就是我國紮根教育的欠缺所致。

　　事實上我們可以從今日社會新聞事件中看到，許多青少年成群結黨地飆車、動不動集體鬥毆殺人，以及小學生的竊盜案例，不禁感覺到整個法治觀念無法建立的隱憂，如果長此下去，不知道這個號稱傳統禮儀之邦的國度，是否會毀滅在現代窮極奢迷且目無法治的社會心態中。

　　新聞背後所代表的人性真實與虛偽的一面，或許在新聞的表象中因未顯現出其法律位階的重要性，故而並未引起社會大眾的關注，但是對於身為社會一份子的法律人來說，我們要做的便是積極展示新聞幕後的法律盲點與認知對立現象，並藉由每一件社會事實的真相來分析，以便塑造更為完美的法律規制。

　　人並不完美，所以我們無法也不能去苛求完美無瑕，「喜、怒、哀、懼、愛、惡、欲，乃人之七情」，生活在這塵俗人間的浮沉笑啼的新聞之中，其實只是要把握生命重心之所繫，隨緣成長。

　　縱使生活當中存有著許許多多的陰晴圓缺，儘管我們無法也無力去改變這一切事實真相，但是至少我們懂得從這些教訓中，去獲得一些最淺顯的知識或常識，以便讓我們在這充滿荊棘的都市叢林中，找尋到一個最起碼自我保護之道。

　　利用法律規範的說明，一方面在維護社會秩序以及保障基本人權中尋求平衡點，另一方面也在對於青少年個人行為偏差的矯正，使學生能夠了解我國整個少年刑事司法制度，並進一步充分

體認個人與個人以及個人與社會現有及應有的關係。

第一節　少年事件處理法

　　談到少年事件處理法（簡稱少事法），首先必須注意到九十四年五月十八日總統華總一義字第○九四○○○七二五八一號令修正公布第二十四、二十九、四十二、六十一、八十四條條文；並刪除第六十八條條文。

　　其次，對何謂少年；何謂少年虞犯和觸犯刑罰法令之行為究竟有何不同的法律觀；一般學生犯罪，學校要怎麼辦；一般教師如何輔助這些觸法之少年；教師是否可以出庭替學生說話；對於受保護管束的少年學生，學校輔導人員是否應協助法院調查官（職務：(1)調查、蒐集關於少年保護事件之資料；(2)對於少年觀護所少年之調查事項；(3)法律所定之其他事務）及保護官（職務：(1)掌理由少年保護官執行之保護處分；(2)法律所定之其他事務）等諸多問題，必須加以釐清。

一、何謂「少年」？

　　依據少年事件處理法第二條之規定：所謂少年，是指十二歲以上未滿十八歲的人；未滿十二歲者，在法律上算是兒童，而十八歲以上未滿二十歲者，雖然在民法上仍是未成年人，但是在刑法上，已經不是得減輕其刑的人，如果此時犯罪並不屬於少年犯，而是一般的成年犯；另外案件繫屬法院後已滿二十歲者，認少年觸犯刑罰法律，應以裁定移送於有管轄權之法院檢察署檢察

官。

簡單的劃分來看：

1.國中、高中、高職或五專三年級以下的學生，通常都是十二歲以上未滿十八歲的少年，所以都可以通用有關少年事件處理法之規定。

2.國民學校的小學生，通常都是未滿十二歲的兒童，並非少年，但如果已滿十二歲，自然也可適用少年事件處理法之有關規定。至於七歲以上未滿十二歲之人，有觸犯刑罰法令之行為時，依少年事件處理法第八十五條之一及少年及兒童保護事件執行辦法，由少年法院適用少年保護事件之規定處理。

3.少年犯罪時未滿十四歲者，犯最輕本刑為五年以上有期徒刑之罪者，或者少年法院依調查之結果，認犯罪情節重大，參酌其品行、性格、經歷等情狀，以受刑事處分為適當者，仍不得以裁定移送於有管轄權之法院檢察署檢察官偵辦（參少年事件處理法第二十七條之規定）。

二、刑事上之行為能力以責任能力來區分

1.未滿十四歲之行為、心神喪失人之行為不罰。

2.十四歲以上未滿十八歲人之行為及滿八十歲以上人之行為，得減輕其刑。

3.未滿十二歲者必須注意適用兒童福利法。

4.十二歲以上未滿十八歲者，適用少年事件處理法第六十七條之規定，檢察官依調查結果，對少年犯最重本刑在五年

以下者，參酌刑法第五十七條有關規定，得爲不起訴處分，移送少年法庭依少年管訓事件審理，如認應起訴者，應向少年法庭提起公訴，而法院認情節輕微，顯可憫恕，而認應依刑法第五十九條減輕而仍嫌過重者，得免除其刑而交付保護管束或令入感化教育處所施以感化教育處分。

5.少年犯罪後，如果年齡已滿十八歲者，應以裁定移送於有管轄權之法院檢察官之規定；而少年事件處理法施行細則第八條復延伸其義規定檢察官受理少年刑事案件，發現少年之現在年齡已滿十八歲者，應依刑事訴訟法規定辦理。

三、少年不良行爲與少年虞犯之區分標準

少年不良行爲與少年虞犯之區分標準有二：少年虞犯指具有經常性，而不良行爲則無須具備經常性，此二者的簡易區別。

所謂經常性，依實務見解係指二次以上；少年虞犯係指少年有觸犯刑罰法令之虞的行爲，且限於少年事件處理法第三條第一項第二款所列舉之規定爲限。而不良行爲則不須具備經常性。惟僅限於少年不良行爲及虞犯預防辦法第三條所列舉之規定爲限。

四、少年法院處理事件的範圍

依少年事件處理法第三條規定，就少年法庭處理少年事件的原則劃分如次：

第一，少年有觸犯刑罰法律之行爲者。

1.對於少年犯罪之刑事追訴及處罰：依第二十七條第一項、

第二項以裁定移送有管轄權法院檢察署之案件為限；而於少年犯罪時未滿十四歲者，不適用之。刑事訴訟法關於自訴之規定，於少年刑事案件不適用之，因為一旦自訴，少年法院便無法行使先議權而破壞少年法的精神。本章之規定，於少年犯罪後已滿十八歲者適用之。（參少年六十五）另少年法院調查後，依調查結果的不同可以做下列決定：

(1)應移送檢察官偵查之裁定（少年二十七，另參閱少年事件處理法施行細則第七、八條）：少年犯最輕本刑為五年以上有期徒刑之罪者；或事件繫屬前已滿十八歲者。

(2)得以裁定移送於有管轄權之法院檢察署檢察官，則係以認犯罪情節重大，參酌其品行、性格、經歷等情狀，以受刑事處分為適當者。

(3)但前二項情形，於少年犯罪時未滿十四歲者，不適用之。

2.**檢察官偵查之開始與期限**：檢察官受理少年法院移送之少年刑事案件，應即開始偵查。（少年六十六）

3.**檢察官偵查終結之處分**：檢察官依偵查之結果，對於少年犯最重本刑五年以下有期徒刑之罪，參酌刑法第五十七條有關規定，認以不起訴處分而受保護處分為適當者，得為不起訴之處分，並移送少年法院依少年保護事件審理；如認應起訴者，應向少年法院提起公訴。依第六十八條規定以下事項由少年法院管轄之案件，應向少年法院起訴：

(1)對兒童及少年有違反兒童福利法或少年福利法之行為，並觸犯刑罰法律之刑事案件。

(2)對兒童及少年犯兒童及少年性交易防制條例刑事案件。

前項經檢察官為不起訴處分而移送少年法院依少年保護事

件審理之案件，如再經少年法院裁定移送，檢察官不得依前規定，再為不起訴處分而移送少年法院依少年保護事件審理。（少年六十七）

4.**同一事件之處理**：對於少年犯罪已依第四十二條為保護處分者，不得就同一事件再為刑事追訴或處罰。但其保護處分經依第四十五條或第四十七條之規定撤銷者，不在此限。（少年六十九）

5.**調查及審理程序之準用**：少年刑事案件之偵查及審判，準用第三章第一節及第三節有關之規定。（少年七十）

6.**少年刑事案件之審判**：少年刑事案件由檢察官提起公訴後，由少年法院依刑事訴訟法之規定審判（少年六十七中段），其訴訟程序與一般刑事案件大體相同。惟有下列差異：

(1)審判得不公開。（少年七十三）

(2)不適用自訴之規定。（少年六十五）

(3)對於少年不得宣告褫奪公權及強制工作，少年受刑之宣告，經執行完畢或赦免者，適用關於公權資格之法令時，視為未曾犯罪。（少年七十八）

(4)有期徒刑執行三分之一之刑期，行為良好，可以假釋。（少年八十一）

(5)緩刑及假釋中，須由少年法院少年保護官執行保護管束。（少年八十二）

(6)非有不得已之情形，不得羈押；少年刑事案件，於少年法院調查中之收容，視為未判決前之羈押，準用刑法第四十六條折抵刑期之規定。（少年七十一）

第二，少年有下列情形之一，依其性格及環境，雖尚未觸犯刑罰法律，但卻有觸犯刑罰法律之虞者，一般又稱為少年虞犯，故基於少年事件處理法之立法目的，而特別予以列示，以便採取適當的預防措施，茲就法律要件說明如次：

1. 經常與有犯罪習性之人交往者：此處所謂「經常」依少年法院實務上認定「經常」的標準，是指在相距不久的相當期間內，有具體事實，足認有二次以上相同虞犯行為，如未達此一標準，僅構成社會秩序維護法上規定的違規行為而已。

2. 經常出入少年不當進入之場所者：此處所稱不當之場所，是指酒家、舞廳、賭博性電動玩具場、KTV視聽中心、小鋼珠等等，而足以對少年身心發展造成影響傷害的地方。

3. 經常逃學或逃家者。

4. 參加不良組織者。

5. 無正當理由經常攜帶刀械者。

6. 吸食或施打煙毒或麻醉藥品以外之迷幻物品者：在此必須注意，少年如果有吸食或施打煙毒（嗎啡、大麻等毒品）的行為，法律規定應該依「肅清煙毒條例」或刑法加以處罰，這是犯罪案件，並非此處單純的虞犯。如果吸食或施打煙毒以外的迷幻物品，例如：吸食強力膠等行為，容易造成心神亢進，而陷於犯罪，才是此處所指虞犯的事由。因為這類物品會影響身體健康的機能，長期使用甚至會導致死亡，不過如因治療疾病的需要，經醫師指示而使用麻醉藥劑者，則是正當的醫療行為，並不構成虞犯。

7. 有預備犯罪或犯罪未遂而為法所不罰之行為者。

前述七種虞犯事由，是這些行為極可能有犯罪的危險性，並不是已經犯罪，少年如果有這些行為中的任何一種行為，便有犯罪之虞，這時如何矯正少年的危險性，使他不會侵害他人，或進而使他改過向善，便屬於法律極為關注的重要核心問題。

少年如果有虞犯事由的行為，被警察或司法單位發現後，通常會以「少年虞犯事件」移送到少年法院處理。虞犯事件與犯罪事件不同，審理的結果如認為有施以保護處分的必要，都是著重於教育和輔導的意義，而不是刑罰，審理時沒有原、被告的訴訟上辯論，所以通常也不會收押虞犯少年。少年保護事件中之輔佐人，於與少年保護事件性質不相違反者，準用刑事訴訟法辯護人之相關規定。

五、校園問題之對象

近來校園暴力事件頻傳，綜合來看其對象分別如**圖3-1**所示：

1.老師、學生之間：

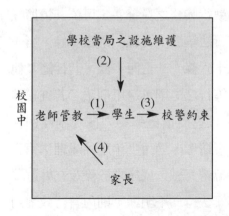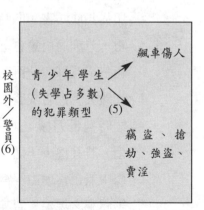

圖3-1　校園內外問題圖解

(1)老師對學生管教不當可能造成國家賠償的問題，參看第
　　十四章第四節。

(2)學生毆打老師者，則可能構成妨害公務，因為公立學校
　　之老師係屬廣義的公務員，參看第十四章第五節。

(3)學生打傷別人時其家長將負侵權行為之連帶賠償之責
　　任，參看第四章民法之說明。

2.倘係學校之設施維護不當造成事故而使學生受傷時，亦有
　國家賠償之適用。

3.一般校警在管制學生時，必須小心謹慎，如果擅用手銬將
　學生銬住，將可能因妨害自由而觸犯第五章的刑法所規定
　的刑責。

4.家長對老師施暴可能會觸犯刑法的妨害公務及傷害罪責。

5.因為家庭因素或結交損友或因漫畫書的模仿而造成行為的
　偏差或惡意發洩所引發的社會問題（包括竊盜、搶劫、強
　盜、強姦及公共危險之飆車等刑法問題）。例如：

(1)對於飆車者本人的處罰：可構成刑法第一百八十五條公
　　共危險罪。若有聚眾滋事之意圖，且已命令其解散，不
　　服從甚或妨害、侮辱執行職務之員警者，可依其情節輕
　　重，分別適用集會遊行法第二十九條、第三十條、第一
　　百三十五條、一百三十六條、一百四十條。若伴隨其他
　　如殺人、傷害或肇事等行為，則可適用刑法；若查獲其
　　同時攜帶刀械，則可以違反槍砲彈藥刀械管制條例處
　　罰。若其為少年則可視情形，適用少年事件處理法第三
　　條中無正當理由經常攜帶刀械，或經常於深夜在外遊蕩
　　等虞犯之規定。若其觸法行為不明顯，則尚有行政罰則
　　的適用，例如飆車者多半會違反交通規則，則適用道路

交通管理處罰條例中相關規定處罰。若其深夜喧嘩，妨害公眾安寧，則可適用社會秩序維護法第七十二條之處罰規定，該法第七十四條亦有處罰深夜遊蕩、不聽禁止而有危害安全之虞的規定。

(2)對於飆車少年家長的處罰：若從事飆車之少年有二次觸犯刑罰法令之行為，則可依少年事件處理法第八十四條之規定，對其法定代理人或監護人科以忽視教養之處罰（接受八小時以上五十小時以下之親職教育輔導。如拒不接受親職教育輔導或時數不足者，處新台幣三千元以上一萬元以下罰鍰；經再通知仍不接受者，得按次連續處罰，至其接受為止）。若認定飆車少年有觸犯前述社會秩序維護法第七十二條或第七十四條之行為，則可依該法第十條之規定處罰其家長。若飆車少年騎乘之機車為其父母所提供，則可依道路交通管理處罰條例第二十三條、第二十八條處以吊扣駕照、牌照及罰鍰，此外下一節中兒童及少年福利法第二十六條第一項第四款規定未滿十八歲之少年不得從事足以危害或影響身心發展的行為（如飆車）。其父母等若不加禁止，依兒童及少年福利法第五十六條之規定應處以罰鍰並公告其姓名。

(3)對於在場圍觀助勢者之處罰：若有聚眾助勢妨害員警執行取締，則可適用刑法第一百三十五條、一百三十六條、一百四十條等罪。若有煽惑鼓勵他人飆車之行為，則可適用刑法第一百五十三條之妨害秩序罪。若情節較輕而未構成犯罪，亦可就具體情形，依社會秩序維護法第六十四條處罰聚眾不解散者、第七十二條處罰深夜喧嘩、妨害公眾安寧者、第七十四條處罰深夜遊蕩、不聽

禁止而有危害安全之虞者等規定加以處罰。此外尚有道路交通管理處罰條例第七十八、七十九條之適用（參閱八十五年七月四日，《法務通訊》第一七八四期，〈嚴格執法以遏飆車惡風〉）。

6.警察可否到學校緊急拘提少年？依據過去「檢察機關辦理刑事訴訟案件應行注意事項」第二十項之規定，應予允許（目前已刪除），惟宜會同學校爲之。警察行使緊急拘提後，可向少年法院或檢察官（檢察官部分有不同意見）報請簽發拘票或同行書。

六、處分執行之時限

依少年事件處理法第五十四條規定：「少年轉介輔導處分及保護處分之執行，至多執行至滿二十一歲爲止。」

七、未成年人性關係之責任

近年來社會新聞事件中，經常發現未成年人因爲兩情相悅並進而發生性關係，結果被對方父母一狀告到法院，才知犯下罪責，因此特別提出依據刑法第十六章妨害性自主罪章的規定，其第二百二十七條規定如次：

1.對於未滿十四歲之男女爲性交者，處三年以上十年以下有期徒刑，未遂犯罰之。
2.對於未滿十四歲之男女爲猥褻之行爲者，處六個月以上五年以下有期徒刑。

3.對於十四歲以上未滿十六歲之男女爲性交者，處七年以下有期徒刑，未遂犯罰之。

4.對於十四歲以上未滿十六歲之男女爲猥褻之行爲者，處三年以下有期徒刑。

5.而依同法第二百二十七條之一規定，十八歲以下之人犯前條之罪者，減輕或免除其刑。

生活實例演習

☛ 案例一：

　　苗栗頭份鎮建國國中吳姓學生，因與同班朱姓同學玩耍時捏了對方肩膀一下，隨後搶著進入教室將門帶上，朱姓同學追他猛力推門，未料門上玻璃破裂剛好插入吳姓同學左頸動脈，血流如注，送醫不治，而被依過失致人於死罪移送少年法庭偵辦！

💡 解析：

　　本案當中我們必須了解，生活周遭許多意外往往因為一時氣盛而發生，而意外發生如果造成不幸，依法便會受到法律制裁，而此意外造成死亡的結果，依刑法第二百七十六條之規定為二年以下有期徒刑、拘役或二千元以下罰金，且屬公訴罪性質，必須移送偵辦；而犯案者如為十二歲以上未滿十八歲者，依少年事件處理法前開案件為非少年刑事案件之範圍，因此少年法庭將分別為無付保護處分之原因或以其他事由不應付審理者，應為不付審理之裁定。

☛ 案例二：

　　張、吳、陳、李等四位十七歲少年所組成的惡少集團，因缺錢而起意持械搶奪計程車，試問此四位青少年究竟觸犯何種罪

責？是否仍適用少年事件處理法？而他們究竟知不知道法律規定處罰的分野在哪裡呢？

解析：

在本案當中，四位惡少因為是由三人以上所組成之犯罪集團而犯案，所以依現行之特別法優先之規定，必須適用懲治盜匪條例加以加重處刑。然而一般未滿十八歲之少年犯常犯的錯誤觀念，便是自以為還年輕，就算犯錯，頂多由警察護送至少年法庭審理訓誡一番或保護處分而已，這又有什麼關係呢？

有此想法的青少年或為人父母者，您就大錯特錯了！因為不論年齡長幼，只要是觸犯五年以上刑責的犯罪行為，同樣必須依成年人犯刑案一般，移送檢察官起訴偵辦，所以青少年們或家長要特別注意，別再放縱您的孩子或輕忽其涉法，否則一失足便會將其一生毀於一夕之間呀！

法律導引：

搶奪、強盜有何不同呢？

1. 所謂搶奪：是指以行為人明知無取得權利，而意圖為自己或第三人不法所有，乘人不備而掠取之。

2. 所謂強盜：則是指以強暴、脅迫（只須足以壓制被害人反抗，使其喪失意思自由即成立）、藥劑（例如鎮靜劑、安眠藥及麻醉藥品或禁藥均屬之）、催眠術或他法致使不能抗拒而強取他人之物或命令其交付。

3. 搶奪之當場（包括仍在被跟蹤追攝中）為逃脫而避免被逮補或湮滅證據而對他人施以強暴、脅迫者，亦以強盜罪論處，這點必須加以注意分辨清楚。

第二節　兒童及少年福利法

　　根據專家學者調查青少年的一些不正常舉措，似乎均來自家庭因素，因此在現代工商社會，人際關係日趨複雜，加上一些不良暴力漫畫書刊，正逐漸在殘害這個社會的幼苗，更使得家庭形成一種無法和睦的隱憂，譬如父母太忙而無法傾聽子女訴說，或者放任而製造出許多社會問題，凡此種種，個人以為均必須嘗試對家人進行團體治療，以便改善父母、子女、兄弟姐妹以及與他人之人際關係，因此建議到台北市立療養院之家庭治療特別門診，透過與醫師之諮詢來解開問題的癥結，重創和諧，而能修身、齊家、治國而後平天下。

　　而我國在兒童及少年福利法公布施行後，對於兒童及少年福利（更正確的說法應指青少年）的保障更向前邁進一大步，不過法律的思考模式，在享受權利的同時必須同時負擔義務，所以兒童及少年福利法的主要重心便在父母監護權、涉足不當場所及行為的約束兩項課題。

　　不過本法既曰福利法，對於兒童及少年的福利自不可或缺，而本法中兒童及少年的福利主要包括：

1.第二十五條（有關進修、職訓、就業部分）：少年滿十五歲有進修或就業意願者，主管機關應視其性向及志願，輔導其進修、接受職業訓練或就業。雇主對少年員工應提供教育進修機會。

2.第十九條（有關生活扶助、醫療補助方面）：凡無謀生能

力或在學之少年，無扶養義務人或扶養義務人無力維持其生活者，主管機關應依社會救助有關法令給予生活扶助或醫療補助。

接下來，首先我們要談到此一兒童及少年保護思想的出現，正如同歐美日等國相關法律思想及制度的演變一樣，均伴隨著福利國家觀念的興起與發展，使國家扮演著對於照顧少年及兒童的職責角色、政府與家庭間的各種分工觀念，都產生若干形式上的改變。

我國的腳步雖然落後歐美日等國達數十年，但畢竟也於民國六十二年、七十八年先後公布施行「兒童福利法」及「少年福利法」，同時民國八十九及九十二年並分別針對「兒童及少年福利法」之條文及章節做了大幅度的修正，茲不在此贅言而回歸到兒童及少年福利法本身的一些問題。

一、監護權

兒童及少年福利法第四十八條規定：父母或監護人對兒童及少年(1)疏於保護、照顧情節嚴重。(2)或有第三十條①遺棄；②身心虐待；③利用兒童及少年從事有害健康等危害性活動或欺騙之行為；④利用身心障礙或特殊形體兒童及少年供人參觀；⑤利用兒童及少年行乞；⑥剝奪或妨礙兒童及少年接受國民教育之機會；⑦強迫兒童及少年婚嫁；⑧拐騙、綁架、買賣、質押兒童及少年，或以兒童及少年為擔保之行為；⑨強迫、引誘、容留或媒介兒童及少年為猥褻行為或性交；⑩供應兒童及少年刀械、槍砲彈藥或其他危險物品；⑪利用兒童及少年拍攝或錄製暴力、猥

褻、色情或其他有害兒童及少年身心發展之出版品、圖畫、錄影帶、錄音帶、影片、光碟、磁片、電子訊號、遊戲軟體、網際網路或其他物品；⑫違反媒體分級辦法，對兒童及少年提供或播送有害其身心發展之出版品、圖畫、錄影帶、影片、光碟、電子訊號、網際網路或其他物品；⑬帶領或誘使兒童及少年進入有礙其身心健康之場所；⑭其他對兒童及少年或利用兒童及少年犯罪或為不正當之行為。(3)或有第三十六條第一項①兒童及少年未受適當之養育或照顧；②兒童及少年有立即接受診治之必要，而未就醫者；③兒童及少年遭遺棄、身心虐待、買賣、質押，被強迫或引誘從事不正當之行為或工作者；④兒童及少年遭受其他迫害，非立即安置難以有效保護者。或未禁止兒童及少年施用毒品、非法施用管制藥品者，兒童及少年或其最近尊親屬、主管機關、兒童及少年福利機構或其他利害關係人，得聲請法院宣告停止其親權或監護權之全部或一部，或另行選定或改定監護人；對於養父母，並得聲請法院宣告終止其收養關係。「法院依前項規定選定或改定監護人時，得指定主管機關、兒童及少年福利機構之負責人或其他適當之人為兒童及少年之監護人，並得指定監護方法、命其父母、原監護人或其他扶養義務人交付子女、支付選定或改定監護人相當之扶養費用及報酬、命為其他必要處分或訂定必要事項。」

首先，父母離婚者，法院依職權或依聲請酌定或改定子女之監護人時，應審酌一切情狀，切實考慮子女之最佳利益。而此處在考慮子女之最佳利益時，應特別注意民法親屬編第一千零五十五條之一所規定的注意事項：

1.子女之年齡、性別、人數及健康情形。

2.子女之意願及人格發展之需要。

3.父母之年齡、職業、品行、健康情形、經濟能力及生活狀況。

4.父母保護教養子女之意願及態度。

5.父母子女間或未成年子女與其他共同生活之人間之感情狀況。

其次，依兒童及少年福利法第四十一條第一項規定：「少年因家庭發生重大變故，致無法正常生活於其家庭者，其父母、養父母或監護人得申請當地主管機關安置或輔導。少年之父母、養父母或監護人有左列情形之一或有事實足認有左列各款情形之虞者，當地主管機關應對少年予以適當之保護與安置，包括：(1)虐待；(2)惡意遺棄；(3)押賣；(4)強迫、引誘從事不正當之職業或行為；(5)其他濫用親權行為。主管機關、機構負責人或個人依規定，安置、輔導、保護、寄養、收容、教養少年之期間，對少年有監護權。」

至於主管機關安置的順序，依兒童及少年福利法施行細則第八條規定，依序為：(1)寄養於合適之親屬家庭；(2)寄養於已登記合格之寄養家庭；(3)收容於經核准立案之兒童及少年安置及教養機構；(4)收容於其他安置機構。

二、不良行為與不當場所

首先關於不良行為方面的管理，依兒童及少年福利法相關規定可分為三大部分來加以說明：

（一）少年本身的部分

1. 依兒童及少年福利法第二十六條明定：「(1)少年不得吸菸、飲酒、嚼檳榔。(2)施用毒品、非法施用管制藥品或其他有害身心健康之物質。(3)觀看、閱覽、收聽或使用足以妨害其身心健康之暴力、色情、猥褻賭博之出版品、圖畫、錄影帶、錄音帶、影片、光碟、磁片、電子訊號、遊戲軟體、網際網路或其他物品。(4)在道路上競駛、競技或以蛇行等危險方式駕車或參與其行為。」

2. 依兒童及少年福利法第二十八條規定：「兒童及少年不得出入酒家、特種咖啡茶室、限制級電子遊戲場及其他涉及賭博、色情、暴力等經主管機關認定足以危害其身心健康之場所。」

（二）少年的父母或監護人部分

1. 兒童及少年福利法第二十六條明定：「少年之父母、養父母或監護人應禁止前面之行為。」如果未禁止的話，依同法第五十五條規定，「父母、監護人或其他實際照顧兒童及少年之人，違反第二十六條第二項規定情節嚴重者，處新台幣一萬元以上五萬元以下罰鍰。

2. 依兒童及少年福利法第二十八條規定：「少年之父母、養父母或監護人應禁止少年出入酒家、特種咖啡茶室、限制級電子遊戲場及其他涉及賭博、色情、暴力等經主管機關認定足以危害其身心健康之場所。」如果未禁止的話，依同法第五十六條規定，違反第二十八條第二項規定者，處新台幣一萬元以上五萬元以下罰鍰。

3.依兒童及少年福利法第二十條規定：「父母、監護人或其他實際照顧兒童及少年之人，應禁止兒童及少年充當前條第一項場所之侍應或從事危險、不正當或其他足以危害或影響其身心發展之工作。」父母、監護人或其他實際照顧兒童及少年之人，違反第二十九條第一項規定者，依同法第五十七條規定：「處新台幣二萬元以上十萬元以下罰鍰，並公告其姓名。」

（三）相關場所負責人的部分

1.依兒童及少年福利法規定菸、酒、檳榔營業之負責人或從業人員，不得供售菸、酒、檳榔予少年吸食。如果供售給少年的話，依同法第五十五條規定：「供應菸、酒或檳榔予兒童及少年者，處新台幣三千元以上一萬五千元以下罰鍰。供應毒品、非法供應管制藥品或其他有害身心健康之物質予兒童及少年者，處新台幣六萬元以上三十萬元以下罰鍰。供應有關暴力、猥褻或色情之出版品、圖畫、錄影帶、影片、光碟、電子訊號、電腦網路或其他物品予兒童及少年者，處新台幣六千元以上三萬元以下罰鍰。」

2.兒童及少年福利法第五十六條規定：「違反第二十八條第三項規定者，處新台幣二萬元以上十萬元以下罰鍰，並公告場所負責人姓名。」

3.依兒童及少年福利法規定：「場所之負責人或從業人員應拒絕少年出入酒家、酒吧、酒館（店）、舞廳（場）、特種咖啡茶室及其他足以妨害少年身心健康之場所。」而違反者將依同法第五十七條規定：「違反第二十九條第二項規定者，處新台幣六萬元以上三十萬元以下罰鍰，公告行為

人及場所負責人之姓名，並令其限期改善；屆期仍不改善者，除情節嚴重，由主管機關移請目的事業主管機關令其歇業者外，令其停業一個月以上一年以下。」

另外行政法院曾經判決認為：「酒吧等特種營業場所對少年身心發展影響極大，少年福利法因而課以業者應拒絕少年人的義務，而相關法令也賦予業者檢查出入客人身分的權力，業者放棄此檢查身分證件的權力以致觸法，即應承擔放棄此權力後的法律後果。」同時依據目前相關案例中少年有關出入酒店的供述，一般店方並沒有要求檢查該少年的身分證件，縱使店方無故意或放任之意，仍應因未盡禁止少年出入場所義務而受到法規的處罰，這點必須加以注意釐清分際。

生活實例演習

☞ **案例一：**

目前尚就讀於某國中的李公脯，其父親在載他上學途中，不幸發生車禍而亡故，其為家庭主婦的母親因突然受此重大打擊，轉而認為李公脯剋死父親，於是開始對其咒罵，甚至不准其上學，更有甚者如李公脯稍有抗拒，便以藤條毆打，致其全身傷痕累累，鄰居對此感到十分不忍與痛心，試問法律對此監護的懲戒權有無干涉的餘地呢？

💡 **解析：**

本案當中，李公脯之母親，很明顯地逾越管教及懲戒的範圍，而符合兒童及少年福利法第三十四條第二項規定中，有關虐待的狀態，所以任何人均可報請當地縣市政府社會局出面干涉，將其給予適當的安置與保護，以免李公脯長期在此種照護下，產

生一些不正常心理狀態。

☞ 案例二：

　　居住在東部的張春花（妻）、陳正（夫）二人，係十七歲少女陳琴的親生父母，原本兩人共同擔任陳琴的監護人，茲因張春花平日工作忙碌，無暇管教少女，對少女陳琴的生活狀況亦不加以聞問，此時陳正則以家中經濟困難，需賺錢來貼補家用為由，說服陳琴首肯後，偕陳琴搭乘火車前往台北地區賣淫，結果經警方查獲，而張春花對其夫偕陳琴赴台北賣淫一事全然不知情。

1.當地主管機關經查獲此項情形後向法院聲請宣告停止張春花及陳正對於陳琴的監護權，並選定該主管機關法定代理人為少女陳琴的監護人，此時法院是否均會准許？

2.又本案言詞辯論終結時，陳琴已年滿十八歲（尚未成年），如果夫妻兩人均有被停止監護權的行為時，法院是否仍可判決宣告停止二人的監護權呢？

✐ 解析：

1.法院應會准主管機關聲請，宣告停止此對夫妻的監護權，並同時選定該主管機關法定代理人為少女陳琴的監護人：因為陳正係陳琴的親生之父，竟以家中經濟困難，需賺錢貼補家用為由，遊說心智尚未臻成熟且未滿十八歲的陳琴首肯前往台北賣淫，其行為顯已違反兒童及少年福利法第三十條第一項第九款「引誘（兒童及少年）從事不正當之猥褻行為或性交」，依同法第四十八條第一項規定，自應宣告停止其對於陳琴的監護權。至於其母係所謂濫用親權之行為，而此非僅指父母積極的對子女之身體為虐待或對子女之財產施以危殆之行為而言，即消極的不盡其父母之義務，例如不予保護、教養而放任之，或有不當行為或態度，或不管理其財產等，均足使親生子女的共同生

活發生問題，所以皆屬濫用親權的行為。依題示意旨，陳琴之母因工作忙碌，無暇管教，且對生活狀況亦不加聞問，顯然未善盡監護之責，不無消極濫用親權之行為，法院亦應停止其監護權行使，而交由主管機關為法定代理人來行使監護權。

2.主管機關應依情況為緊急保護，然後請求法院仍可依法判決宣告停止其夫妻的監護權，並為陳琴指定監護人，蓋因兒童及少年福利法，得聲請停止對父母之監護權，該少年之年齡認定時點應以行為時為準，即父母對子女有該法各款規定情形之一時，該子女為未滿十八歲之人即可，無庸於停止監護權之訴訟言詞辯論終結（係指法庭上兩造當事人所能為自我申辯的最後訴訟程序）時，其子女仍係未滿十八歲之人，而宣告停止監護權之效力，亦應持續至已滿十八歲後而至二十歲成年時止，以符合兒童及少年福利法保護少年之意旨。

民法

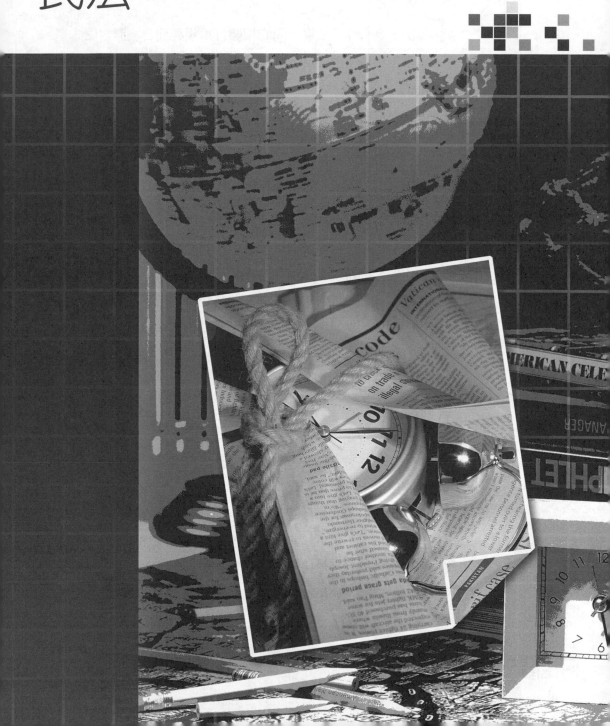

第四章

第一節　民法的意義

　　民法，是有關於私權之間的相關行為規範而言。詳言之，舉凡人日常生活中所為行為的法律效果，與他人為行為時之效力及糾紛時的處理，關於物以及基於其物所產生的權力，結婚、離婚、夫妻財產制、扶養、繼承等等有關私人權利行使時的相關規定，以及家庭等相關事務的處理等，都屬於民法的範圍之內。

　　其次，就民法的性質來說，是屬於普通法的範圍。所謂普通法，乃是適用於所有相關事件的法律而言，以有別於特別適用於特定事項、特定範圍或特定時期的特別法之情形。民法由於可以適用於所有民事事件，所以係屬普通法的範圍，但是如果遇上適用於特定範圍的特別法，例如消費者保護法、公平交易法等時，則依特別法優先於普通法之原則，此時如果該特別法有明文規定的事項，則依法應適用該特別法，僅於該特別法沒有規定的情形下，始適用民法的相關規定。

　　在民法上一般適用的原則，主要有以下幾種：

一、補充原則

　　補充原則，就是當民法未規定的情形下，可以依其他方式加以補充的情形而言。依我國民法規定，凡是民事事件，法律如果沒有規定的情形下，可以適用社會通用的習慣來加以解決，如果沒有習慣時，則尚可依據法理的解釋來加以處理。換言之，凡是民事相關的問題，如果在法律上沒有明文規定時，則依社會通用

的習慣來決定其適用的依據，不過民事所適用之習慣，需以不背於公共秩序或善良風俗者爲限；至於如果沒有社會習慣可以依循時，則尚可依照法理來決定如何加以適用，所以在民法中法律雖然是主要的依據，但是如果在法律沒有規定的情形之下，也可以有其他的方式來加以補充，這是因爲民事事件屬於私權的糾紛，所以允許依照一般習慣等方式來加以補充，但是如果在刑事案件中，由於牽涉犯罪與刑罰之問題，所以依法必須有法律規定才能加以處罰，絕對不准許以其他方式加以補充，此爲二者不同之處。

二、契約自由原則

這是有關於契約關係的原則。在契約行爲之中，只要是不違反法律的強制或禁止的規定，任何人都可以自由選擇簽約對象，經雙方的同意而簽立不同條款的契約，也可以訂立法律上所未規定的契約類型，換言之，契約內容可以由訂約當事人自由決定的原則，就是契約自由原則。舉例來說，依照民法的規定，租賃房屋時僅有房租的規定，但是房東爲了保障自身權益，也可以經房客同意後在契約中訂明必須有押租金，以維護自身權益；不過契約自由必須不違反法律的強制或禁止規定，因此如果契約中約定甲必須去賭博時，則因該約定違反公序良俗，依法該約定就會因而無效。

三、物權法定主義

這是關於物權的重要原則。物權法定主義是指所有關於物的

權利，都必須依照法律規定始能產生，任何人不能創設法律規定以外的物權，否則依法不生效力。舉例而言，依民法物權編規定，物權僅有所有權、地上權、永佃權、地役權、抵押權、質權、典權、留置權等，此時「物權」依法就只有這幾種權利，如果有人創設抽成權等，由於並非法律所規定的權利，所以依法不生效力。這與債權就有顯著的不同，按在債權時，由於依照契約自由原則，所以任何人均可自行訂立自己所需要的契約類型，無須受到法律的允許；但是在物權方面，由於牽涉到國家管理制度的問題，為避免造成紊亂的情形，所以法律即明定一般民眾不能創設出法律所沒有的物權，以杜絕糾紛。

四、當然繼承原則

這是關於繼承財產時的原則。依法當被繼承人死亡時，其財產上的權利及義務即由繼承人加以完全承受，此即當然繼承原則。在此原則之下，當被繼承人死亡時，繼承人不用辦理任何手續，依法就必須承受被繼承人的一切權利義務，但是在某些情形下，被繼承人的債務卻遠遠超過其所擁有的財產，此時如果加以承受，則會對繼承產生不利的後果，因此民法上尚規定有「拋棄繼承」及「限定繼承」兩種制度，不過這些制度都必須遵守一定的程序，否則不會發生其應有的效果，此與當然繼承原則之當然繼承的情形即有所不同。

第二節　民法總則編

　　民法第一編為總則編，總則編原則上是規定關於可以適用於
所有民事事件之規定而言。按民法所規定的內容，主要可分為財
產與身分兩大部分，財產部分主要是針對財產而為的規定，例如
契約、物權等，這些部分當然適用民法總則編的相關規定；不過
在身分法方面，由於牽涉身分方面的事務，例如結婚、離婚等情
形，與總則編有些針對財產方面的規定，例如消滅時效等情形就
不能相容，因此在身分方面的相關事務則並非可以完全適用總則
編的規定，而需視該情形是否符合身分關係而為個別之認定。

一、自然人

　　所謂自然人，就是一般人之法律用語，以有別於法人之係由
法律所創造之個體之情形。自然人之權利能力，依法始於出生，
終於死亡。但是如果自然人失蹤時，為了明確加以規範，所以民
法明定，當失蹤人失蹤滿七年後，法院得因利害關係人或檢察官
之聲請，為死亡之宣告；如果失蹤人為八十歲以上者，得於失蹤
滿三年後，為死亡之宣告；失蹤人為遭遇特別災難者，得於特別
災難終了滿一年後，為死亡之宣告，以便能從速決定其相關之事
務。

　　其次，為了保護未成年人之權益，因此法律上尚有行為能力
的規定。依法滿二十歲為成年，具有完全的行為能力；至於七歲
以上、未滿二十歲之青少年由於智慮尚未完全發展成熟，因此法

律上明定僅有限制行為能力，但是如果已經結婚者，由於已能獨立負擔家計，所以依法即成為有完全行為能力之人。限制行為能力人由於需受保護，所以依法限制行為能力人為意思表示及受意思表示時，除係純粹獲得利益（例如接受他人贈送東西等），或是依其年齡及身分、日常生活所必須之行為外，都必須獲得法定代理人之允許。如果限制行為能力人在未得法定代理人之允許下所訂立之契約，依法都必須經法定代理人之承認，始能發生效力，舉例而言，限制行為能力人甲自行向乙購買一套音響，則關於此項買賣行為依法必須獲得甲之法定代理人的承認始能發生效力，在未獲得承認之前，乙不能以甲已經簽約為理由即要求甲負付款的責任。

另外，關於七歲以下之兒童，由於更需受到保護，所以民法規定其為無行為能力人；此外，如果是因為心神喪失或精神耗弱導致不能處理自己事務，而經法院依法宣告禁治產之人，依法也屬於無行為能力人。關於無行為能力人之意思表示，依法係屬當然無效，必須由法定代理人代為意思表示，並代受意思表示。換言之，要與無行為能力人為買賣等法律行為時，依法必須向其法定代理人為表示始能發生效力，如果誤向該無行為能力人為表示時，無論該無行為能力人為任何表示依法都當然無效，行為人無論獲得任何承諾，都不會受到任何法律上之保護。

二、法人

所謂法人，也就是依據法律規定所組成，而由法律上賦予其一定地位之個體的情形而言。要取得法人的資格，必須依據民法規定組織社團法人或財團法人，或是依據公司法的規定成立公司

等情形始可。當取得法人資格後，依法就可於法令限制範圍內，有享受權利負擔義務之能力，換言之，也就是可以用法人的名義買賣不動產或是為任何法律所允許之法律行為，此點與未取得法人資格之商號僅能以老闆個人名義取得相關財產之情形即有所不同，在相關事情的處理上也較為便利。

三、物

物，是包括不動產及動產二種情形而言。稱不動產者，指土地及其定著物，例如房屋及其他建築物等；至於動產，則指所有不動產以外之物而言，例如汽車、桌椅、音響等。關於動產與不動產之相關法律關係，則詳細規定於民法物權編，茲不復贅。

四、法律行為

所謂法律行為，是指以意思表示而發生一定私法上之法律效果的情形而言。一般而言，法律行為均依照其情形而適用不同的規定，但是有以下情事存在時，則該法律行為當然無效：

1. **違反強行法之規定**：法律行為，如有違反法律之強制或禁止的規定者，無效。但其規定並不以之為無效者，不在此限。
2. **違背公序良俗**：法律行為，有背於公共秩序或善良風俗者，無效。
3. **不依法定方式**：法律行為，不依法定方式者，無效。但法律另有規定者，不在此限。

4.通謀而為虛偽意思表示：表意人與相對人通謀而為虛偽意思表示者，其意思表示無效。但不得以其無效對抗善意第三人。

除前述法律行為無效的情形外，如果有下列情形時，行為人可以撤銷其意思表示：

1.錯誤：這是指在非因行為人自己之過失而造成意思表示之內容有錯誤，或是行為人若知其事情即不為意思表示時，依法行為人得將其意思表示撤銷之情形。如果意思表示，是因為傳達人或傳達機關傳達不實而造成者，行為人得比照前述規定加以撤銷。前述之撤銷權，依法自意思表示後，經過一年即消滅，而且行為人在撤銷其意思表示時，對於信其意思表示為有效而受損害之相對人或第三人，依法尚須負起賠償責任，以維護相對人的權益。

2.被詐欺：所謂被詐欺，是指在被他人欺騙的情形下而作出意思表示之情形而言。在被詐欺而為意思表示時，依法表意人得撤銷其意思表示，但詐欺如果係由第三人所為者，以相對人明知其事實或可得而知者為限，始得撤銷。此外，被詐欺而為之意思表示，其撤銷依法不得以之對抗善意第三人，換言之，只要有第三人已經依法取得權利，例如已經將土地移轉登記給善意第三人時，依法原行為人就不能對第三人做任何主張，而僅能向詐欺行為人請求損害賠償。

3.被脅迫：這是指在被他人強逼以致意思不自由的情形下而作出表示的情形。依法被脅迫而為意思表示者，行為人得撤銷其意思表示，以保障自身權益。

五、消滅時效

一般而言，民法上的行為人都會因為其行為而取得相關的權利，例如買東西時有要求賣方交給貨物的權利，房東將房屋出租時有請求房客給付租金的權利等。但是，這些權利的行使也不能漫無時間的限制，而造成法律關係的不確定，因此民法乃特別規定了消滅時效的制度，也就是權利人如果在請求權可行使時起之法定期間內未行使其權利時，則他方可以時效已消滅為抗辯理由而拒絕履行。時效期間有以下三種：

1. **二年之短期時效期間**：依法下列各款請求權，因二年間不行使而消滅：
   (1)旅店、飲食店及娛樂場之住宿費、飲食費、座費、消費物之代價及其墊款。
   (2)運送費及運送人所墊之款。
   (3)以租賃動產為營業者之租價。
   (4)醫生、藥師、看護生之診費、藥費、報酬及其墊款。
   (5)律師、會計師、公證人之報酬及其墊款。
   (6)律師、會計師、公證人所收當事人物件之交還。
   (7)技師、承攬人之報酬及其墊款。
   (8)商人、製造人、手工業人所供給之商品及產物之代價。

2. **五年之短期時效期間**：凡利息、紅利、租金、贍養費、退職金及其他一年或不及一年之定期給付債權，其各期給付請求權，因五年間不行使而消滅。

3. **其他時效期間**：其他請求權，原則上因十五年間不行使而

消滅。但是法律如果有特別規定較短之期間者，則依其規
定。

六、權利之行使

依民法規定，權利之行使，應依誠實及信用的方法，而且不
得違反公共利益，或以損害他人為主要目的。換言之，也就是人
民行使其權利時仍然有所限制，不能恣意為任何行為而言。不過
如果有下列情形，由於係合法行使權利，因此法律上特別加以保
障：

（一）正當防衛

對於現時不法之侵害，為了防衛自己或他人之權利所為之行
為，就稱為正當防衛，對於該防衛行為所造成的損害，依法不用
負損害賠償之責任。例如甲持刀殺人，乙見狀將甲的刀打落，而
造成甲的手受傷時，因為乙屬於正當防衛行為，所以依法可以不
用對甲受傷的行為負責。不過，如果防衛行為已經逾越必要程度
時，在法律上稱為防衛過當，則依法仍應負相當賠償之責任。

（二）緊急避難

緊急避難是指因避免自己或他人生命、身體、自由或財產上
急迫之危險所為之行為而言，例如發生瓦斯中毒時，為了救人而
將門鎖打壞以便進入的行為即屬之，由於此種行為具有法律上的
正當及必要性，因此只要是避免危險所必要，並且沒有逾越危險
所能致之損害程度時，依法行為人就可以不用負損害賠償之責
任。不過，如果危險之發生，行為人負有責任時，例如前述瓦斯

中毒事件是因為行為人的不小心所造成時，則行為人仍然必須對其造成危險之行為依法負起損害賠償的責任。

（三）自助行為

自助行為是指為了保護自己權利，在來不及受到法院或其他有關機關援助之情形下，並且非於其時為之，則請求權將無法實行，或實行上顯有困難時，而對於他人之自由或財產施以拘束、押收或毀損之行為而言。舉例來說，甲發現其債務人乙捲款正在搭飛機準備潛逃出境，此時如果不將其攔住，則可能造成自己的債權請求發生困難，所以進行攔阻的行為即屬之。在進行自助行為而拘束他人自由或押收他人財產時，依法行為人必須即時向法院聲請處理，如果經允許，則自助行為人依法可以無須負擔任何賠償責任，但是如果前述聲請被駁回，或是其聲請有遲延之情形時，則行為人依法仍需負起損害賠償責任，以維護他方的權益。

生活實例演習

☞ 案例一：

莊小新現年十八歲，某日走在路上遇到一位推銷員，向其推銷一套書籍，指稱僅賣五百元，莊小新很高興逐簽訂購買契約，不料後來收到帳單時卻是新台幣五千元。問此時莊小新應如何保障自己權益？

✐ 解析：

本例中涉及兩個問題：

1. 莊小新由於現年十八歲，尚未成年，因此依法其所為之意思表示都必須獲得法定代理人之同意始可，而本例中莊小新在未獲

得法定代理人之同意下即簽署購買契約，依法在未獲得法定代
理人的同意前並不發生效力，所以莊小新根本可以不用理會該
筆帳單。

2.不過，如果莊小新已經成年後，依法將不受前述規定的保護，
此時必須注意自身的行為，對於前述推銷員的欺騙行為必須保
留相關證據，此時始可依據民法詐欺的規定，以存證信函向對
方撤銷自己的意思表示，如此始能免除付款的責任。

☛ 案例二：

　　曾大牛為了改善生活而做生意販賣電器，於八十六年七月一
日賣出一台電視給賴五，一直未收到貨款，同日又將一台音響租
給許文，也未收到租金。曾大牛心想和氣為貴，遂沒有向他們要
錢。問直至八十九年七月一日，曾大牛是否仍可向他們請求？

🖊 解析：

1.賴五部分：由於賴五是購買貨品，依民法規定商人所供給之商
品的代價，其時效期間僅有兩年，因此只要兩年間不向賴五請
求時，賴五依法就可以主張時效抗辯而拒絕付款，造成曾大牛
無法請求這筆貨款之結果。

2.許文部分：許文是向曾大牛租音響，而音響屬於動產，因此需
適用「以租賃動產為營業者之租價」的兩年短期時效之規定，
所以曾大牛在兩年內不向許文請求時，許文也可依法主張時效
抗辯而拒絕付款，同樣會造成曾大牛無法請求這筆租金之結
果。

第三節　民法債編

　　民法第二編是債編，債編是關於當事人間之債權、債務關係之法律規定而言。在日常生活中，人與人之間往往會牽涉到債的關係，例如買東西時要付錢、向人借錢時要還錢、租房子時要給付租金、就連開車在路上發生車禍時也可能會有賠償的問題，在這些情況下，當事人有些什麼權利，以及對方如果反悔不付時應該如何救濟，都規定在民法債編之內，只要多加研究，相信對日常生活中的法律關係有頗大的助益。關於債的發生原因，依照民法規定可分為契約、無因管理、不當得利以及侵權行為四種。

一、契約

　　所謂契約，就是指當事人對於必要之點互相意思表示一致而成立的法律行為而言。例如甲想要向乙買一台音響，只要對於音響的規格，以及應付的價格互相達成一致的協議時，此時在甲乙之間就成立了買賣契約。關於契約，是所有債之關係中發生頻率最高者，舉凡買賣東西、租房子、旅遊、標會等等，都屬於契約的一種。茲就契約的主要類型分別簡述如下：

（一）買賣

　　所謂買賣，就是當事人之間約定，一方移轉財產權於他方，他方支付價金之契約。換言之，就是一方出售商品給他方，而他方給付金錢的一種契約，如果雙方都是以商品賣給對方，則在法

律上叫做「互易」，雖然可以準用買賣的相關規定，但是仍然不是買賣行為，此點必須先注意。

其次，在買賣行為中，出賣人具有較重的義務，出賣人除了必須將買賣標的物移轉或交付給買受人之外，尚須負瑕疵擔保的責任。所謂瑕疵擔保可分為兩種，第一種是權利的瑕疵擔保，也就是出賣人必須擔保不會有任何第三人就買賣之標的物，對於買受人主張任何權利；如果違反時，出賣人必須負債務不履行之責任。第二種是物之瑕疵擔保責任，也就是物之出賣人對於買受人，必須擔保其物依法移轉於買受人時，無減失或減少其價值之瑕疵，亦無減失或減少其通常效用或契約預定效用之瑕疵之責任。如果出賣人所交付的物品有前述的瑕疵存在時，依法買受人可以解除其契約或請求減少其價金，但依情形，解除契約顯失公平者，此時買受人僅得請求減少價金。

至於買受人的價金支付方面，依法除非法律另有規定或契約另有訂定或另有習慣外，買賣標的物與其價金之交付應同時進行，換言之，在出賣人將貨物交付買受人時，買受人就必須給付價金。關於買賣費用之負擔，除法律另有規定或契約另有訂定或另有習慣外，依下列之規定處理：

1. 買賣契約之費用，由當事人雙方平均負擔。
2. 移轉權利之費用、運送標的物至清償地之費用及交付之費用，由出賣人負擔。
3. 受領標的物之費用、登記之費用及送交清償地以外處所之費用，由買受人負擔。

此外，買賣契約中一般常見的尚有分期付價買賣，也就是一般俗稱的分期付款契約，此即指出賣人在賣出貨物時，同意買受

人分期給付買賣價金的一種契約。此種分期付款契約原則上依據契約自由原則而容許雙方自行訂定，但是為了避免一般消費者吃虧，除了在消費者保護法加以保護之外，在民法上也規定了以下兩種限制：

1. 期限利益喪失約款之限制：這是針對分期付價之買賣，如果約定買受人有遲延時，出賣人即得請求支付全部價金之情形的限制。此時依法除非買受人遲付之價額已達全部價金五分之一外，否則出賣人仍不得請求支付全部價金，違反此規定之契約條款依法當然無效。
2. 解約扣價約款之限制：這是針對分期付價之買賣，如果約定出賣人於解除契約時，得扣留其所受領價金之情形的限制。依法出賣人所扣留之數額，不得超過標的物使用之代價，及標的物受有損害時之賠償額，如果有超過的部分，買受人即得依法請其返還。

(二) 贈與

贈與，是指當事人之間約定，一方以自己之財產無償給與他方，他方加以接受的一種契約。由於贈與和一般契約不同，係以自己的財產在沒有代價的情形下贈送他方，因此贈與人的義務也較為輕，依法贈與物之權利在沒有移轉前，除了係經公證之贈與，或為履行道德上義務而為贈與之情形外，贈與人均可隨時撤銷其贈與，以維護其自身的權益。

其次，贈與行為也可以附有負擔，例如父母贈送一棟房屋給子女，約定子女必須每年給付生活費給父母等，此時如果贈與人已為給付，而受贈人卻不履行其負擔，例如前述的生活費未給付

時，依法贈與人可以請求受贈人履行其負擔，或撤銷贈與。此外，受贈人對於贈與人，有下列情事之一者，贈與人也可以於知道該撤銷原因之時起一年之內撤銷該贈與契約：

1.對於贈與人、其配偶、直系血親、三親等內旁系血親或二親等內姻親，有故意侵害之行為，依刑法有處罰之明文者。

2.對於贈與人有扶養義務而不履行者。

贈與之撤銷，只需向受贈人以意思表示為之即可。贈與經撤銷後，依法受贈人就必須返還原先受贈的物品，如果拒絕返還，贈與人可以依關於不當得利之規定，依法請求返還贈與物。

（三）租賃

租賃，是指當事人之間約定，一方以物租與他方使用、收益，他方支付租金之契約而言。在現今的社會中，較常見的是租房子的情形，一般都會簽立租賃契約並約定租賃期間，此時租賃關係在租期屆滿就會消滅。不過在以下情形下，該租賃契約將會變成不定期租賃：

1.關於房屋、土地之類的不動產之租賃契約，依法其期限逾一年者，應以字據訂立之，未以字據訂立者，就視為不定期限之租賃。（民法第四百二十二條）

2.簽約時即未約定租賃期限者。

3.租賃期限屆滿後，承租人仍為租賃物之使用收益，而出租人不即表示反對之意思者，視為以不定期限繼續契約。（民法第四百五十一條）

如果成為不定期租賃，雖然在房屋以外之一般租賃，依民法第四百五十條規定，出租人可以隨時終止，所以可以隨時收回並無疑問；但是如果是房屋租賃，由於土地法有特別規定，所以必須適用土地法的規定，依土地法第一百條規定，除非有以下事由，否則不能收回房屋，實需特別注意：

1. 出租人收回自住或重新建築時。
2. 承租人違反民法第四百四十三條第一項之規定轉租於他人時。
3. 承租人積欠租金額，除以擔保金抵償外，達二個月以上時。
4. 承租人以房屋供違反法令之使用時。
5. 承租人違反租賃契約時。
6. 承租人損壞出租人之房屋或附著財物，而不為相當之賠償時。

在出租人的義務方面，依法出租人負有以合於所約定使用、收益之租賃物，交付承租人，並應於租賃關係存續中，保持其合於約定使用、收益之狀態之義務。因此，關於租賃物有修繕的必要時，除非契約另有訂定或另有習慣外，依法應由出租人負責修繕，此時承租人可以定相當期限，催告出租人進行修繕，如果出租人於其期限內不為修繕行為時，承租人可以終止租賃契約，或自行修繕而請求出租人償還其費用，或於租金中自行加以扣除。

至於承租人方面，則依法負有保管義務及給付租金之義務。所謂保管義務，是指承租人應以善良管理人之注意，來保管租賃物，租賃物有生產力者，並應保持其生產力而言；如果承租人違反此項義務，致租賃物毀損、滅失時，依法必須對出租人負損害

賠償責任。其次，承租人依法負有依約定日期支付租金之義務，如果承租人租金支付有遲延時，出租人得定相當期限催告承租人支付租金，如果在一般租賃的情形下，承租人於其期限內不為支付時，出租人即得終止租賃契約；如果租賃物為房屋時，遲付租金之總額達二個月之租額時，出租人始能依法終止租賃契約。

租賃契約與一般債權契約最大的不同點在於「買賣不破租賃原則」。在一般債權契約，由於係雙方所簽立，因此效力僅及於簽約雙方，他人並不受拘束，但是在租賃關係中，例如甲向屋主乙租房子，租期兩年，可是才剛租一個月乙就將房子賣給丙，則在此情形下如果按照一般原則，甲丙間根本沒有契約關係，則丙隨時可以要求甲搬走，對於承租房子的甲將欠缺任何保障，實非妥當。因此民法第四百二十五條明定「買賣不破租賃原則」，也就是出租人於租賃物交付後，承租人占有中，縱使將其所有權讓與第三人，其租賃契約，對於受讓人仍繼續存在。換言之，如前述情形，乙雖然將房子賣給丙，依「買賣不破租賃原則」，甲乙間之租賃契約將直接移轉到丙身上，也就是無須再另訂新約，甲就可依原與乙之合約內容繼續承租該房屋，不用再擔心屋主移轉時之風險。不過為了避免前屋主任意訂約妨礙後買主之權益，本條尚規定如果該不動產租賃契約沒有經過公證，而且期限超過五年或未定期限時，承租人將不受此原則的保護，實需加以注意。

租賃關係的消滅，依法契約定有期限者，其租賃關係於期限屆滿時消滅；如果契約未定期限者，除房屋、土地等適用土地法之規定外，依法各當事人得隨時終止契約。租賃關係消滅後，出租人負有將超收的租金及押租金返還承租人的義務，承租人則負有將租賃物返還出租人之義務，在雙方履行完畢後，租賃關係即正式完結。

（四）金錢借貸

所謂金錢借貸，即當事人一方移轉金錢於他方，而約定他方於特定時間將金錢返還之契約，也就是一般向銀行貸款或私人借貸之行為而言。關於金錢借貸，依法如果契約有約定返還期限，借用人應於約定期限內，將該筆金錢返還；如果契約沒有約定返還期限者，借用人可以選擇隨時返還，出借人也可以定一個月以上之相當期限，催告請借用人返還該筆金錢。至於借貸時如果約定有利息者，則該利息的支付，應於契約所定期限支付之；如果契約未定支付利息的期限者，除其借貸期限逾一年者，應於每年終支付外，原則上應於借貸關係終止時一併支付，始屬完成其還款的責任。

（五）旅遊

旅遊，就是指由旅遊營業人安排旅程及提供交通、膳宿、導遊或其他有關之服務之旅行的情形而言。所謂旅遊營業人，即指以提供旅客前述之旅遊服務為營業而收取旅遊費用之人，包括旅行社及任何人在內。在以往，因為欠缺法律的明文規定，因此常常發生旅遊糾紛，為了解決此類問題，我國民法特別於修訂時增加了旅遊專章，以便能明確加以規範。

首先關於行程方面，依法旅遊營業人除非有不得已之事由，否則不能變更旅遊的內容。縱使旅遊營業人確實有不得已的情形而變更旅遊內容時，依法其因此所減少之費用，應退還於旅客；所增加之費用，也不得向旅客收取，而需自行吸收，以保護團員的權益。

其次，旅遊營業人提供旅遊服務，應使其具備通常之價值及

約定之品質。旅遊服務如果不具備前述之價值或品質者，依法旅客得請求旅遊營業人改善之，旅遊營業人不爲改善或不能改善時，旅客得請求減少費用，其有難於達預期目的之情形者，並得終止契約。此外，如果不具備前述之價值或品質係因可歸責於旅遊營業人之事由所導致時，旅客除請求減少費用或並終止契約外，並得請求損害賠償，以維護自身權益。

再者，如果因可歸責於旅遊營業人之事由，導致旅遊未依約定之旅程進行時，旅客就其時間之浪費，可以按日請求賠償相當之金額以資補償。但其每日賠償金額，不得超過旅遊營業人所收旅遊費用總額每日平均之數額。

至於旅客的權利方面，原則上旅遊開始前，旅客有權變更由第三人參加旅遊，旅遊營業人除非有正當理由，否則依法不得拒絕，不過如果第三人依前項規定爲旅客因而增加費用時，旅遊營業人得請求其給付，如減少費用，旅客也不能請求退還，以避免任意更換，導致旅遊營業人困擾之情形。另外，旅遊營業人安排旅客在特定場所購物，其所購物品有瑕疵時，旅客可以在受領所購物品後一個月內，請求旅遊營業人協助其處理，以便能儘早獲得解決。

(六) 合會

所謂合會，即一般民間的互助會，也就是由會首邀集二人以上爲會員，互約交付會款及標取合會金之契約而言。在以往，雖然民間互助會盛行，但是法律上並未加以規定，因此只有單純由法院以判決來加以規範，在實際執行上仍有問題產生，因此民法在修正時，特別將互助會加以明文規定，以便能使一般民眾有遵循的依據。

首先關於會首方面，依法會首不能兼爲同一合會之會員，以免造成混淆之情形而產生弊端；其次無行爲能力人及限制行爲能力人依法不能擔任會首，也不能參加其法定代理人爲會首之合會，以免造成人頭標會的問題，導致其他會員的風險。不過會首也有其權利，也就是依法首期合會金不需經過投標，直接由會首取得，以符合現行慣例。

　　至於第二期以後的合會金方面，依法應以標會的方式決定得標人。標會時由會首主持，依約定之期日及方法爲之，其場所並由會首決定並應先期通知會員。每期標會時，每一會員僅得出標一次，以出標金額最高者爲得標。最高金額相同者，以抽籤方式決定之。如果同次標會都無人出標時，除另有約定外，即以抽籤來決定其得標人。不過每一會份，依法僅能得標一次，如果已得標者再度投標時，該投標行爲本身即當然無效而可省略不計。

　　在會員的義務方面，會員依法應於每期標會後三日內交付會款，會首也應於前項期限內，代得標會員收取會款，連同自己之會款，於期滿之翌日前交付得標會員，逾期未收取之會款，會首依法即應代爲給付，不過會首在代爲給付後，得依法請求未給付之會員附加利息來償還。換言之，會員依法有給付會款的義務，如果在每期標會後三日內並未繳交時，會首在代墊後還是可以要求會員給付該筆會款，並且附加利息，會員需在完全清償後其義務始屬消滅。

　　關於會首及會員權利之轉讓方面，依法會首如果要轉讓，除非獲得會員全體之同意，否則不能將其權利及義務移轉於他人；會員要退會或是將自己之會份轉讓於他人時，也必須獲得會首及會員全體之同意。其目的就在於互助會著重互相之間的信任，如果任意移轉容易造成其他會員的風險，所以法律乃特別加以限

制。

最後，關於合會如果不能繼續進行時之處理問題方面，例如因會首破產、逃匿或有其他事由致合會不能繼續進行時，依法會首及已得標會員應給付之各期會款，應於每屆標會期日平均交付於未得標之會員，以便補償會員的損失。至於已得標會員應給付的各期會款，依法會首也必須負連帶責任，換言之，也就是已得標會員如果不付時，其他活會會員也可以要求會首給付該筆款項，以保障自身權益。

（七）保證

所謂保證，即指謂當事人之間約定，一方於他方之債務人不履行債務時，由其代負履行責任之契約而言。在現今社會中，交易或借貸行為頻繁，尤其是與銀行之間借錢時，往往被要求提供保證人，因此關於保證人有些什麼義務，以及保證人有些什麼權利，實應多加了解。

關於保證人的義務方面，也就是當債務人不履行債務時，保證人就必須負起履行之責任，其責任範圍，除契約另有訂定外，包含主債務之利息、違約金、損害賠償及其他從屬於主債務之負擔。換言之，也就是當債務人無法清償欠款時，債權人就可以找保證人來代為清償，所以保證人的義務算是頗為繁重。

? 保證人的權利

不過，在另一方面法律上也規定了下列保證人的權利，以便能平衡其責任：

1.得主張主債務人之權利：也就是說，保證人可以主張主債務人所有的一切權利，例如主債務人有抗辯權時，保證人

也可以加以主張，縱使主債務人拋棄其抗辯權者，保證人依法仍然可以加以主張；主債務人如果對於債權人有債權時，保證人也可以將該債權與債務主張抵銷，以免除自身的保證責任；主債務人就其債之發生原因之法律行為有撤銷權時，保證人對於債權人，也可以拒絕清償，以維護自身權益。

2.先訴抗辯權：這是指保證人於債權人未就主債務人之財產強制執行而無效果前，對於債權人，得拒絕清償之權利而言。換言之，也就是債權人必須先去執行主債務人的財產，除非執行結果不足以清償債權時，才可以向保證人請其負保證責任，否則保證人可以加以拒絕之權利。不過如果有下列情形，保證人即不得主張前述之權利：

(1)保證人拋棄前條之權利者。

(2)保證契約成立後，主債務人之住所、營業所或居所有變更，致向其請求清償發生困難者。

(3)主債務人受破產宣告者。

(4)主債務人之財產不足清償其債務者。

3.代位權：這是指當保證人向債權人為清償後，於其清償之限度且不影響債權人之利益的範圍內，依法可以承受債權人對於主債務人之債權之權利而言。換言之，保證人在清償後，可以另外向主債務人請求返還所給付之金額。

♀ 保證責任之免除

保證人除了有前述的權利之外，關於其保證責任的期限自然也不能不有所規定，因此民法明文規定，有下列情形時，保證人之保證責任即免除：

1. 債權人拋棄擔保物權：依法債權人如果拋棄爲其債權擔保之物權者，保證人就債權人所拋棄權利之限度內，免其責任。

2. 定期保證責任之免除：如果保證契約約定保證人僅於一定期間內爲保證者，如債權人於其期間內，對於保證人不爲審判上之請求，保證人即免其責任。此外，縱使無前述情形存在，但是債權人允許主債務人延期清償時，則除非保證人對於其延期已爲同意外，否則依法也可以不用再負保證責任。

3. 未定期限保證責任之免除：保證如果未定期間者，保證人於主債務清償期屆滿後，得定一個月以上之相當期限，催告債權人於其期限內，向主債務人爲審判上之請求，債權人若不於前項期限內向主債務人爲審判上之請求者，保證人即免其責任。

4. 連續發生債務保證之終止：就連續發生之債務爲保證，而未定有期間者，保證人得隨時通知債權人終止保證契約，對於通知到達債權人之後所發生的主債務人之債務，依法即不用負保證責任。

二、無因管理

　　無因管理，就是指未受委任，並無義務，而爲他人管理事務之情形，例如颱風來襲，發現鄰居屋頂漏水，但是鄰居剛好出國去玩，所以便好心幫他修屋頂之行爲即屬之。由於在這種情形下，雙方之間並無任何契約關係，因此對於此種問題應如何處理，即成爲一個問題。關於此種型態，法律就叫做無因管理，對

於雙方的權利義務也就依照無因管理的相關規定來加以處理。

　　無因管理可分為兩種類型，首先就是「適法的無因管理」，也就是法律上所認許的無因管理行為而言。「適法的無因管理」存在於兩種情形，第一種是該管理事務本身利於本人，而且不違反本人明示或可得推知之意思之情形，例如前述的幫鄰居修漏雨的屋頂等情形而言；另一種則是雖然違反本人明示或可得推知之意思而為管理行為，但是其管理係為本人盡公益上之義務，或為其履行法定扶養義務，或該本人之意思違反公共秩序善良風俗之時，該管理行為依法也受法律的許可，例如甲不讓其幼子乙吃飯已五天，也要求別人不能給乙吃飯，鄰居丙卻違背甲的意思而送東西給乙吃即屬於此處的情形，此時丙的行為依法也是「適法的無因管理」。在「適法的無因管理」時，管理人為本人所支出的必要或有益之費用，依法可以請求本人償還其費用及自支出時起之利息；如果管理人因而負擔債務，或受損害時，依法也可以請求本人加以清償，或賠償其損害。蓋前述費用皆係為本人之利益而產生，因此依法當然應由本人自行負擔。

　　其次，就是「不適法之無因管理」，這就是指前述適法之無因管理以外的情形而言，例如本人甲已表示不用油漆房屋，乙卻仍然為甲為油漆的行為，此時由於並非本人所要求或有利於本人，為了避免任意幫別人管理，反而造成別人困擾的結果，因此法律上對這種「不適法之無因管理」規定本人依法仍然可以享有因管理所得之利益，但是本人所負之給付費用的義務等，以其所得之利益為限。換言之，如果該管理行為並無實質上的利益存在時，則依法本人就不負任何給付費用的義務。不但如此，在「不適法之無因管理」中，管理人對於因其管理所生之損害，縱使沒有任何過失，依法也必須負擔賠償之責任，以維護本人的利益。

三、不當得利

不當得利，就是指在無法律上之原因的情形下而取得或保有利益，並因而導致他人受損害者而言，例如甲本來要把錢還給乙，結果卻誤拿給丙，丙即據為己有，此時丙取得該金錢係沒有任何法律上的依據，並且導致甲損失該筆金錢，此即構成不當得利之情事。

在不當得利的情形下，不當得利的受領人依法負有返還其利益的義務，此外，如果本於該利益更有所取得者，例如取得股票後剛好遇上配發股息等情形，則尚應返還該所得，以維護原所有人的權益。不過如有下列情形之一者，則依法不能請求返還：

1. 給付係履行道德上之義務者。
2. 債務人於未到期之債務因清償而為給付者。
3. 因清償債務而為給付，於給付時明知無給付之義務者。
4. 因不法之原因而為給付者。但不法之原因僅於受領人一方存在時，不在此限。

四、侵權行為

侵權行為，也就是侵害他人權利之行為而言。在日常生活中，人與人之間時有接觸，難免會有造成他人損害之情事發生。例如開車在路上因一時不小心而撞到人、因一時氣憤而打傷他人，甚至因為所製造的食品衛生不佳而導致消費者生病等，都屬於侵害他人權利的侵權行為之範圍，因此侵權行為的適用上在實

務案例中也頗爲常見。

（一）侵權行爲的發生

　　侵權行爲依我國民法規定，原則上以因故意或過失，而不法侵害他人權利者始構成侵權行爲，換言之，如果沒有過失的情形下，就算是造成他人的損害，依法也不致構成侵權行爲。不過在前述條件之下，要請求損害賠償之前就要主張對方有故意或過失存在，不過對於前述有利於自己的事實依法必須負舉證的責任，所以要請求賠償之前就必須先證明對方有故意或過失存在，此點對於一般民衆確實相當困難，爲了解決此種問題，所以民法上又特別規定了以下的例外情形：

♀違反保護他人之法律的損害賠償責任

　　這就是指只要證明對方有違反法律之情事存在，因而造成損害的結果時，除非對方能反證明自己沒有過失，否則受害人依法就可以請求損害賠償的情形。例如道路交通安全規則是道路行駛時的安全規範，如果駕駛有違反裡面的規定的情形，因而導致撞傷人時，除非該駕駛能證明自己沒有過失，否則依法就需負損害賠償責任。

♀動物占有人之責任

　　這是指飼養動物之人，如果發生其所養的動物加損害於他人之情形時，依法就必須負損害賠償責任，除非該飼養人能證明其依動物之種類及性質已爲相當注意之管束，或縱爲相當注意之管束而仍不免發生損害，始可免除自己的賠償責任。

♀工作物所有人之責任

　　這是針對土地上之建築物或其他工作物，如果有造成他人權利之損害時，該工作物之所有人依法就必須負賠償責任，除非工

作物的所有人能證明自己對於設置或保管並無欠缺，或損害非因設置或保管有欠缺而產生，或於防止損害之發生，已盡相當之注意時，才能免除其賠償責任。

ꝗ 商品製造人之責任

這是指商品之生產、製造、加工業者等商品製造人，對於因其商品之通常使用或消費所致他人之損害，依法就必須負起賠償責任之規定。商品製造人除非能證明其對於商品之生產、製造或加工、設計並無欠缺，或其損害非因該項欠缺所致，或於防止損害之發生，已盡相當之注意者外，否則就必須對使用該商品而受損害的消費者負起賠償的責任。

（二）侵權行為的賠償

至於侵權行為發生時，依法所能請求的賠償可分為以下幾種：

ꝗ 造成他人死亡時之賠償責任

1.請求所支出之醫療費、增加生活上需要之費用及殯葬費。
2.被害人對於第三人負有法定扶養義務者，該第三人亦得請求賠償扶養費之損失等。對於此項賠償，法院得因當事人之聲請，定為支付定期金，但須命加害人提出擔保。
3.被害人之父、母、子、女及配偶，雖然沒有財產上之損害，也可以請求賠償相當之金額。

ꝗ 侵害他人身體、健康之賠償責任

1.被害人可請求因此喪失或減少之勞動能力，或增加生活上之需要的費用。關於此項賠償，法院得因當事人之聲請，

定爲支付定期金，但須命加害人提出擔保。

2.被害人尚可於前述賠償之外，另行請求賠償相當之金額的非財產上的損害賠償。

侵害名譽、自由等之賠償責任

關於不法侵害他人之名譽、自由、信用、隱私、貞操，或不法侵害其他人格法益而情節重大者，被害人雖無財產上之損害，亦得請求賠償相當之金額的非財產上損害賠償。其名譽被侵害者，並得請求回復名譽之適當處分。

物之毀損之賠償方法

如果不法毀損他人之物時，被害人得請求賠償其物因毀損所減少之價額。

生活實例演習

☞ 案例一：

鍾阿欽年輕時非常努力，而購買了幾間房屋，於是將其中一間房屋贈與其獨子鍾不毀，並口頭約定鍾不毀需要盡扶養義務，不料後來鍾不毀根本不爲聞問，鍾阿欽想要撤銷該贈與，不過鍾不毀卻否認有該約定存在，此時鍾阿欽是否有任何權利可資主張？

解析：

依民法規定，要撤銷贈與需有法定原因存在時始可，第一種法定原因是贈與附條件，而受贈人未履行其義務時，然而本例中僅有口頭約定，因此在鍾不毀否認的情形之下，鍾阿欽可能就因無法證明而無法主張；然而贈與撤銷原因並非僅有一種，依法受贈人對於贈與人有下列情事之一者，贈與人也可以於知道該撤銷

原因之時起一年內撤銷該贈與契約：

1. 對於贈與人、其配偶、直系血親、三親等內旁系血親或二親等內姻親有故意侵害之行為，依刑法有處罰之明文者。

2. 對於贈與人有扶養義務而不履行者。

　　由前述情形可知，鍾不毀根本未盡其扶養鍾阿欽的義務，因此依法鍾阿欽即可撤銷該贈與，然後要求鍾不毀返還該房屋，以維護自身權益。

☛ 案例二：

　　唐阿明走在路上，突然被掉落的磚頭砸到而受傷，經查該磚頭係自盧阿如的房子掉落下來。唐阿明可否請求賠償？

💡解析：

　　此屬於工作物所有人之責任的問題。依法土地上之建築物或其他工作物，如果有造成他人權利之損害時，受害人只要能證明該損害係來自於該工作物或建築物，就可以向該工作物之所有人請求賠償。本例中，唐阿明係遭到盧阿如房屋磚頭掉落砸到而受傷，依法就可以要求盧阿如負起賠償責任，除非盧阿如能證明自己對於房屋之保管並無欠缺，或損害非因保管有欠缺而產生，或於防止損害之發生，已盡相當之注意時，才能免除其賠償責任。

第四節　民法物權編

　　物權編是規定於民法第三編。所謂物權，就是關於物上的權利之規定而言，也就是所有關於動產、不動產之權利的取得、設定、喪失、變更等，原則上都規定在民法物權編之內。

關於物權，首先就必須知道物權法定主義，此即指所有關於物的權利，都必須依照法律規定始能產生，任何人不能創設法律規定以外的權利，否則依法不生效力。按在債權時，由於依照契約自由原則，所以任何人均可自行訂立自己所需要的契約類型，無須受到法律的允許；但是在物權方面，由於牽涉到國家管理制度的問題，為避免造成紊亂的情形，所以法律即明定一般民眾不能創設出法律所沒有的物權，以杜絕糾紛。

其次，就不動產物權方面，其依法律行為而取得、設定、喪失及變更者，應以書面並經登記，否則依法不生效力。例如甲向乙買了一塊土地，縱使價金都已交付，而且土地也交給甲使用，但是只要還沒有辦理土地的移轉登記，則該土地的所有權人仍然是乙，事後乙如果反悔，仍然可以所有權人的身分依法請求甲返還該土地。至於動產物權之讓與，依法只要將動產交付，就發生法律上的效力。例如向電器行買電視，只要電器行將電視交付給顧客，依法顧客就取得電視的所有權，而可以為一切合法的使用收益等行為，此點與不動產即有所不同，實應多加區別。

一、所有權

所有權，就是合法擁有該物之法律上的權利而言。依法所有人於法令限制之範圍內，可以自由使用、收益、處分其所有物，並排除他人之干涉。所有人對於無權占有或侵奪其所有物者，可以依法請求返還其所有物；對於妨害其所有權者，可以依法訴請除去該妨害行為；有妨害其所有權之可能產生時，依法也可以訴請加以防止，以維護自己之所有權的不受干擾。

（一）土地所有權

關於不動產所有權，首先在土地所有權方面，依法土地所有權除法令有限制外，於其行使有利益之範圍內，及於土地之上下，換言之，土地所有權人可以自由就其土地行使其相關權利。但是，法律上對於土地所有權人有做了一些相關的限制，也就是相鄰關係的限制，較重要的有下列幾種：

⚷ 土地有高低落差時

由高地自然流至之水，低地所有人不得妨阻；由高地自然流至之水，如為低地所必需者，高地所有人縱因其土地之必要，也不得防堵其全部，以維護相鄰土地所有人之權益。

⚷ 管線埋設權

這是指土地所有人除非通過他人之土地，否則不能安設電線、水管、煤氣管或其他筒管，或雖能安設而需費過鉅的情形發生時，依法可以通過他人土地之上下而安設之，但應選擇其損害最少之處所及方法為之，並應支付償金給該土地所有人，以便能平衡雙方之間的利益。

⚷ 袋地通行權

這是指土地與公路沒有適當之聯絡，導致不能為通常使用的情形時，該土地所有人依法可以通行周圍地以至公路，但是該通行權應於通行必要之範圍內，擇其周圍地損害最少之處所及方法來進行，而且對於通行地因此所受之損害必須支付償金以資補償。

⚷ 鄰地使用權

這是指土地所有人因鄰地所有人在其疆界或附近，營造或修繕建築物，而有使用其土地之必要時，依法應許鄰地所有人使用

其土地，以利鄰地所有人土地之使用。但是如果因此而受到損害時，則仍然可以向該鄰地所有人請求賠償。

♀ 危險之預防義務

土地所有人開掘土地或為建築時，負有必須不能因此而使鄰地之地基動搖或發生危險，或使鄰地之工作物受其損害的義務。

（二）建築物所有人

至於建築物所有人方面，依法對於該建築物當然有使用、收益、處分等權利存在。不過如果對於所有人的權利行使，法律上仍然有以下的規定：

♀ 危險之預防義務

這是指當建築物或其他工作物之全部或一部有傾倒之危險，致鄰地有受損害之可能時，鄰地所有人得請求該建築物或工作物之所有人為必要之預防，以保障自身的權益。

♀ 建築物之區分所有時的特別規定

這是例如集合式公寓、住宅、大廈等情形時的特別補充規定。凡數人區分一建築物而各有其一部分者，該建築物及其附屬物之共同部分，推定為各所有人之共有。關於其修繕費及其他負擔（例如公共電費等），由各所有人按其所有部分之價值平均分擔之。至於其他較詳細的規定，則有公寓大廈管理條例加以規範。

（三）動產所有權

由於動產僅需交付即移轉其所有權，而且物品均在所有人的持有之中，因此發生行使上的限制部分即較為少見。不過，也由於動產只要交付即移轉，因此有所有權移轉的特別情事存在。

♀ 善意受讓

這是指動產之受讓人善意占有動產時，依法縱使讓與人無移轉所有權之權利，受讓人仍取得其所有權的規定。例如甲擅自將乙的東西賣給丙，丙在完全不知情的情形下買受時，依法就取得該物的所有權，此時乙僅能依侵權行為或不當得利的規定向甲請求賠償或返還該筆價金。

♀ 無主物之先占

這是指以所有之意思，占有無主之動產時，依法該占有人即取得該物之所有權的規定。本規定僅適用於無主，即未被人擁有之動產而已，如果是有人所有，但僅係遺失時，則需是用後述之遺失物拾得之規定。

♀ 遺失物拾得

這是關於撿到遺失物時之法律處理程序。依法撿到遺失物時，應通知其所有人，不知所有人或所有人所在不明者，應為招領之揭示，或報告警察或自治機關，並將其物一併交存。如果遺失物在拾得後六個月內，所有人認領者，拾得人或警署或自治機關，應將其物返還之，但拾得人對於所有人，得請求其物價值十分三之報酬。不過遺失物若於拾得後六個月內無人認領時，警署或自治機關，應將其物或其拍賣所得之價金，交與拾得人，該物或價金即歸拾得人所有。

二、地上權

所謂地上權，是指以在他人土地上有建築物或其他工作物或竹木為目的而使用其土地之權利而言。舉例而言，政府拍賣公告有時常見政府保有土地的所有權，僅將土地的使用權拍賣而收取

權利金之情形即屬於地上權的範圍。詳言之，所有權人依法不用移轉其所有權，而僅是將土地的使用權移轉他人，並辦理登記，以此方式收取租金或權利金的物權行爲就是地上權。由於地上權人依法有使用土地的權利，因此關於所有權相鄰關係的規定，地上權人也必須加以遵守。至於地上權的存續期間，原則上依當事人間之約定並需辦理登記，依法在存續期間之內，縱使該地上之工作物或竹木發生滅失之情形，例如甲向乙取得地上權來蓋房子，結果房子因爲地震而倒塌時，依法該地上權仍不會消滅，甲仍然可以再另行造屋或爲其他權利的行使。

三、地役權

地役權，就是以他人的土地來供自己土地之便宜使用的權利。舉例來說，甲的土地並未面臨道路，所以甲就與鄰地所有人乙商議，以設定物權的方式，請其准許甲能使用乙的土地來通行，甲則願意給付補償之情形即屬之。雖然前述狀況法律上已有袋地通行權之規定，但是仍比不上以設定地役權之方式來行使較爲明確，並受到法律上的保障，因此仍時有所見。

四、抵押權

抵押權，即指對於債務人或第三人，將其所有的不動產不移轉占有而設定擔保，使得債權人於債務人不履行債務時，能就該不動產之賣得價金受清償之權利而言。關於抵押權，由於債權人就抵押標的物具有優先取得清償的權利，因此一般銀行或民間都相當常見此種物權的設定。

關於抵押權之擔保範圍，原則上除非契約另有規定，否則應包括原債權、利息、遲延利息及實行抵押權之費用在內。如果抵押權所擔保的債權到期未獲得清償時，抵押權人即得聲請法院拍賣抵押物，就其賣得價金而受清償；不過如果同一不動產上有設定數個抵押權時，其清償次序則依登記之先後定之，其次序相同者，則採取平均分配之方式。

不動產所有人如果於設定抵押權後，將不動產讓與他人時，此時依法該抵押權不因此而受影響。換言之，買受該不動產之人就必須承受該抵押權，也就是必須以自己買到的不動產來幫別人的債務做擔保，因此要買房地前應先注意是否有抵押權存在，以免造成自己的損失。

抵押權人如果與不動產所有人約定，於債權已屆清償期而未獲清償時，抵押物之所有權即移屬於抵押權人時，由於此時恐有利用他人急用而強取他人房地之恃強凌弱的情形發生，所以法律明定該約定依法當然無效。不過如果債權清償期已經屆滿後，在無法清償的情形下，由抵押權人與所有人訂立契約，取得抵押物之所有權時，則為清償債務之一種方式，除非因此行為而有害於其他抵押權人之利益者外，否則仍為法律所允許。

為債務人設定抵押權之第三人，代為清償債務，或因抵押權人實行抵押權致喪失抵押物之所有權時，由於該債務並非其所積欠，自然應予以保障，因此民法明定，此時該第三人可以依關於保證之規定向債務人行使求償權，以維護自身權益。

五、質權

質權，就是以動產或權利為標的物，而作為債務擔保之一種

物權而言。質權與抵押權相同，都是供作債務擔保之一種物上權利，只不過抵押權係針對不動產，並且以辦理登記爲取得抵押權之要件；至於質權，則以將該動產交付或權利移轉給質權人爲取得質權之要件。質權所擔保之範圍，除契約另有訂定外，包括原債權、利息、遲延利息、實行質權之費用，以及較抵押權爲多之因質物隱有瑕疵而生之損害賠償。至於其他方面，包括到期債務未獲清償時，質權人可以拍賣質物，就其價金優先清償，或是與原所有人訂約取得質物的所有權以清償債務，以及在債務未到期之前不能先行訂約要求物之所有人於債務到期未獲清償，就將質物之所有權移歸質權人等規定，均與抵押權相同，茲不復贅。

生活實例演習

☛ 案例：

　　王甲有一筆土地市價新台幣一千二百萬元，爲了開立公司，所以將土地設定抵押給第一銀行，借款新台幣七百萬元；其後又向李四借款新台幣四百萬元，並以該筆土地設定抵押權；另外再向張三借款新台幣三百萬元。不料王甲經商失敗而無力還錢，經法院查封拍賣後共計賣得新台幣一千萬元。問第一銀行、張三、李四可以分得多少金額？

✐ 解析：

　　這是涉及抵押權效力的問題。依法抵押權有優先於一般債權而受清償的效力，而如果同一不動產上有設定數個抵押權時，其清償次序則依登記之先後定之。本例中，王甲土地賣得價金新台幣一千萬元，應先清償抵押權人的債權，而第一銀行的抵押權登記在先，具有優先效力，因此可以獲得全數新台幣七百萬元的清

償；至於李四由於登記在後，所以只能分配剩餘的金額，也就是新台幣三百萬元，而無法完全獲得清償；張三則更慘，由於僅是普通債權，並沒有抵押權的擔保，因此必須待抵押權人分配完畢後始能獲得清償，然而本例中縱使抵押權人李四亦無法獲得清償，所以張三將根本無法獲得任何清償，也就是張三一毛錢也拿不到。

第五章

犯罪與刑罰

第一節　刑法的意義

　　刑法是對於犯罪行為以及其所應科處的刑罰或保安處分加以規範的法律。在日常生活中，人與人的接觸相當頻繁，因此互相發生爭執或糾紛的機會就很多，除了一些相關於債務及身分等民事問題已在民法中加以規定外，對於一些更嚴重的脫序行為或反社會行為所造成之其他人的傷害或社會秩序的被破壞等情形，不能不加以處理，而這些現象也不是用單純民事事件之私人之間的爭執即可解決，所以才有了刑法的產生。簡單來說，也就是為了避免社會公認的規範秩序被破壞，而由政府對該行為以法律加以規範，違反時即由政府對之科以刑罰，而此規範相關內容的法律就是刑法。

一、犯罪

　　刑法主要是以懲治犯罪為主要功能，因此無可避免地要討論到何謂犯罪行為？所謂「犯罪」，簡單來說，就是指違反刑法規定內容的違法行為，凡是在刑法規定中不得為之行為，依法任何人都不能為之，違反時就成了犯罪行為，依法就會受到刑罰處罰的結果。

　　至於犯罪的構成，首先必須比較刑法法條的規定，必須行為人所實行的行為符合法條所規定的要件，始具有「構成要件該當性」，換言之，如果該行為並不符合法條所規定的範圍，例如甲一不小心將乙的花瓶打破，此時由於我國刑法的毀損罪除了造成物

品損壞之結果外，尚必須有毀損的故意存在，由於甲只是一時的疏忽打破，因此甲的行爲並非完全符合毀損罪的要件，因此甲的行爲當然不構成犯罪。

其次，在符合「構成要件該當性」之後，行爲人之行爲還必須具備有違法性。舉例而言，只要行爲人的行爲符合阻卻違法原則中的阻卻違法事由時，依法該行爲就會因爲欠缺違法性而不構成犯罪。

最後，行爲人的行爲雖然因爲符合刑法的要件，以及具備違法性而構成犯罪，但是該行爲是否能加以處罰也是必須考慮的問題。例如行爲人犯罪時是因爲重度精神病導致心神喪失的情形時，由於此時並非出於自由意志，所以刑法也規定對於此種情形依法可以不受刑罰的處罰。不過，由於對社會仍有危害之可能，因此依法該犯罪人仍然可能會被科以相關的保安處分。

二、刑罰

「刑罰」，也就是對於違反刑法規定者所科處的制裁而言。關於可以科處的制裁，雖然在古代有許多苛刑，例如炮烙、焚燒、投水等等，以期收嚇阻之效果，不過由於這些刑罰都有侵犯人權的爭議存在，因此我國現行制度都棄而不採。依我國刑法規定，刑罰可分爲主刑及從刑。主刑就是對於犯罪人主要科處的刑罰，可分爲死刑、無期徒刑、有期徒刑、拘役以及罰金五種。死刑就是以槍決等方式使犯罪人永遠離開社會的一種刑罰；無期徒刑、有期徒刑、拘役都屬於自由刑，也就是將犯罪人拘禁於一定的地點，使其與社會相隔絕，並以透過教化的方式希望能使犯罪人有改過自新的機會，其中無期徒刑的刑期是終身，但是依法如果有

悔過之意仍可經假釋的方式而重回社會，有期徒刑與拘役都有拘禁期限的限制，只是拘役期間通常較短，原則上最長不能超過兩個月；至於罰金，也就是以罰款的方式加以處罰，以收嚇阻之效。

主刑除了以上五種一般情形外，尚有以下三種可變更的情形：

1. **易科罰金**：這是指對於所犯之罪的最重本刑為三年以下有期徒刑，而受到六個月以下之刑或拘役的判決時，如果因為身體、教育、職業或家庭的關係，執行顯有困難者，可以向法院申請以繳納罰金的方式代替刑罰的執行之情形。

2. **易服勞役**：這是與前述剛好相反的情形，也就是當犯人被判處罰金的刑罰時，卻因為無力繳納，而以折算的方式改以服勞役來代替執行的情形。

3. **易以訓誡**：這是對於犯罪動機情有可原者的特別規定。詳言之，如果犯人的犯罪動機是為了公益或在道義上顯然可以原諒，而且僅受到法院判決拘役或罰金時，法院可以視情況以訓誡的方式代替刑罰的情形。

至於從刑則是依附於主刑而存在的刑罰，有褫奪公權及沒收兩種。褫奪公權，就是剝奪被宣告者擔任公務員、公職候選人以及行使選舉、罷免、創制、複決四權之資格的一種刑罰，換言之，只要被宣告褫奪公權，則該犯罪人依法即不能在被宣告期間擔任公務員，也不能參與公職人員的選舉等；沒收則是將犯罪行為中所發現的違禁物，屬於犯人所有的供犯罪所用之物、預備犯罪之物以及犯罪所得之物加以強制收歸國有，以避免事後犯人再加以使用。

三、保安處分

　　雖然在一般犯罪時，有刑罰加以制裁已經足夠，但是在許多情形下，此種方式並非當然能一勞永逸。舉例而言，有危險性的犯人或習慣犯罪之人並非單純以將其拘禁等方式就可以使其以後不致再犯罪，而有時在刑法的考慮之下，例如心神喪失等情形依法可以不用受到刑罰的處罰，但是對於此類人員仍然應該給予必要的矯治，否則也有可能造成社會的危險。為此，刑法乃特別於刑罰之外另訂了保安處分的規定，以期以適當的方式對犯罪人加以處理，以利社會整體秩序的維護。

（一）感化教育

　　感化教育，就是指讓犯罪人進入一定的場所，以教育等方式以期能加以矯正之情形。在我國刑法上感化教育的對象分為兩種，一種是十四歲以下的少年，此種情形由於依法並不處罰其刑罰，但是為了矯治其犯罪行為，所以依法仍可宣告其進行感化教育；第二種是十四歲以上，未滿十八歲之青少年的情形，由於此類青少年依法仍然必須受到刑罰處罰，僅係得減輕其刑度而已，所以依法對於此種青少年原則上係於其刑之執行完畢後，再施行感化教育，不過有一例外，即如果該青少年係被判處三年以下有期徒刑、拘役或罰金時，得於刑之執行前施行感化教育，如果感化教育之結果認為沒有執行刑的必要時，依法可以免除其刑之執行。

（二）監護

這是針對心神喪失、精神耗弱或瘖啞人所施行之保安處分。詳言之，因心神喪失而免除刑罰之人，以及因精神耗弱或瘖啞而減輕其刑之人，依法得令其進入相當處所施以監護，例如精神病院等，以避免對社會造成危害。

（三）禁戒

這是針對吸食毒品等行為，或是因為酗酒而犯罪之行為所施行的保安處分。詳言之，也就是對前述人員施行隔離以及戒除之治療，以期使其不致再為相同的行為而言。

（四）強制工作

強制工作是針對有犯罪習慣、以犯罪為常業，或是因為遊蕩或懶惰成習而犯罪之人所施行的保安處分之方式。由於前述人員通常因為無一技之長而導致犯罪成習，因此刑法特別訂立此種方式，令前述人員進入勞動場所施以一定期間的強制其進行工作，以便能使其養成勞動之習慣，而能於出獄之後不再為犯罪行為，以維護社會秩序。

（五）強制治療

這是針對明知自己有花柳病或痲瘋病卻隱瞞他人為猥褻或姦淫之行為，導致傳染他人之犯罪人，使其能強制接受治療，以免再使人受害之保安處分。至於違反妨害性自主罪之犯罪人，依法法院於判決前應先鑑定該行為人有無施以治療之必要，如有施以治療之必要時，也可以命其於一定的處所接受治療，以保護其他

人不致再受到侵害。

(六)保護管束

保護管束是不拘束犯人自由的一種保安處分，其實行方式為交由警察局、自治團體、慈善團體或犯人之最近親屬等人管理，讓其自由生活於社會之中，並命其遵守一定的事項，以期改善其行為的一種處分方式。保護管束由法院依實際狀況認定是否適合針對該犯罪人來實行。

四、刑事特別法

所謂刑事特別法，就是獨立於刑法之外，而有刑罰處罰規定之法律的總稱而言。在我國由於針對不同的犯罪行為認為有規範的必要時，往往會另行制定法律來加以規範，因此導致我國刑事特別法相當之多，較有名的例如針對公務員收賄處罰之「貪污治罪條例」、針對毒品管理的「毒品危害防治條例」、針對股票交易管理的「證券交易法」等，但是除此之外，規定有刑罰的法律實際上相當之多，即使一般聽到的「公司法」、「銀行法」等商業方面的法律也都有刑罰的處罰。所以必須多加注意與自身相關的法律，始能避免無謂受罰。

第二節　刑法的原則

一、罪刑法定主義原則

　　雖然犯罪應該受到處罰，但是何種情形稱為犯罪，以及應該
以何種方式加以處罰，對於一般民眾的權益影響甚大。在古代，
往往民眾一不小心就因為一些完全無法預見的情形以及縣太爺的
一句話，導致自己無端被關，如此往往造成民眾的惶恐，深恐一
時不察就犯法而有坐牢的可能。罪刑法定主義就是針對此類情事
而產生，詳言之，行為的處罰，必須以行為時的法律有明文規定
為限，如果行為時法律上根本沒有規定該行為是犯罪時，則依法
任何人或機關都不能將該行為以刑罰加以處罰，以保障人民不致
受到無謂的刑罰之處罰。

　　更進一步而言，由於行為必須以犯罪時的法律有明文規定時
始能加以處罰，因此，就算行為後經立法程序將該行為認定為犯
罪行為，原先的行為人也不用受到刑罰處罰。在罪刑法定主義之
下，縱使國家認為該行為應加以處罰，依法也不能以溯及既往的
方式將法律規定適用於刑罰法律訂定之前的情形，因為國家一旦
容許人民為某種行為而不認為其係犯罪，自然不能後來再以任何
方式將其又認定為犯罪，否則人民將因施政者的好惡而動輒得
咎，不但影響法律秩序的安定，對於人民的權益也有重大之影
響，所以依法也在限制之列。

二、從新從輕原則

我國刑法規定：「行為後的法律有變更時，適用裁判時的法律；但裁判前之法律有利於行為人時，適用最有利於行為人之法律。」此就是從新從輕主義。詳言之，行為人在犯罪行為完成後，一直到判決確定前，如果刑罰法律對於該行為的規定有所變更時，依法必須以最有利於行為人的法律來判決。舉例而言，甲犯罪時法律原來規定應處二年以下有期徒刑，但是後來法律修正時將其改為只能科處兩萬元以下罰金，此時由於新修正的法律較有利於甲，所以依法就應以新修正的法律來適用於甲的案件；相反地，如果新修正的法律加重改為應處十年以下有期徒刑時，由於原始的法律規定對於甲的處罰較輕，所以依法應是用該較輕的法律，因此一般稱為從新從輕原則。

三、屬地主義原則

所謂屬地主義原則，是指我國刑法適用於在中華民國的領域、船艦或飛機內之所有犯罪行為而言。凡是犯罪地或結果發生地有一在前述的中華民國領域範圍之內時，依法就受到我國刑法的規範，該犯罪行為就必須受到我國刑法的處罰。

至於犯罪如果發生於國外時，原則上除了有特別的規定，例如觸犯內亂罪、外患罪、偽造貨幣罪、鴉片罪等行為，依法需受到我國刑法的制裁之外，原則上都不在我國刑法的規範範圍之內。但是如果犯罪人是中華民國國民，在中華民國領域外所犯之罪依我國刑法規定最輕本刑為三年以上有期徒刑時，除非依照行

為地的法律該行為係不用處罰者，否則依法也需受到我國刑法的刑罰制裁。

四、阻卻違法原則

當一個人觸犯了刑法犯罪的構成要件規定時，依法就屬於犯罪行為的範圍之列，但是，有時這些人的行為是因為有特殊的原因存在，而這些原因在經過立法及司法機關的評價時，認定具有社會的相當性，或是在衡量利益保護的關係後，認定該項行為具有更高保護的必要性，而以法律或其他方式認定該項行為係屬合法，此時該行為的違法性就因而不存在，而被摒除於犯罪行為之外，所以稱為阻卻違法原則。依我國刑法規定，阻卻違法原則之事由有以下幾種：

（一）依法令的行為

所謂依法令的行為，就是指依照現行有效的法律，以及依法授權所制定的命令而為的行為而言。舉例來說，監獄行刑員依照法律來執行死刑，則該行為雖然符合殺人罪的要件，但是由於是依照法律來實施，因此自然不能再認定該行為係違法。但是，依法令的行為必須完全依據法律的規定來行使始為合法，如果雖然監獄行刑員有執行死刑的職權，但是卻以法律規定以外的方式來執行死刑，此時由於該行為並非法律所允許，此時就會仍然構成犯罪而必須接受處罰。

（二）依命令之職務上行為

一般說來，公務員的職務之行使，原則上如果是依照現行有

效的法律，以及依法授權所制定的命令而爲時，當然屬於依法令的行爲而不用受到處罰；但是通常公務員在執行職務時，更多情形下是依照上級公務員的命令來進行，此時究竟應該如何處理自然也應有特別規定。我國刑法明定，依所屬上級公務員命令之職務上行爲，除非明知命令違法，否則即可以不受法律的處罰。

（三）業務上之正當行為

所謂業務上之正當行爲，是指該業務的實行在一般社會觀念上可以認爲是正當而且合法之行爲而言，只要符合前述要件，一般都可以免除違法的情形，例如醫生開刀進行手術，雖然開刀可能造成身體傷害，但是因爲是爲病患治療所必要之行爲，只要開刀本身符合相關醫療行爲之規則時，依法該行爲就不會被認定爲犯罪。不過本規定必須是一般社會上所認定之正當行爲，所以如果根本與社會觀念不合，例如以互相傷害爲業務行爲之比賽時，則因爲並非正當業務行爲，所以仍然會構成犯罪。

（四）正當防衛

正當防衛，是指對於現在不法的侵害，爲了防衛自己或他人的權利所爲之行爲而言，例如甲遭到乙以刀子砍殺，甲只好反擊將乙的刀子打落即屬之。正當防衛與一般之互毆等違法行爲的不同點，主要就是在以下幾點：

♀ 必須對於現在不法的侵害而爲行爲

詳言之，該侵害行爲必須是現在存在並且尚在進行中的行爲始可，如果該侵害行爲已經過去或根本不存在，就沒有構成正當防衛之可能。舉例來說，甲被乙毆打，後來乙離開現場後甲才衝上去打乙，由於此時乙打甲的行爲早就已經過去，所以甲打乙的

行為就不是正當防衛。

♀ 必須出於防衛自己或他人權利之行為

正當防衛並非以防衛自己為限，即使見到有人受侵害挺身而出相救，依法也構成正當防衛。不過所防衛的對象必須是自己或他人合法的權利始可，否則如果是根本不合法的情形，例如阻擋政府拆除違建的行為，由於此時並非防衛合法的權利，當然不能構成正當防衛。

♀ 防衛行為必須不能過當

正當防衛實行時，仍然必須依照當時的狀況以適當的方式進行，不能有遠超過當時狀況所應實行的防衛之行為存在，否則稱為「防衛過當」，依法不能完全免責，僅能減輕所需負擔的刑責而已。

（五）緊急避難

緊急避難，是指為了避免自己或他人之生命、身體、自由、財產的緊急危難，所實施之不得已的行為而言。按在日常生活中，有時會有一些危險的情事發生，為了免除此類的危險情形，有時必須實行一些不得已的行為以保護自己或他人的權益，但是相對地在實施這些行為時卻往往會損害到別人的權利，例如失火時，為了避免火勢蔓延，所以只好將一部分的房屋拆除的情形即屬之。在這種情形下基於法益的考量，只要行為人是基於避免自己或他人之生命、身體、自由、財產上的權益受到緊急危難，出於不得已的方式所為的行為，依法就不構成犯罪。

生活實例演習

☛ 案例：

　　莊五筒擔任警員，某日當執行勤務時發現通緝犯趙老千，逐
前往拘捕，然因趙老千反抗而發生格鬥，最後趙老千終被莊五筒
所制服，然而趙老千卻主張因手臂受到擦傷而要告莊五筒傷害，
此時該傷害罪名是否構成？

☟ 解析：

　　由於莊五筒係依法執行逮捕通緝犯的行為，與一般並無任何
事由即與人鬥毆之情形並不相同，只要莊五筒所為行為係逮捕所
必需者，則縱使因此而造成對方之傷害，依法也屬於依法令的行
為，而不會構成傷害罪。

第三節　刑法的内容

一、侵害個人法益的犯罪

　　所謂侵害個人法益的犯罪，就是對於個人的權益造成侵害行
為的犯罪類型而言，一般尚可區分為對人之生命及身體健康的犯
罪、對於自由的犯罪、對於名譽或信用的犯罪、對於秘密的犯
罪，以及對於財產的犯罪五種類型，茲將其主要的犯罪列示如
後。

（一）對人之生命及身體健康的犯罪

♀ 殺人罪

　　這是對於人之生命最主要的侵害類型，由於殺人行為直接造成他人的死亡，因此刑法乃列入較嚴重之處罰，凡是殺人者，依法將被處死刑、無期徒刑或十年以上有期徒刑；如果是殺害直系血親尊親屬，例如父母或祖父母時，更將被處死刑或無期徒刑。由於殺人罪屬於重大犯罪，因此縱使該行為並未發生預期的死亡結果，甚至只是預備進行時，依法都會加以處罰。

♀ 生母殺嬰罪

　　這可以區分為兩種類型，第一種是嬰兒已經出生，而生母卻於生產時或甫生產後將該嬰兒殺害時，稱為生母殺嬰罪，依法將被處六個月以上、五年以下有期徒刑。另一種情形則是嬰兒根本尚未出生，而懷胎婦女卻以服藥或以他方法墮胎時，則一般稱為墮胎罪，依法將被處六月以下有期徒刑、拘役或一百元以下罰金；不過如果該婦女是因為疾病或其他防止生命上危險之必要，而符合優生保健法之相關規定時，則依法可以免除其刑事責任。

♀ 加工自殺罪

　　這是指唆使他人自殺、幫助他人自殺，或是受到他人的囑託或得到他人的承諾後將其殺害之情形，例如國外曾發生之醫生幫助病人安樂死等情形。有前述行為存在時，依法仍屬犯罪行為，而需受到一年以上、七年以下有期徒刑之刑事處罰。

♀ 過失致死罪

　　這又可以分為兩種情形，第一種是一般過失致死罪，就是因為自己的疏忽而導致他人死亡之情形，例如車禍造成他人死亡等，此時行為人因為只是過失，所以處罰較輕，不過仍會被處二

年以下有期徒刑、拘役或二千元以下罰金。第二種則是業務過失致死罪，這是指從事業務行為之人，因為自己本身業務執行上的疏忽，而導致他人死亡之情形，例如貨車司機開貨車為他的日常業務，卻因為一時不慎而撞死人之情形即屬之，有前述情形存在時，由於對他人的危害較為嚴重，因此依法將被處五年以下有期徒刑或拘役，得併科三千元以下罰金。

❡ 傷害罪

這是指造成人之身體或健康上的傷害之情形而言，又可分為四種情形：

1. **普通傷害罪**：這是指一般性的傷害，而且並未造成受害人嚴重傷害的情形而言，也就是一般俗稱輕傷的情形，犯本罪依法將被處三年以下有期徒刑、拘役或一千元以下罰金；如果因傷害而導致他人因而死亡時，則將被處無期徒刑或七年以上有期徒刑；致重傷時，處三年以上、十年以下有期徒刑。

2. **重傷罪**：這是指造成他人重傷的情形。犯本罪依法將被處五年以上、十二年以下有期徒刑；如果因此重傷行為而導致被害人後來發生死亡的結果時，行為人將被處無期徒刑或七年以上有期徒刑。

3. **加暴行於直系血親尊親屬罪**：這是指對於直系血親尊親屬（父、母、祖父、祖母等）施加暴行，但尚未造成傷害之情形而言。由於此種情形對於社會仍有不良之影響，因此仍然構成犯罪，行為人將被處一年以下有期徒刑、拘役或五百元以下罰金。

4. **聚眾鬥毆助勢罪**：一般聚眾鬥毆時，所有參與的人員都必

須依前述相關規定加以處罰，但是有時會有僅在場助勢、並未實際參與的人存在，由於這些人之行為仍然造成社會秩序的破壞，因此只要聚眾鬥毆有導致人死亡或重傷的情形時，在場助勢而非出於正當防衛之人，都將被處三年以下有期徒刑。

♀ 過失傷害罪

這是指單純因為過失而導致他人受傷的情形，此時如果該他人是受輕傷時，依法行為人將被處六月以下有期徒刑、拘役或五百元以下罰金；導致重傷時，則將被處一年以下有期徒刑、拘役或五百元以下罰金。如果是從事業務之人，因業務上之過失傷害人時，處一年以下有期徒刑、拘役或一千元以下罰金；導致重傷者，處三年以下有期徒刑、拘役或二千元以下罰金。

♀ 違背義務之遺棄罪

這是指對於無自救力之人，依法令或契約應扶助、養育或保護，卻加以遺棄，或不為其生存所必要之扶助、養育或保護之情形而言。有前述情形存在，依法將被處六個月以上、五年以下有期徒刑；如果因而致人於死時，處無期徒刑或七年以上有期徒刑；致重傷者，處三年以上、十年以下有期徒刑。如果被遺棄者係直系血親尊親屬時，依法尚需加重其刑二分之一，以資懲戒。

（二）對於自由的犯罪

♀ 剝奪他人行動自由罪

這是指以私行拘禁或以其他非法方法，剝奪他人之行動自由者而言，例如將他人綁住或關於房間內，以達限制他人行動之目的即屬之。凡有前述行為時，行為人將被處五年以下有期徒刑、

拘役或三百元以下罰金；因而致人於死者，處無期徒刑或七年以上有期徒刑；致重傷者，處三年以上、十年以下有期徒刑。如果行為人是剝奪直系血親尊親屬行動自由時，則尚需依法加重其刑至二分之一。

♀ 強制罪

這是指以強暴、脅迫使人行無義務之事或妨害人行使權利之情形而言，凡有前述情事存在，行為人依法將被處三年以下有期徒刑、拘役或三百元以下罰金。

♀ 恐嚇危害安全罪

這是指以加害生命、身體、自由、名譽、財產之事恐嚇他人，致生危害於安全之情形而言，此時行為人依法將被處二年以下有期徒刑、拘役或三百元以下罰金。

♀ 侵入住宅罪

這包括在沒有任何合法原因的情形下侵入他人住宅、建築物或附連圍繞之土地，或是無故隱匿於住宅或建築物之內，或是受到屋主提出命其離開之要求卻仍然留滯等三種情形。有前述情事存在時，行為人依法將被處一年以下有期徒刑、拘役或三百元以下罰金。

♀ 違法搜索罪

凡是警察機關或其他人員在並未遵守法令規定的情形下，例如未持搜索票等，卻逕行搜索他人身體、住宅、建築物、舟、車或航空機時，均屬犯罪行為，依法將被處二年以下有期徒刑、拘役或三百元以下罰金。

（三）對於名譽或信用的犯罪

♀ 公然侮辱罪

這是指在公開的場合以言語等方式侮辱其他人而言，此時依法行為人將被處拘役或三百元以下罰金。

♀ 誹謗罪

凡是意圖將該情形散布於大眾，而指摘或傳述足以毀損他人名譽之事時，依法構成誹謗罪，行為人將被處一年以下有期徒刑、拘役或五百元以下罰金；如果更進一步以散布文字、圖畫來觸犯時，例如以散布海報的方式來誹謗他人，將被處二年以下有期徒刑、拘役或一千元以下罰金。不過行為人對於所誹謗之事，除非該事涉於私德而與公共利益無關，否則只要能證明其為真實時，依法就可不受處罰。

♀ 妨害信用罪

這是指以散布流言或以詐術損害他人之信用的情形，此時行為人依法將被處二年以下有期徒刑、拘役或科或併科一千元以下罰金。

（四）對於秘密的犯罪

♀ 妨害書信秘密罪

凡是無故開拆或以其他方法窺視封緘信函之內容，或是隱匿他人之封緘信函、文書或圖畫者，依法將被處拘役或三千元以下罰金。

♀ 妨害秘密罪

有下列行為之一者，處三年以下有期徒刑、拘役或三萬元以下罰金：

1.無故利用工具或設備窺視、竊聽他人非公開之活動、言論或談話者。

2.無故以錄音、照相、錄影或電磁紀錄竊錄他人非公開之活動、言論或談話者。

洩密罪

凡是依法令或契約有守因業務知悉或持有工商秘密之義務，而無故加以洩漏者，處一年以下有期徒刑、拘役或一千元以下罰金；如果是公務員或曾任公務員之人，無故洩漏因職務知悉或持有他人之工商秘密者，處二年以下有期徒刑、拘役或二千元以下罰金；如果是無故洩漏因利用電腦或其他相關設備知悉或持有他人之秘密時，行為人也將被處二年以下有期徒刑、拘役或五千元以下罰金。

（五）對於財產的犯罪

竊盜罪

竊盜是指乘他人不知的情形下而將他人的東西取走之情形而言。只要是意圖為自己或第三人不法之所有，而竊取他人之物品、電能、熱能及其他能量或電磁紀錄時，依法將被處五年以下有期徒刑、拘役或五百元以下罰金。不過如果犯竊盜罪而有下列情形之一時，其刑度將加重為處六月以上、五年以下有期徒刑：

1.於夜間侵入住宅或有人居住之建築物、船艦或隱匿其內而犯之者。

2.毀越門扇、牆垣或其他安全設備而犯之者。

3.攜帶兇器而犯之者。

4.結夥三人以上而犯之者。

5.乘火災、水災或其他災害之際而犯之者。

6.在車站或埠頭而犯之者。

如果是以犯竊盜罪為常業時，依法將被處一年以上、七年以下有期徒刑。

🔑 竊佔罪

這是指乘他人不知的情形下而佔據他人的不動產之情形而言。只要是意圖為自己或第三人不法之所有，而竊佔他人之不動產時，依法將被處五年以下有期徒刑、拘役或五百元以下罰金。

🔑 搶奪罪

搶奪是乘他人不及防備的情形下，而將他人物品強行取走的行為而言。凡是意圖為自己或第三人不法之所有，而搶奪他人之動產時，依法將被處六月以上、五年以下有期徒刑；如果因搶奪行為而致人於死者，處無期徒刑或七年以上有期徒刑；致重傷者，處三年以上、十年以下有期徒刑。不過如果犯搶奪罪而有下列情形之一時，其刑度將加重為處一年以上、七年以下有期徒刑：

1.於夜間侵入住宅或有人居住之建築物、船艦或隱匿其內而犯之者。

2.毀越門扇、牆垣或其他安全設備而犯之者。

3.攜帶兇器而犯之者。

4.結夥三人以上而犯之者。

5.乘火災、水災或其他災害之際而犯之者。

6.在車站或埠頭而犯之者。

如果是以犯搶奪罪為常業時，依法將被處三年以上、十年以

下有期徒刑。

♀ 強盜罪

強盜是指意圖為自己或第三人不法之所有，以強暴、脅迫、藥劑、催眠術或他法，致使被害人不能抗拒，而強行取走他人之物或使被害人交付或因而取得財產上之不法利益者而言。犯強盜罪者，依法將被處三年以上、十年以下有期徒刑；如果因犯強盜罪因而致人於死者，處死刑或無期徒刑；致重傷者，處無期徒刑或七年以上有期徒刑。此外，如果竊盜或搶奪行為人，因為了要防護贓物、脫免逮捕或湮滅罪證，而當場施以強暴、脅迫者，依法將視為強盜，也就是此時將被以強盜罪刑論處。

1.犯強盜罪而有下列情形之一時，其刑度將加重為處五年以上、十二年以下有期徒刑：

(1)於夜間侵入住宅或有人居住之建築物、船艦或隱匿其內而犯之者。

(2)毀越門扇、牆垣或其他安全設備而犯之者。

(3)攜帶兇器而犯之者。

(4)結夥三人以上而犯之者。

(5)乘火災、水災或其他災害之際而犯之者。

(6)在車站或埠頭而犯之者。

2.犯強盜罪而有下列行為之一者，處死刑或無期徒刑：

(1)放火者。

(2)強制性交者。

(3)擄人勒贖者。

(4)故意殺人者。

如果是以犯強盜罪為常業時，依法將被處七年以上有期徒

刑。

♀侵占罪

侵占是指意圖為自己或第三人不法之所有,而將他人委託保管的物品加以侵吞的情形而言。侵占可分為三種情形:

1.**一般侵占**:一般情形下,有前述的行為時,依法將被處五年以下有期徒刑、拘役或科或併科一千元以下罰金。

2.**業務侵占罪**:如果所侵占的物品,是因為業務關係所持有之物品時,依法將被處六月以上、五年以下有期徒刑,並且可以併科三千元以下罰金。

3.**公務公益侵占罪**:如果所侵占的物品,是因為公務上或因公益所持有之物品時,依法將被處一年以上、七年以下有期徒刑,並且可以併科五千元以下罰金。

♀侵占遺失物罪

這是指意圖為自己或第三人不法之所有,而侵占遺失物、漂流物或其他非本人所持有之物的情形而言,也就是一般常見的在路上拾獲物品之情形。有前述行為時,依法仍構成犯罪,而會被處五百元以下之罰金。

♀詐欺罪

詐欺就是以施用詐術的方式,使其他人將自己或第三人的物品交付或取得財產上之不法利益之情形而言。凡是意圖為自己或第三人不法之所有而為詐欺行為時,依法將被處五年以下有期徒刑、拘役或科或併科一千元以下罰金。除此之外,只要是以不正方法由收費設備取得他人之物或是以不正方法由自動付款設備取得他人之物時,依法也構成詐欺罪,而需受到相關刑罰的處罰。

♀ 背信罪

背信是指為他人處理事務時，意圖為自己或第三人不法之利益，或損害本人之利益，而為違背其任務之行為，致生損害於本人之財產或其他利益之行為而言。有前述背信行為存在時，行為人依法將被處五年以下有期徒刑、拘役或科或併科一千元以下罰金。

♀ 重利罪

重利是指利用他人有急迫等情形存在時，貸以金錢或其他物品，而取得與原本顯不相當之利息之情形而言，一般俗稱的高利貸即屬之。有重利行為存在時，行為人依法將被處一年以下有期徒刑、拘役或科或併科一千元以下罰金；不過如果是以重利為常業時，即指經營高利貸之情形時，依法將被處五年以下有期徒刑，得併科三千元以下罰金。

♀ 恐嚇取財罪

恐嚇是指意圖為自己或第三人不法之所有，以使人心生畏懼的方式，而讓被害人將自己或第三人之物交付或取得財產上的不法利益之情形。犯恐嚇罪依法將被處六月以上、五年以下有期徒刑，得併科一千元以下罰金。

♀ 擄人勒贖罪

這是指意圖勒索贖款而將人擄走之情形而言。犯本罪者，依法將被處死刑、無期徒刑或七年以上有期徒刑；如果因而致人於死或重傷或對被害人強制性交者，處死刑或無期徒刑；如果故意將被害人殺害時，依法將處唯一死刑。

♀ 贓物罪

所謂贓物，是指前述對於財產上之犯罪所取得之物品，以及該物品所換得之財物而言。凡是贓物依法都不能加以流通，如果明知而加以收受時，將被處三年以下有期徒刑、拘役或五百元以

下罰金；如果是搬運、寄藏或故意買受贓物時，則處五年以下有期徒刑、拘役或科或併科一千元以下罰金。如果以犯贓物罪爲常業時，依法將被處六月以上、五年以下有期徒刑，得併科三千元以下罰金。

毀損罪

這是指毀棄、損壞他人的物品或致使不能使用之情形而言。毀損罪依被毀壞對象的不同而有不同的處罰規定：

1. 毀損文書罪：凡是毀棄、損壞他人文書或致令不堪用，或是干擾他人電磁紀錄之處理，足以生損害於公眾或他人者，處三年以下有期徒刑、拘役或一萬元以下罰金。

2. 毀壞建物罪：如果是毀壞他人之建築物、礦坑、船艦或致令不堪用時，行爲人依法將被處六月以上、五年以下有期徒刑。

3. 毀損器物罪：毀棄、損壞前二條以外之他人之物或致令不堪用，足以生損害於公眾或他人者，處二年以下有期徒刑、拘役或五百元以下罰金。

損害債權罪

這是指債務人於將受到強制執行之際，意圖損害債權人之債權，而毀壞、處分或隱匿其財產之情形而言。有前述行爲時，該債務人依法將被處二年以下有期徒刑、拘役或五百元以下罰金。

生活實例演習

☞ 案例一：

陳阿德某日走在路上，發現有一皮夾，一看內有新台幣三千

多元，遂順手將該皮夾拿走，不料被警察當場抓到。問陳阿德會不會有罪？

🖘 解析：

　　陳阿德之行為構成犯罪。依法在撿到遺失的物品時，必須依照民法所定的程序，也就是撿到東西之人必須先將東西送至警察機關，然後等六個月後無人認領時始能取得所有權，但是陳阿德並未如此做，此種情形下，依刑法規定構成「侵占遺失物罪」，陳阿德仍然會受到罰金之刑罰的處罰。

☛ 案例二：

　　王大毛在學校中發現自己沒有帶錢，突發奇想向鄰座的陳三表示，如果不給錢就要他好看，陳三只好乖乖給了一百元。問王大毛的行為會不會有事？

🖘 解析：

　　王大毛所使用的方式，係以讓陳三感到恐懼的方式之下要錢，此種行為構成刑法上的「恐嚇取財罪」，依法王大毛如果被起訴將會受到最重五年之有期徒刑的刑罰處罰。

二、侵害社會法益的犯罪

　　這是指對於社會整體秩序或公共利益造成危害之犯罪類型。由於在日常生活中，人與人的關係日趨密切，因此通常一個人的行為並非當然只會影響自己，甚至可能造成其他人的危險或社會善良風俗的危害存在，為了避免此種造成整體社會影響之行為的存在，所以刑法上特別對於對社會較嚴重危害之行為明定為犯罪，以期收遏止之效。

（一）公共危險罪

♀ 放火罪

　　這就是指故意以放火的方式燒燬物品之行為而言。由於日常生活中人與人的關係密切，因此一個人的放火行為有可能造成全體的危害，所以法律乃明定因為放火而造成公共危險者為犯罪行為。放火罪依標的的不同而有不同的處罰規定：

1. 放火燒燬現供人使用之住宅或現有人所在之建築物、礦坑、火車、電車或其他供水、陸、空公眾運輸之舟、車、航空機時，處無期徒刑或七年以上有期徒刑。
2. 放火燒燬現非供人使用之他人所有住宅或現未有人所在之他人所有建築物、礦坑、火車、電車或其他供水、陸、空公眾運輸之舟、車、航空機者，處三年以上、十年以下有期徒刑。如果放火所燒燬者係自己所有之物，致生公共危險時，處六月以上、五年以下有期徒刑。
3. 放火燒燬前二種以外之他人所有物，致生公共危險者，處一年以上、七年以下有期徒刑。如果放火燒燬者係自己之所有物，致生公共危險時，則處三年以下有期徒刑。

♀ 失火罪

　　這與放火罪的不同點係失火罪是因為過失、疏忽所導致發生火災的情形，由於此時對於他人權益之危險仍屬甚大，所以依法也必須受到處罰。至於處罰刑責，也係以標的不同而為不同的處罰規定：

1. 失火燒燬現供人使用之住宅或現有人所在之建築物、礦

坑、火車、電車或其他供水、陸、空公衆運輸之舟、車、航空機者，處一年以下有期徒刑、拘役或五百元以下罰金。

2.失火燒燬現非供人使用之他人所有住宅或現未有人所在之他人所有建築物、礦坑、火車、電車或其他供水、陸、空公衆運輸之舟、車、航空機者；或是失火燒燬前述之自己所有物，致生公共危險時，處六月以下有期徒刑、拘役或三百元以下罰金。

3.失火燒燬前二種以外之物，致生公共危險者，處拘役或三百元以下罰金。

♀ 妨害公衆往來安全罪

這是指損壞或壅塞陸路、水路、橋樑或其他公衆往來之設備或以他法致生往來之危險之情形，例如破壞道路或是霸占道路等。犯本罪者依法將被處五年以下有期徒刑、拘役或五百元以下罰金；因而致人於死者，處無期徒刑或七年以上有期徒刑；致重傷者，處三年以上、十年以下有期徒刑。

♀ 交通危險罪

指因服用毒品、麻醉藥品、酒類或其他相類之物，不能安全駕駛動力交通工具，卻仍爲駕駛行爲者而言，此即一般常見酒醉駕車的處罰規定。依法犯本罪者將被處一年以下有期徒刑、拘役或三萬元以下罰金。

♀ 肇事逃逸罪

凡是駕駛動力交通工具（例如汽車、機車等）肇事，致人死亡或受傷而逃逸者，依法將被處六月以上五年以下有期徒刑。

♀ 阻塞逃生通道罪

這是指對於戲院、商場、餐廳、旅店或其他公眾得出入之場所或公共場所、集合住宅之逃生通道加以阻塞,例如以家具或其他物品阻塞在逃生通道等,致生危險於他人生命、身體或健康之情形而言。有前述行為時,依法將被處三年以下有期徒刑;如果因而致人於死者,處七年以下有期徒刑;致重傷者,處五年以下有期徒刑。

♀ 流放毒物罪

投棄、放流、排出或放逸毒物或其他有害健康之物,而污染空氣、土壤、河川或其他水體,致生公共危險者,依法將被處五年以下有期徒刑;如果是廠商、事業場所負責人或監督策劃人員,因事業活動而犯前述之罪時,則處七年以下有期徒刑。如果因前述行為而致人於死者,處無期徒刑或七年以上有期徒刑;致重傷者,處三年以上、十年以下有期徒刑。

♀ 違背建築術成規罪

凡是承攬工程人或監工人,於營造或拆卸建築物時,違背建築術成規,致生公共危險者,處三年以下有期徒刑、拘役或三千元以下罰金。

(二) 關於偽造變造物品的犯罪

所謂「偽造」,是指將本來不存在的物品加以製作產生之情形,例如印假鈔或冒用他人名義而製作文書等;至於「變造」,則是將原來已經存在的物品加以改變之情形,例如將未中獎的統一發票之數字塗改,使其與中獎號碼相符之情形即屬之。在我國刑法上關於偽造變造物品主要有以下幾種類型:

僞造變造貨幣罪

指行爲人意圖供行使之用，而僞造、變造通用之貨幣、紙幣、銀行券之情形而言。犯本罪者依法將被處五年以上有期徒刑，得併科五千元以下罰金。如果是將前述貨幣僞造後加以行使，或意圖供行使之用而收集或交付於人者，將被處三年以上、十年以下有期徒刑，得併科五千元以下罰金。縱使收受時本來不知，而是收受後方知爲僞造、變造之貨幣，但是仍然加以使用，或意圖供行使之用而交付於人時，依法仍構成犯罪，行爲人將被處五百元以下罰金。

僞造變造有價證券罪

與僞造貨幣罪不同者就是其所僞造的標的不同。在僞造有價證券中，行爲人是意圖供行使之用，而僞造、變造公債票、公司股票或其他有價證券。犯本罪者行爲人將被處三年以上、十年以下有期徒刑，得併科三千元以下罰金。此外，如果是明知而使用經僞造、變造之公債票、公司股票或其他有價證券，或意圖供行使之用而收集或交付於人者，依法也會被處一年以上、七年以下有期徒刑，得併科三千元以下罰金。

僞造變造郵票印花稅票罪

這是指意圖供行使之用，而僞造、變造郵票或印花稅票而構成的犯罪，有此情形依法行爲人將被處六月以上、五年以下有期徒刑，得併科一千元以下罰金。如果是明知而使用經僞造、變造之郵票或印花稅票或意圖供行使之用而收集或交付於人者，依法將被處三年以下有期徒刑，得併科一千元以下罰金。此外，如果並非變造，而是意圖供行使之用，而塗抹郵票或印花稅票上之註銷符號者，即例如一般將郵票上的郵戳塗銷之情形，依法也會被

處一年以下有期徒刑、拘役或三百元以下罰金。

♀ 僞造變造往來客票罪

這是指意圖供行使之用，而僞造、變造船票、火車票、電車票或其他往來客票之情形。犯本罪者行爲人將被處一年以下有期徒刑、拘役或三百元以下罰金；其明知而加以使用之人也會受到相同處罰。

♀ 僞造變造度量衡定程罪

這是指意圖供行使之用，而製造違背定程之度量衡，或變更度量衡之定程之情形，例如將賣菜的秤加以調整，以便能多賺一點錢之情形者。凡有前述行爲，行爲人依法將被處一年以下有期徒刑、拘役或三百元以下罰金。

♀ 僞造變造私文書罪

這是指將私人製作的文書加以僞造、變造，而導致生損害於公衆或他人之情形。犯本罪者依法將被處五年以下有期徒刑。

♀ 僞造變造公文書罪

這是與僞造私文書相對的情形，也就是將公務機關的文書加以僞造、變造，而導致生損害於公衆或他人者而言。犯本罪者依法將被處一年以上、七年以下有期徒刑。

♀ 僞造變造特種文書罪

這是指僞造、變造護照、特許證及關於品行、能力、服務或其他相類之證書、介紹書，而足以生損害於公衆或他人之情形而言。有前述行爲存在，行爲人依法將被處一年以下有期徒刑、拘役或三百元以下罰金。

♀ 使公務員登載不實罪

這是指行爲人明知爲不實之事項，而使公務員登載於職務上所掌之公文書，足以生損害於公衆或他人之情形，例如當事人實

際為贈與，卻以不實的買賣讓渡書提出移轉申請，使公務員陷於錯誤而將買賣之事由登記於土地登記簿上之情形。有此行為時，行為人將被處三年以下有期徒刑、拘役或五百元以下罰金。

♀ 偽造盜用印章印文或署押罪

這是指偽刻或盜用他人的印章或偽簽他人之簽名，而足以生損害於公眾或他人之情形而言。有前述行為時依法將被處三年以下有期徒刑。如果所偽造或盜用者係公務機關的印章時，依法更將加重處五年以下有期徒刑。

（三）妨害性自主罪

♀ 強制性交罪

這是指對於男女以強暴、脅迫、恐嚇、催眠術或其他違反其意願之方法而為性交之情形而言，有前述行為時依法將被處三年以上、十年以下有期徒刑。如果有下列情形之一者，依法將加重其刑至處無期徒刑或七年以上有期徒刑：

1.二人以上共同犯之者。

2.對十四歲以下之男女犯之者。

3.對心神喪失、精神耗弱或身心障礙之人犯之者。

4.以藥劑犯之者。

5.對被害人施以凌虐者。

6.利用駕駛供公眾或不特定人運輸之交通工具之機會犯之者。

7.侵入住宅或有人居住之建築物、船艦或隱匿其內犯之者。

8.攜帶兇器犯之者。

犯強制性交罪因而致被害人羞忿自殺或意圖自殺而致重傷

者，依法更將被處十年以上有期徒刑。

♀ 強制猥褻罪

這是指對於男女以強暴、脅迫、恐嚇、催眠術或其他違反其意願之方法，而為猥褻之行為之情形，換言之，也就是以性交以外的方式對於他人所為之猥褻行為，例如撫摸性器官等均包括在內。犯本罪依法將被處六月以上、五年以下有期徒刑。如果有前述之八種情形之一時，依法更將被加重判處三年以上、十年以下有期徒刑。犯強制猥褻罪因而致被害人羞忿自殺或意圖自殺而致重傷者，依法更將被處十年以上有期徒刑。

♀ 姦淫幼女罪

一般對於性交罪的處罰，係以違反被害人的自由意願為其主要論罪依據，但是在特殊情形下，為了保護發育期之少年男女，使其避免有危害身心的情形產生，所以刑法特別規定在此種情形下縱使得到被害人的同意，依法也是會受到處罰。茲分述如下：

1. 對於未滿十四歲之男女，縱使得到同意而為性交時，依法仍會被處三年以上、十年以下有期徒刑；為猥褻之行為時，則亦會被處六月以上、五年以下有期徒刑。

2. 對於十四歲以上未滿十六歲之男女，縱使得到其同意而為性交時，依法仍會被處七年以下有期徒刑；為猥褻之行為者，則仍須被處三年以下有期徒刑。

♀ 血親為性交罪

為了維護家庭的秩序，依法凡是與直系或三親等內旁系血親為性交行為者，將會被處五年以下有期徒刑。

♀ 公然猥褻罪

凡是意圖供人觀覽，而公然為猥褻之行為者，依法將被處一

年以下有期徒刑、拘役或三千元以下罰金。

♀ 散布、販賣猥褻物品罪

這是指散布、播送或販賣猥褻之文字、圖畫、聲音、影像或其他物品，或公然陳列，或以他法供人觀覽、聽聞等行為而言，例如販賣色情光碟、書籍等行為。犯本罪者依法將被處二年以下有期徒刑、拘役或科或併科三萬元以下罰金。此外，縱使尚未散布、販賣，但是只要是有此目的而製造、持有時，依法也是會受到相同的處罰。

(四) 妨害婚姻及家庭罪

♀ 重婚罪

我國係採行一夫一妻制，因此凡有配偶而再與他人結婚，或是同時與二人以上結婚者，都構成重婚罪，此時該重婚之人與明知此情形卻仍然與其結婚之人依法都將被處五年以下有期徒刑。

♀ 詐術結婚罪

在以往有時會見到有人為了欺騙他人而假意結婚，但是卻利用法律的規定讓該婚姻無效或得撤銷，為了杜絕此種情事，我國刑法明定，凡是有前述行為因而致婚姻無效之裁判或撤銷婚姻之裁判確定時，該行為人就會被處三年以下有期徒刑。

♀ 通姦罪

這是指有配偶之人卻與他人發生通姦之行為，例如與他人發生性行為之情形而言。犯本罪者，行為人及與其為相姦行為之人依法都將被處一年以下有期徒刑。

♀ 和誘罪

和誘是指以引誘的方式，得到他人之同意而離開之行為。為了維持家庭的秩序，凡是和誘未滿二十歲之男女或有配偶之人，

脫離家庭時，行為人都將被處三年以下有期徒刑。

♀ 略誘罪

略誘是指以強行的方式，在未得到他人的同意之情形下即使其離開之行為而言。依法凡是略誘未滿二十歲之男女，脫離家庭或其他有監督權之人時，行為人都將被處一年以上、七年以下有期徒刑。至於十六歲以下之男女，因為其心智尚未成熟，所以刑法明定縱使得到其同意，行為人仍然會被依略誘罪之規定處罰。

（五）賭博罪

♀ 賭博罪

所謂賭博，就是以偶然的勝負，而為財物取得或喪失之行為而言。依法凡是在公共場所或公眾得出入之場所賭博財物者，除非以供人暫時娛樂之物為賭，否則行為人都將被處一千元以下罰金。如果係以賭博為常業時，更將被處二年以下有期徒刑，得併科一千元以下罰金。

♀ 圖利供給賭場或聚眾賭博罪

這是只為了獲取利益，而提供賭博的場所，或是聚眾進行賭博之行為而言。有前述行為時，行為人都將被處三年以下有期徒刑，得併科三千元以下罰金。

生活實例演習

☞ 案例一：

許二某日在以電熨斗燙衣服時，突然接到電話，就急忙出門而忘記拔掉電熨斗之插頭，結果造成失火燒燬鄰近房屋一棟。問許二會不會有刑責？

💡解析：

　　許二仍然構成犯罪。雖然許二並非故意放火，但是為了維護大眾居住的安全，因此刑法公共危險罪中也規定了「失火罪」，凡是因為過失而發生火災，造成他人居住之房屋燒燬都會構成犯罪。本例中，許二因為不慎而未拔掉插頭，導致發生火災而燒燬他人房屋，依法構成失火罪，最重可能受到一年有期徒刑之刑事處罰。

☛案例二：

　　余四為有名的花花公子，經常換不同的女友，某日為了騙謝女，遂假意跟其結婚，但是卻故意不舉行公開的儀式，過兩年後余四對謝女感到厭煩，就向法院訴請確認婚姻無效。問余四此種行為是否構成犯罪？

💡解析：

　　此種情形一般人較少注意到，但是在刑法上仍然構成犯罪。依法只要行為人故意締結無效的婚姻，並進而獲得婚姻無效之裁判確定時，就會構成「詐術結婚罪」，而會受到三年以下有期徒刑之刑罰處罰。

三、侵害國家法益之犯罪

（一）造成國家危害的犯罪

⚷內亂罪

　　這是指製造國家動亂之行為而言。詳言之，凡是意圖破壞國體、竊據國土，或以非法之方法變更國憲、顛覆政府，而以強暴

或脅迫等方式來著手實行時，就構成內亂罪，依法將被處七年以上有期徒刑；首謀者，處無期徒刑。如果更是以暴動的方式來觸犯內亂罪時，所有參與者都將被處無期徒刑或七年以上有期徒刑；首謀者，處死刑或無期徒刑。

♀ 外患罪

這是指與外國通謀或協助敵人，導致我國軍事機密外洩或領土喪失等不利情事發生之情形而言。舉例而言，像將軍隊交付敵國，或將要塞、軍港、軍營、軍用船艦、航空機等交付敵國、毀壞或致令不堪用者；或是以關於要塞、軍港、軍營、軍用船艦、航空機及其他軍用處所建築物或軍略之秘密文書、圖畫、消息或物品，洩漏或交付於敵國；或擔任敵國之間諜，或幫助敵國之間諜等情形即屬之。凡是有前述行為，依法都構成外患罪，而必須受到相關刑罰之處罰。

♀ 妨害國交罪

這是指對於我國的外交加以妨害之犯罪行為而言。例如意圖侮辱外國，而公然損毀、除去或污辱外國之國旗、國章者，依法將被處一年以下有期徒刑、拘役或三百元以下罰金；如果是對於友邦元首或派至中華民國之外國代表，犯故意傷害罪、妨害自由罪或妨害名譽罪者，依法更得加重其刑至三分之一，以維護我國的外交關係。

（二）公務員之犯罪

所謂公務員之犯罪，是指公務員在執行職務時所觸犯之犯罪行為而言。由於公務員係代表國家執行職務，如果執行職務本身有所不當或違法，都將造成人民對政府的不信任，導致公權力執行之威信無法存在，對於國家的權益影響甚大，因此刑法乃針對

此部分特別明文加以規定。不過由於在刑事特別法中已經對於公務員收受賄賂或圖利之行為在貪污治罪條例加以規定，並且優先於刑法適用，所以此處僅針對其他部分加以條列。

枉法裁判或仲裁罪

這是指對於有審判職務之公務員（例如法官）或仲裁人，在執行審判職務時卻故意為違法之裁判或仲裁之情形而言。有前述行為存在時，行為人依法將被處一年以上、七年以下有期徒刑。

濫權追訴處罰罪

這是針對有追訴或處罰犯罪職務之公務員，例如警察、檢察官或法官等，卻違法為下列行為之一的情形而言：

1.濫用職權為逮捕或羈押者。
2.意圖取供而施強暴、脅迫者。
3.明知為無罪之人而使其受追訴或處罰，或明知為有罪之人而無故不使其受追訴或處罰者。

有前述行為之一者，該公務員將被處一年以上、七年以下有期徒刑，如果因而致人於死者，處無期徒刑或七年以上有期徒刑；致重傷者，處三年以上、十年以下有期徒刑。

凌虐人犯罪

這是指有管收、解送或拘禁人犯職務之公務員，例如看守所或監獄之管理員，卻對於人犯施以凌虐行為時，依法將被處一年以上、七年以下有期徒刑；如果因而致人於死者，處無期徒刑或七年以上有期徒刑；致重傷者，處三年以上、十年以下有期徒刑。

抑留剋扣款物罪

這是指公務員對於職務上應發給之款項、物品，明知應發

給，卻抑留不發或減少發給之情形，例如應該給災民補助金每人新台幣一百萬元，卻只發給新台幣九十五萬元之情形，其餘五萬元則留在縣府不發之情形即構成犯罪。犯本罪者依法將被處一年以上、七年以下有期徒刑，得併科七千元以下罰金。

♀ 廢弛職務釀成災害罪

這是針對公務員有廢弛職務之情事存在，導致釀成災害之情形而成立的犯罪，舉例而言，某公務員依法有看守水門的職務，卻在颱風來臨時擅自離開，導致重大淹水的情況發生即屬之。有前述行為時，行為人依法將被處三年以上、十年以下有期徒刑。

♀ 洩漏國防以外之秘密罪

公務員由於職務上之關係常常有接觸政府重要文件之機會，為了防止有妨害政府秘密的可能，因此刑法明定凡是洩漏或交付關於中華民國國防以外應秘密之文書、圖畫、消息或物品者，依法將被處三年以下有期徒刑。不過縱使是因一時不小心而洩漏，依法仍會被處一年以下有期徒刑、拘役或三百元以下罰金，實應多加注意。

（三）妨害公權力行使之犯罪

政府為了執行人民所付託之事務，往往必須實行公權力，例如逮捕犯罪之人、排除妨害社會秩序之人等情形。由於公權力的行使對於社會整體秩序的維持具有重大的意義，當然不能容許任何人加以破壞，違反時依法就會受到刑罰的制裁。此處就是針對妨礙公權力行使所成立之犯罪類型。

♀ 妨礙公務罪

這是指在公務員依法執行職務時，對公務員施以強暴脅迫者，或是意圖使公務員執行一定之職務、妨害其依法執行一定之

職務，或使公務員辭職而對其施以強暴脅迫之情形而言，例如在警察執行職務時，對警察加以毆打或是向警察丟擲東西等情形均包括在內。有前述行為時，由於對於公權力的執行有所妨害，因此行為人依法都會受到三年以下有期徒刑、拘役或三百元以下罰金之處罰。更進一步，如果是公然聚集多數人來進行前述的行為時，由於對於公權力之妨害更為嚴重，因此縱使未下手而僅是在場助勢之人，依法都會被處一年以下有期徒刑、拘役或三百元以下罰金；首謀及下手實施強暴、脅迫者，則更會被處一年以上、七年以下有期徒刑。至於如果因有前述行為而導致公務員於死者，則行為人將被處無期徒刑或七年以上有期徒刑；致重傷者，處三年以上、十年以下有期徒刑。

妨害考試罪

這是對於依考試法舉行之考試，以詐術或其他非法之方法，使其發生不正確之結果之情形，例如以電子器材等方式作弊即屬之。有前述行為發生時，由於對於政府考試制度的公平性有所妨害，所以也構成犯罪，行為人將被處一年以下有期徒刑、拘役或三百元以下罰金。

妨害公務文物罪

這是指對於公務員職務上掌管或委託第三人掌管之文書、圖畫、物品加以毀棄、損壞、隱匿或致令不堪用的情形，例如將警局製作的筆錄加以撕毀等。有前述行為時，行為人依法將被處五年以下有期徒刑。

污損封印、查封標示或違背其效力罪

這是指對於公務員所施之封印或查封之標示，卻為損壞、除去、污穢或為違背其效力之行為時，例如將法院查封房屋之封條撕去即屬之，有前述行為時依法將被處一年以下有期徒刑、拘役

或三百元以下罰金。

♀ 侮辱公務員公署罪

這是指在公務員依法執行職務時，雖然並未實施強暴脅迫等行為，卻對該公務員在大庭廣眾下當場侮辱或對於其依法執行之職務公然侮辱，或是對於公署公然為侮辱之行為時，由於仍然係對公權力的執行具有相當的妨害，所以行為人依法將被處六月以下有期徒刑、拘役或一百元以下罰金。

♀ 脫逃罪

這是針對被依法逮捕、拘禁之人，卻為逃離依法看管之人員或處所之行為而言。由於此種行為對於公權力的執行具有相當的妨害，因此行為人將視其手段的不同而有不同的處罰：

1.單純脫逃者，處一年以下有期徒刑。
2.損壞拘禁處所械具或以強暴、脅迫脫逃者，處五年以下有期徒刑。
3.聚集多數人以強暴、脅迫之方式脫逃者，在場助勢之人，處三年以上、十年以下有期徒刑；首謀及下手實施強暴、脅迫者，處五年以上有期徒刑。

♀ 縱放或便利脫逃罪

這是指將依法逮捕、拘禁之人加以縱放或是為便利其脫逃之行為而言。由於此種行為對於一般民眾之對政府公權力的信心具有相當的妨害，所以依法也會構成犯罪。其處罰也是視其手段而有所不同：

1.單純縱放或便利其脫逃時，一般人將被處三年以下有期徒刑。如果是公務員縱放職務上依法逮捕、拘禁之人或便利

其脫逃時，則會被處一年以上、七年以下有期徒刑；縱使該公務員只是疏忽導致前述之人脫逃時，依法該公務員也是會被處六月以下有期徒刑、拘役或三百元以下罰金。

2.損壞拘禁處所械具或以強暴、脅迫犯前述罪行時，一般人將被處六月以上、五年以下有期徒刑。

3.聚眾以強暴、脅迫犯前述行為時，在場助勢之人，處五年以上、十二年以下有期徒刑；首謀及下手實施強暴、脅迫者，處無期徒刑或七年以上有期徒刑。

♀藏匿人犯罪

這是指行為人將犯罪之人或被依法逮捕、拘禁之脫逃人加以頂替、藏匿或逃避政府之追查者而言。由於前述行為將增加政府追緝犯罪人的困難，導致社會秩序的更加紊亂，因此刑法明定此種行為依法將被處二年以下有期徒刑、拘役或五百元以下罰金。

♀湮滅證據罪

這是指偽造、變造、湮滅或隱匿關係他人刑事被告案件之證據或使用偽造、變造之證據等情形而言。由於此種行為將加深追查犯罪以及追訴犯人的困難性，導致公權力執行上的問題，因此刑法上也明定為犯罪，行為人依法將被處二年以下有期徒刑、拘役或五百元以下罰金。

（四）妨害社會秩序的犯罪

在日常生活中，社會群體的維繫主要必須仰賴社會秩序的穩定，如果社會秩序發生紊亂的情形時，則一般人也無法安居樂業，社會整體的利益也會受到相當的影響。因此我國刑法上對於違反社會秩序的相關行為也明定為犯罪，以維護社會整體秩序之

不致受到不當的破壞。

♀ 恐嚇公衆罪

這是指以加害生命、身體、財產之事恐嚇公衆，致生危害於公共安全之情形而言。有前述行為時，行為人將被處二年以下有期徒刑。

♀ 妨害合法集會罪

這是指對於他人已經合法申請的集會，卻以強暴、脅迫或詐術等方式加以阻止或擾亂之情形，例如對於別人的合法集會，卻到場破壞、擾亂或阻止與會人進入等情形均包括在內。有前述行為時，行為人將被處二年以下有期徒刑。

♀ 煽惑他人違法罪

這是指以文字、圖畫、演說或其他方式，公然煽惑他人為犯罪行為、違背法令或抗拒合法命令之行為而言。有前述行為時，行為人將被處二年以下有期徒刑、拘役或一千元以下罰金。

♀ 參與犯罪結社罪

這是指參與以犯罪為宗旨之團體，例如加入幫派等，有前述行為時，行為人將被處三年以下有期徒刑、拘役或五百元以下罰金；首謀者，處一年以上、七年以下有期徒刑。不過，有前述行為時，行為人如果自首時，依法得減輕或免除其刑。

♀ 僭行公務員職權罪

這是指冒充公務員身分而行使其職權之情形，例如一般民衆卻穿著警察制服來進行臨檢等。有前述行為時，行為人將被處三年以下有期徒刑、拘役或五百元以下罰金。

♀ 偽證罪

這是指於法院審判或於檢察官偵查時，擔任證人、鑑定人、通譯之人於案情有重要關係之事項，經具結後卻仍為虛偽之陳述

的情形而言。由於此種行為對於司法的公正以及犯罪之追查有極不利之影響，因此依法行為人有前述行為時就會被處七年以下有期徒刑。

♀ 誣告罪

這是指行為人為了使他人受刑事或懲戒處分，而向有權受理的機關誣指被告犯罪或應受懲戒，或是為了達到此目的而偽造、變造證據或使用偽造變造之證據等情形而言。由於此種行為濫用司法，不但造成被告的困擾，也會因而導致司法的負擔及公正性的被質疑，對於社會秩序造成不良之影響，因此刑法明定有此誣告行為時，行為人就會被處七年以下有期徒刑；如果是意圖陷害直系血親尊親屬，而犯誣告罪時，依法更將加重其刑至二分之一，以資懲戒。

♀ 未指定犯人誣告罪

這與誣告最不同點在於誣告罪係為了陷害他人，所以一開始就被指明犯人是何人，但是本罪則是並未指定犯人，僅係向有關機關誣告有犯罪行為存在等情形而言，例如明知自己的物品未遺失，卻向警察局謊稱被偷即屬於此種情形。有前述行為時，行為人將被處一年以下有期徒刑、拘役或三百元以下罰金。

生活實例演習

☞ 案例：

鍾心原為阿進公司股東，後獲得其他股東支持而被選為新任董事長，不料原董事長趙老千不願交出公司印鑑，鍾心遂自行決定以登報遺失印鑑並向警察機關報案的方式來進行印鑑變更，不料被趙老千一狀告到法院。問鍾心會不會有事？

💡解析：

　　鍾心的行為仍構成犯罪。雖然趙老千拒絕交出印鑑之行為違法，然而鍾心仍然必須依照法定方式加以追討始為合法，不料鍾心卻以遺失方式處理，此種情形一旦向警局報案，警局就必須追究他人是否偷竊或侵占遺失物等行為，因此依法就構成「未指定犯人誣告罪」，而且讓政府機關登記不實之事項，也構成「使公務員登載不實罪」，結果鍾心將會因前述行為而可能惹上牢獄之災。

第六章
兩性 婚姻的法律常識

「其實眞正認識婚姻的人，都明白許多單純爲愛而結婚的夫妻，反而不若多方面做過完整世俗考量而理智選擇的夫妻，要來得幸福長久」，筆者認爲曹又方對兩性的看法相當地中肯與實際。

加上近年來的婚姻問題叢生，所產生的不婚族及離婚後再婚的比例不斷的攀升，在在顯示現代年輕人必須愼思婚姻的眞諦，以及不同的人生觀、成長背景、學習經驗的差異，究竟該如何作出正確的抉擇；當然最先要考慮的一項重要因素，那就是法律的基礎觀念的認知，接下來本章將引領讀者進入法律的殿堂，一探婚姻之法門。

第一節　訂婚與結婚

因爲現代婚姻的盲點究其根本原因乃在於不明白婚姻是一種「未來生活方式的選擇；這絕對不同於往昔的獨自生活」，而這種生活關照是需要夫妻雙方拋棄一些過分如意的算盤與執著，共同投入與認同溝通彼此間原本的一些差異而重新架構，否則只要任何一方缺乏誠意、欺瞞，或者沒有共識，那麼婚姻的變數就將會形成一個枷鎖，漫天而下，編織成現代人的隱憂之網。

或許現代人早已經忘記人生當中一段情緣該如何才能享受相思牽盼；或許終其一生的苦苦尋思，一直到終了才能頓悟並豁然於它的存在價值，只是千萬不要在太遲的時候，否則只有「緣在，惜緣；緣去，隨緣」的終身遺憾！

一、訂婚

訂婚並無所謂的法定儀式,只有年齡上的限制,因此依照民法第一條之規定,可引用民間習慣,此部分涉及民間各地習俗之不同,茲不在此贅言。

(一) 訂婚要件

1.婚約,應由男女當事人自行訂定。(民九七二)
2.男未滿十七歲,女未滿十五歲者,不得訂定婚約。(民九七三)
3.未成年人訂定婚約,應得法定代理人之同意。(民九七四)
4.婚約不得請求強迫履行。(民九七五)

另民法第一千零一條所規定之夫妻同居義務,惟已結婚而有夫妻之身分者始負擔之,若僅訂有婚約而未結婚者,當然不負與他方同居之義務。因為婚約係屬道德上的事,沒有絕對該如何的標準,所以便無法透過法律來強制執行。

(二) 婚前解約之要件

男女雙方訂立婚約後(即訂婚或稱試婚階段),如果莫名奇妙地一方毀婚、開除婚約或逃婚,而被毀婚的一方並無任何明顯的過失時,即可據以請求民事損害賠償。不過為避免日後不必要的困擾發生,一般應以書面協議或發存證信函之方式通知解除之意思表示,如此才能充分保護到自己的權益不被侵害。

若欲尋求解除婚約者,必須符合以下幾種狀況,當事者之一

方，方可片面依法解除婚約：（參民九七六）

1.婚約訂定後再與他人訂定婚約或結婚者。

2.故意違反結婚之期約。

3.婚約訂定後成為殘廢者。

4.婚約訂定後與人和姦或妨害其自由者。

5.生死不明已滿一年者。

6.有重大不治或難治之疾病者。

7.有重大不治之精神上疾病者。

8.有花柳病（即性病）或其他惡疾。

9.婚約訂定後受徒刑之宣告者。

10.有前開以外之其他重大事由者。

（三）婚前毀婚之賠償

1.通常在解除婚約後，雙方必須退還因履約所互送之（大小聘）禮品、聘金及飾品、服飾。（民九七九之一）

2.請求民法第一百九十四條精神上的損害賠償（即慰撫金）。

3.親屬編關於婚姻賠償的法律上依據包括：

(1)同法第九百七十六條的規定，婚約解除時，無過失之一方，得向有過失之他方，請求賠償其因此所受的損害。雖非財產上之損害，受害人亦得請求賠償相當之金額。前開請求權不得讓與或繼承。但已依契約承諾或已起訴者，不在此限。（民九七七）

(2)婚約當事人之一方，無第九百七十六條之理由而違反婚約者，對於他方因此所受之損害，應負賠償之責。（民九七八）

雖非財產上之損害，受害人亦得請求賠償相當之金額，但以受害人無過失者爲限。

前開請求權，不得讓與或繼承。但已依契約承諾或已起訴者，不在此限。（民九七九）

(3)同法第九百七十七條至第九百七十九條之一所規定之請求權，因二年間不行使而消滅；當事者務必分別清楚。

二、結婚

結婚並不以書立婚帖爲要件，男女經結婚而爲夫婦謂之配偶，所謂結婚，依民法第九百八十二條，應有公開儀式及二人以上之證人，倘雙方僅同居多年，並未正式結婚，在法律上既不能認爲夫婦，即亦無所謂配偶。

（一）法定要件

1.男須滿十八歲，女須滿十六歲者，方得結婚。（民九八〇）

2.依法必須有兩人以上之證人（此證人雖不一定載於婚書，但須以在現場親見，並願負證明之責者爲限）。

3.公開儀式（係指結婚之雙方當眾舉行正式結婚典禮，無論此項典禮之儀式如何，必須舉行結婚禮節，由雙方表示結婚之意、二位證人在場見證及宴請親友等，其婚姻始行成立，至於花轎迎娶，乃結婚前之儀式，如未公開舉行上述必要結婚禮節，縱於迎娶有用花轎鼓樂，亦難謂正式結婚），方屬合法成立。

4.至於經依戶籍法爲結婚之登記者，只是推定其已結婚，但是如果未符合前面三項要件，則仍不生法律上的效力，此

點必須留意。相反的，如果已經符合前述三個要件，則縱使未辦理登記，法律上仍然承認他們是合法的夫妻，換言之，也就是兩人的婚姻關係仍屬有效。

（二）行為能力

未成年人（指男未滿十八歲，女未滿十六歲），因結婚而能獨立以法律行為負義務，所以依法具有訴訟能力。

同時婚姻關係成立後夫妻之一方出家為僧或尼者，雖依其教規不得有配偶，而其夫妻之關係並不因此當然歸於消滅。

生活實例演習

☞ 案例一：

王小梅與李紀於大學時因朝夕相處進而相戀，經雙方父母同意而訂立婚約，並約定於當完兵後擇期完婚，然而李紀畢業後當兵期間卻發生兵變，王小梅因對李紀失去當時那種親密感而有意退婚，但李紀不肯而欲控告王小梅，要求履行婚約，否則要求一千萬元的損害賠償，試想其中關鍵為何？

💡 解析：

1.首先我們必須要了解王小梅與李紀本身是否符合本節法律的規定：包括年齡及未滿法定年齡父母的同意等，而本問題雖看不出雙方實際的年齡，但是有經雙方父母的同意，所以基本上應沒有任何問題，另外便是訂婚後婚約的履行，是不能強迫對方履行。

2.王小梅與李紀男女雙方訂立婚約後，如果如案例中被他方以欠

缺親密感而莫名奇妙地毀婚、開除婚約或逃婚，那麼李紀在無任何明顯過失的情況下時，即可據此向王小梅請求民事損害賠償。

3.不過為避免日後不必要的困擾發生，王小梅如執意解除婚約，則應擬訂書面協議或寄發存證信函通知李紀為解除的意思表示，不過本題中王小梅如欲故意違反結婚之期約，而想片面尋求解除婚約時，其顯然不符合法定要件。

4.本案例中，王小梅執意解除婚約時，必須退還因履約所互送之禮品、聘金及飾品、服飾及賠償李紀精神上的損害賠償（即慰撫金），而這項請求務必在解約後二年內行使法律上的請求，否則事後即不能再行請求。

☞ 案例二：

　　王小梅與李紀依約定於當完兵後擇期完婚，但是他們感到很納悶，就是報紙上曾看到有一對夫妻以為已結婚七年後，才發現因沒有公開儀式而無效，因此到底要如何才算是合法的結婚呢？另外如果沒有辦理戶籍登記，則他們的婚姻是否有效呢？另外夫妻之住所與姓氏究竟如何規定呢？以上這些問題身為現代人的您怎可不知呢？

💡解析：

1.本案例中王小梅與李紀之結婚條件請參閱本節結婚法定要件之說明。

2.同時依新修正之親屬法有兩項特色：

　(1)夫妻兩人的住所應該由雙方共同協議來決定，倘若未經協議或協議不成時，可以聲請法院裁定，而法院此時則以夫妻共同戶籍地推定為雙方居住的所在地。

　(2)另外夫妻各保有其本姓，但得書面約定冠配偶之姓，而冠姓

的一方得隨時恢復其本姓，惟於同一次婚姻關係存續中只能以一次為限。

☞ 案例三：

一、情迷失樂園

　　一名某國立大學研究所官姓學生，兩年多前認識大他十九歲的賀姓有夫之婦，二人因他載她去淡水、九份及貓空等地喝茶聊天而發展出感情，並進而發生關係，女夫察覺有異，而四十四歲的賀姓女子，因為八十六年底在其上班地點附近租了一個房間，作為休息之用，引起其夫某銀行陳姓經理之懷疑，認為家裡離其妻工作場所並不遠，妻子卻要在外租屋顯有違常理，因此暗中在妻子租屋處冷氣孔裝了針孔攝影機，偷偷拍下兩人親密鏡頭，並據此來提出妨害家庭告訴，案經台北地方法院審結，法官依妨害家庭相姦罪判處官某有期徒刑四個月，得易科罰金，女主角則在丈夫撤回告訴下，獲判公訴不受理。

二、變調麥迪遜

　　另一名女大學研究生因愛上她的指導教授，於是經常前往該教授的研究室幫忙，同時幫其處理雜務，於是在不知不覺中兩人進而發生感情，更在一時衝動下，二人在研究室發生了關係，由於這段感情的不正常，加上該指導教授家庭的不美滿，因而兩人的戀情一發不可收拾，而此時指導教授發現女研究生腳踏兩條船又另結男友，因此威脅女研究生斷絕與其男友的關係，於是該女研究生心生害怕而由其男友陪同向該教授之妻指陳，其與該教授之關係是被逼而後悔不已，突遇此一狀況的妻子，一狀便告到法院，被法官以妨害家庭相姦罪處徒刑四個月，而男主角則在妻子撤回告訴下，獲判公訴不受理。至於女孩所指控之被逼姦淫，因查無實據而該教授亦獲不起訴處分。

💡解析：

　　本案當中的兩個個案，其實都是現代外遇當中的典型，因為身為他人的外遇，這些人均將背負「有違師道」、「勾引小男生」的種種指控，如果再被有心人士渲染開來的話，恐將無法立足於該校園或地區；因此對於那些生活在平凡無奇的婚姻生活，增添過多的繽紛色彩，未必是一件值得慶幸的事，唯有迷途知返才不會身敗名裂。這個時候，在整個婚外情外遇事件中，只有第三者必須要接受追訴及判刑，對於違反婚姻忠誠義務的另一半——先生或太太，卻不會受到法律的處罰，形成了法律只懲罰第三者，而先生或太太卻逍遙法外的不公平現象。

　　至於本案所涉及的法律是刑法的通姦罪及相姦罪，必須在六個月內提出告訴：

一、情迷失樂園

1.刑法第二百三十九條，有配偶而與人通姦處一年以下有期徒刑，其相姦者亦同。

2.而配偶之夫或妻則可依據刑事訴訟法第二百三十九條對於配偶可以單獨撤回告訴；同時依同法第二百三十四條之規定通姦罪僅配偶得提出告訴。

　　其實本案例內容，就好像法國電影《做愛後，動物感傷》一般；因為激情纏綿與毀滅危險一樣，這是一種屬於生命淋漓的淒涼。本案結果在損害賠償上訴二審後，經高院合議庭認為五百萬元之賠償過高，而改判十萬元後收場。

二、變調麥迪遜

　　而本案亦如法國電影《禁忌的女人》一般，一場男與女的遊戲，沒有輸贏，只存在權力的衡平價值觀！不論於情、於理、於法，立場尚難免偏頗，不過感情的事，第三人很難置喙，但是合

法的婚姻仍是必須受到法律保障的，破壞它總要付出代價，婚外情，有時法律只處罰第三者，值得介入他人婚姻的第三者深思及警惕。

對於因親屬、監護、教養、救濟、公務或業務關係服從自己監督之人，利用權勢而姦淫或猥褻之行為者，依刑法第二百二十八條之規定處五年以下有期徒刑；然而本案當中因無法舉證以實其說，故一般均無法構成犯罪要件，這點在女性來說務必將以下方案，略為記錄作為參考：

1. 冷靜思考是否能記得加害者身上的任何特徵，例如斑、疤、傷痕或胎記。

2. 是否曾經到過其他特定處所，並尋求該處服務人員的證詞，例如餐飲店、MTV、旅館等場所之服務台協助。

3. 確實保留案發現場以方便辦案人員之搜證或自行搜集床單、枕套、衛生紙等可能殘留證據、加害者遺留之物或指紋之保存。

4. 被害者本身的自我檢驗：衣服有無被撕破痕跡、衣服纖維及殘留精液（基本上有三天的存留期）、血跡、毛髮以便提供作「DNA」之比對。

5. 加害者身上有無抓痕及受害者本身的各種身體上之抓痕、傷痕或指甲中之可能存有之皮膚、毛髮。

6. 是否感染疾病，此尚涉及刑法第二百八十五條之傳染花柳病罪，應處一年以下有期徒刑、拘役或五百元以下罰金。

7. 陰部殘留，若十六歲左右會造成青藍色斑、陰戶挫裂出血、腫脹、擦傷；而十二歲以下則前開現象更為明顯。

8. 如為熟人所為則特別可運用引蛇出洞的方式，以電話相激（譬如說：謊稱握有人證與物證逼其承認）或引誘其說出實情並藉錄音加以存證為憑。

9.如係迷昏，則務必於清醒後立刻到醫院驗血及驗尿或將殘留飲料送驗，以方便佐證。

第二節　夫妻財產制

　　夫妻間之財產，依據傳統觀念是很難劃分清楚，加上過往男尊女卑的社會風氣下，很難去勉強釐清分際，然而在女權高漲的今天，除了藉由法律的規範外，女性自我的覺醒將更形重要。

　　目前司法院針對夫妻財產制將予以修正，其方向為朝以下三種方案進行修正：

1.所得分配制是以分別財產制為基礎，將夫妻財產區分為固有財產與所得財產，前者為與婚姻生活貢獻無關之財產，後者則為婚姻共同生活中所增加之財產，攸關夫妻雙方對婚姻之協力與貢獻，故於所得分配財產關係消滅時，如離婚或改用其他財產制時，應進行清算，扣除所負債務後，如有剩餘，其所得財產應平均分配。

2.另外，法定財產也區分為固有財產與所得財產二種，明文列舉夫或妻的固有財產包括專供個人使用的財產等五款，其餘則為所得財產，夫或妻可以各自管理、使用、收益、處分其固有財產及所得財產，並分別分擔管理費用，並互負報告之義務、各自負擔其債務；如夫妻法定財產關係消滅時，現有所得財產扣除所負債務後，所有剩餘由夫妻平均分配，較符合公平原則。

3.至於採用「勞力所得共同制」為法定財產制,則是以勞力所得組成共同財產,由夫妻共有、共同管理、使用、收益及處分;勞力所得以外之財產則適用分別財產制之規定。所謂「勞力所得」,是指薪資、工資、紅利、年終獎金、退休金、共同財產之孳息及其他與勞力所得有關的財產收入均涵括在內,如不能證明為一方所有之財產,則推定為共同之財產,共同財產原則上由夫妻共同管理、共同負擔管理費用,也共同處分,未得他方同意之處分則屬無效。

一、法定財產制

一般說來,國內夫妻仍不習慣到法院辦理財產制登記,因此這類情況在現行民法上視為採用「聯合財產制」的法定財產制。

(一) 基本態樣

聯合財產制的原則是:夫妻雙方在結婚前各自所有的財產,以及結婚後在婚姻關係存續中各自取得的財產,都歸雙方各自所有並保有所有權。除非不能證明是夫或妻各自原有的財產,才推定為是雙方共有的財產。

1.聯合財產制依民法上規定是由夫來管理,而且夫對妻原有的財產還有使用、收益及處分等權利,所以此一部分仍對妻子比較不利,因而仍引發婦女權益團體的撻伐。

2.對於家庭生活費用(按實際需要及夫之經濟能力而定,含必要的醫療費用)之負擔,以有管理權之夫負擔為原則。

3.夫妻法定財產制關於家庭生活費用,除夫無支付能力時,

由妻就其財產之全部負擔外，以由夫負擔為原則，如妻有正當理由而與夫分居時，夫仍應負擔妻之生活費用即家庭生活費用，此與法定扶養義務之規定並不相同。

（二）離婚時財產的分配

若夫妻結婚採行聯合財產制，於離婚時（聯合財產關係消滅），夫或妻於婚姻關係存續中所取得而現存之原有財產，扣除婚姻關係中所負之債務，如仍有剩餘財產之差額則應平均分配（參民一〇三〇之一）。

如果夫妻之一方拒絕，依法可提起「剩餘財產分配訴訟」；不過夫妻既已離婚，財產關係亦應儘速釐清，以免糾葛，因此民法第一百三十之一條第三項規定「剩餘財產分配之請求，自請求權人知有剩餘財產之差額時起，二年間不行使而消滅，自聯合財產關係消滅時，逾五年者亦同。」不過倘若被請求人能證明請求分配人有浪費財產、不務正業等情形，於婚後財產並無貢獻時，依同法條第二項法院得酌減其分配額，可資援用。

同時因應新修正的民法第一千零七十條規定之聯合財產制，夫妻將可以兩人的名義共同登記產權，並據以辦理國宅優惠貸款，如此將使得國宅不再只是夫或妻單獨一人的產權，而正式成為共同財產的一部分。

二、約定財產制

除前開法定財產制外，則有「共同」與「分別」兩種選擇：

（一）共同財產制

指除了夫妻個別特有的財產之外，結婚時雙方原有的財產，及婚姻關係存續中雙方取得的財產，都歸夫妻所共有。所以夫妻任何一方要處分這些共同財產時，都必須徵得另一方的同意，萬一夫妻有任何一方負債時，債權人也有權查封雙方共有的財產，原則上等於是「有難同當」。家庭生活費用當然亦是共同負擔。

（二）分別財產制

指夫妻雙方完全沒有所謂的聯合或共有財產，雙方各自擁有名下財產的所有權、管理權及使用收益權，因此倘若其中一方有債務發生時，債權人無權查封另一方的財產。這種財產制的特色是「各負責各的」，無所謂夫債妻還或妻債夫還的問題。因此，為了避免「遇人不淑」，新婚夫妻還是選擇登記「分別」財產制為宜。家庭生活費用原則由夫負責，其無力負擔時則由妻負擔。

生活實例演習

☞ 案例：

陳欣怡與邱朝新結婚後，第二年即懷孕生子，孰料邱朝新因前往大陸投資，因而經常往返兩岸，加上迷戀當地的女子，而實際上業已與陳欣怡呈現分居狀態，所以根本無視於陳欣怡懷孕生子而無法工作的事實，更對其生活負擔不與聞問，更遑論照護，以致陳欣怡懷孕臨生產時，不慎跌倒受傷而必須剖腹施行手術，以及住院醫療費用都無法支付給醫院，試問陳欣怡對此可否有法律上請求的依據呢？

> 解析：

　　本案中陳欣怡與邱朝新依題意未明採何種夫妻財產制，所以
推論係採法定之聯合財產制，因此依聯合財產制之規定：

1. 對於家庭生活費用（按實際上之需要及夫之經濟能力而定，包括必要的醫療費用）之負擔，以有管理權之夫負擔為原則。

2. 夫妻法定財產制關於家庭生活費用，除夫無支付能力時，由妻就其財產之全部負擔外，仍以由夫負擔為原則，如妻有正當理由而與夫分居時，夫仍應負擔妻之生活費用即家庭生活費用。

第三節　父母子女

　　人生在世不過幾十寒暑，而依據中國傳統的宗祧血脈的傳承，便孕育出父母子女間的層層關係，不過也因此讓兩代間形成一種無法避免的互動糾葛。

　　而一般未成年子女的住所，均以其父母的住所為住所，至於其姓氏原則從父姓，除非母無兄弟，而且經由男女雙方約定從母姓者，方得從其約定。

　　同時依據法律明文，父母共同對子女行使的親權包括：(1)保護及教養；(2)懲戒；(3)未成年人之法定代理人；(4)未成年子女特有財產之管理等四項；如果雙方意見不一致時，得請求法院依子女最佳的利益來決定，如有濫用時，則其最近尊親屬或親屬會議得糾正，或訴請法院宣告停止其權利之一部或全部。

　　當然子女對父母有孝敬及奉養的義務，此乃事理之常，無庸置疑。

一、婚生子女

所謂婚生子女係指因父母結婚前後受胎，而在婚姻關係存續期間內所生下的子女；或者非婚生子女，其生父與生母結婚而法律上視為婚生子女兩種情形，均屬之。

如果夫妻之一方能證明妻非從夫受胎者，應於知悉子女出生後一年內提起否認之訴，否則即視為其婚生子女。

二、認領

（一）認領要件

此係針對非婚生子女，其父母無法結婚而特別擬訂的一種方式，而生父認領後即依法不得撤銷，至於認領的請求必須符合：(1)受胎期間生父與生母有同居之事實；(2)由生父所作之文書可證明其為生父者；(3)生母為生父強制性交或略誘性交者；(4)生母因生父濫用權勢性交者。

（二）請求權人

具有請求認領的權利人，則包括非婚生子女本人、生母（但生母與他人通姦或放蕩生活則不得請求）及其他法定代理人（祖父母、伯叔、同居之家長等）。

（三）請求時限

1.非婚生子女自成年後二年間。

2.生母及其他法定代理人則自子女出生後七年內。

三、收養

（一）收養要件

1.收養與被收養之年齡必須相差二十歲以上。

2.有配偶收養，應與其配偶共同收養；而有配偶被收養，則
　應經其配偶同意。

3.無下列所述之情形：

　(1)直系血親。

　(2)直系姻親；但夫妻之一方收養他方，不在此限。

　(3)旁系血親及旁系姻親之輩分不相當，但旁系血親在八親
　　　等外，旁系姻親在五親等外，不在此限。

（二）收養方法

1.收養子女應以書面，及法定代理人同意或為意思表示，但
　未滿七歲而無法定代理人時則免。

2.應經法院認可，而法院不認可之情形為以下數種情形：

　(1)收養有無效（不符收養要件）或得撤銷之原因（夫妻應
　　　為共同收養、未得被收養之配偶同意或未經法院認可）
　　　者。

　(2)有事實足認收養於養子女不利者。

　(3)成年人被收養時，依其情形，足認收養於其本生父母不
　　　利者。

（三）收養之終止

收養終止後，除回復其本姓外，經判決終止者，對於無過失之一方，因而陷於生活困難者，得請求他方給予相當之金額。至於終止收養之方式如次：

1.書面合意終止。

2.判決終止之情形包括：

　(1)對於他方為虐待或重大侮辱時。

　(2)惡意遺棄他方時。

　(3)養子女被處二年以上之徒刑時。

　(4)養子女有浪費財產之情事時。

　(5)養子女生死不明已逾三年時。

　(6)有其他重大事由時。

生活實例演習

☞ 案例：

　王大旺年輕時風流韻事不斷，曾經周旋在許多名女人之間，然而一直到六十五歲卻都未曾結婚生子，八十八年五月間突然有一名自稱叫王小盛的十四歲孩子，向法院訴請確認父子關係存在，並且舉證說王大旺一直透過其好友齊文，提供其生活及教育費用，試問在這種情況下，是否構成已經認領的事實呢？

💡 解析：

　本案例中如果王小盛所提出的證人出面證實，依法當然具備認領的形式，但是法律仍然講究事實，也就是說他是非婚生子女，所以仍然必須符合：

1.認領的法定要件。

2.另外便是目前極為流行的話題──DNA的親子鑑定。

　以上此兩項重要的關鍵因素，加上證人證明撫育的事實，如此方能在法院形成確切的判定基礎。

第四節　離婚

當婚姻瀕臨破碎的邊緣時，很多人仍然忽略自我的省思與相互的體諒、包容，當然這其中如牽涉到婚姻暴力，則又另當別論，因為相處是一門深奧的哲學，絕非是從書本中可以尋找到答案的，唯有藉由彼此的經驗學習，才能化干戈為玉帛，畢竟婚姻的是非對錯，必須共同承擔，而非任何單方的責任；如果無此體認，那麼婚姻勢必會走上危機的這一步。

尤其今日性氾濫、未婚生子或奉子女之命而成婚的青年朋友，在沒有做好絕對的心理準備，貿然地踏入禮堂，相信結果也已呼之欲出，所以怎可不慎呢？

「其實最深刻的感情，不在風花雪月的浪漫情懷；而是深植在柴米油鹽日常平淡生活中，不落言語詮釋的生活體貼設想中。」唯有如此相處才能恆久纏綿，不虞更變！

試想夫妻兩方有無需要加以制衡，以重新取得平衡的可行性；或者在尋求完全平等的同時，自我能夠完全忽略或漠視原本屬於人性的一切認知、性別意識形態、傳統家庭型態與社會傳統文化、價值上的差異呢？懂得收放自如才不會讓恩愛婚姻的夢碎，而走上對決絕境的困境！

一、離婚

離婚在法律規範上可區分爲兩願離婚及判決離婚：

（一）兩願離婚

民法第一千零五十條僅規定兩願離婚應以書面爲之，並應有二人以上證人之簽名，但並無證人須與當事人素相熟識之限制，故簽名於離婚書面之證人縱與當事人素不相識，只要在夫妻雙方簽署離婚協議書上親自簽名蓋章，則兩願離婚之效力將不因此而受任何影響；但是倘若該證人非親見或親聞雙方當事人確有離婚眞意之人頭證人，而由陌生且不在場代書代簽名者，則其離婚便有法律上的問題。

夫妻間雖有離婚之合意，如未依前述方式爲之，依民法第七十三條之規定自屬無效。當然最重要的便是辦理離婚登記，否則任何書面協議之離婚均屬尚未生效，此點必須加以注意。

至於離婚之完全要件，必須符合以下三項：

1.書面。
2.兩人以上的證人。
3.辦理離婚之戶籍登記。

（二）判決離婚

依據最近法務部研修中的裁判離婚條文，擬將現行之「有責主義」（係指婚姻破裂需要有過失的情形發生才可）之離婚原因及新增外國立法例之「破綻主義」（以婚姻破裂爲離婚之唯一原因，

亦即只要達於難以維持的狀況即可，且規定夫妻分居達五年以上，推定婚姻破裂）兩案並陳外，並加入苛酷條款（即爲避免因離婚而致他方生活陷於困境以及保護未成年子女利益作考量，其規定即以但書規定在法院認爲離婚對於拒絕離婚之一方過於苛酷，或對於未成年子女顯有不利，或斟酌一切情事，而認有維持婚姻之必要時，得駁回離婚之請求）。

同時亦將考慮刪除「重婚」及「夫妻之一方對於他方之直系尊親屬爲虐待，或受他方之直系尊親屬之虐待，致不堪爲共同生活者」兩項原因，一併在此先行提出說明。

二、判決離婚態樣

現行法律規定夫妻之一方，有下列情形之一者，他方得向法院請求離婚：

1.**重婚者**，指同時與兩個以上之人結婚。（擬修正刪除）重婚罪之成立，必以婚姻成立爲前提，婚姻成立，依民法第九百八十二條規定，應有公開之儀式及二人以上之證人，否則婚姻爲無效，即不得以重婚論。同時重婚縱經撤銷，其並無溯及的效力，亦即其重婚所生的子女，仍屬婚生子女。

2.**與人通姦者**。（擬修正擴充爲與人姦淫或猥褻者，即包括嫖妓，而修正捉姦在床不易的弊端）通姦之足以破壞夫妻間之共同生活而非法之所許，此從公序良俗之觀點可得斷言，不問其所侵害係何權利，對於配偶之他方應即構成共同侵權行爲。

(1)雖有離婚協議,若未辦妥而與他人發生性關係則仍屬通
姦。

(2)丈夫夜不歸而與妓女通姦者,妻子與其約法三章並予以
記帳者,係屬縱容。

(3)妻以夫納妾與之通姦為理由而請求離婚,並不以夫已因
通姦罪被處罰為要件,妻不為告訴而請求離婚,並無不
可。但倘若妻對夫之納妾如事前同意者,即不得以此通
姦而訴請離婚。且此一通姦之六個月期間係以夫連續與
其相姦者發生關係而以最後通姦之情事發生為起算時
點。

3.夫妻之一方受他方不堪同居之虐待者。(擬修正為對他方
重大虐待或侮辱者)夫妻結合,應立於兩相平等之地位,
維持其人性之尊嚴。而所謂不堪同居之虐待,係指予以身
體上或精神上之痛苦,例如:

(1)夫妻之一方受他方之重大侮辱,如夫誣稱其妻與人通
姦。

(2)夫於三個月間三次毆打其妻成傷而有驗傷證明或人證。

(3)妻因不堪其姑之虐待回母家居住,而其與夫同居必將受
姑虐待之情狀現尚存在者。

(4)夫誣稱其妻謀害本夫,或酗酒而懷疑其妻欲毒死其和兒
子,進而用摻有麻醉劑的手帕搗住其妻等怪異行徑。

(5)夫妻因尋常細故迭次毆打,或有於夜晚將另一半叫醒不
讓其睡覺之行為,已超越一般人所能忍受之程度。

(6)一方用鐵鍋碗碟擲傷他方之耳輪、手膀等處,該耳輪且
因傷而成缺口。

(7)為人父者姦及生女,殊屬違背倫常,滅絕理性者。

(8)慣行毆打（過度控制憤怒情緒或控制憤怒情緒不足）；
　　此類加害有一九八四年華克（Walker）提出虐待循環
　　論。
　　A.每次毆打的時間十分密接。
　　B.非屬微傷（傷及筋骨、頭部外傷及腦震盪等現象）。
　　C.非夫因妻之行為所致之毆打（「不聽話」就不准離）。
　　D.非夫因妻之行為不檢而一時忿怒而有過當行為（「懷疑
　　　妻有外遇」就不准離）。
　　E.非因兩造嗣後已和解（妻都已原諒則外人很難再行介
　　　入評斷）。
　　F.非兩造互毆所造成者。

(9)一方強命他方下跪，頭頂盆鍋，難謂無損於人性之尊
　　嚴，倘他方因此感受精神上重大痛苦。

(10)夫妻間一方行為不檢，致他方忿激而有過當之行為或精
　　　神錯亂中所為者，不得即謂不堪同居之虐待。然此過當
　　　行為依大法官會議解釋認為此亦非承認配偶有懲戒權，
　　　是故過當行為如逾越夫妻通常所能忍受之程度，而有侵
　　　害人身安全之情況，仍屬不堪同居之虐待而可依本法訴
　　　請離婚。

4.夫妻之一方對於他方之直系尊親屬為虐待，或受他方之直
　系尊親屬之虐待，致不堪為共同生活者。（擬修正刪除）
　婆媳之間自古以來就有許多的問題，兩個截然不同的個
　體，如何圓融相處，其道即在於一是必須了解媳婦在家庭
　中的地位，其次是夫妻間要建立良好的溝通管道，而讓丈
　夫能充分發揮潤滑劑的功用，當然在此虐待包含精神與肉
　體兩個層面。

5.夫妻之一方以惡意遺棄他方在繼續狀態中者。民法第一千零五十二條第五款所謂夫妻之一方，以惡意遺棄他方，在繼續狀態中者，係指夫或妻無正當理由，不盡同居或支付家庭生活費用之義務而言，例如當事人稱，相對人爲依其後母牧牛度活，茅寮容膝，確有衣食難周之情形，亦不過因家貧生活艱苦，究與無正當理由不支付家庭生活費用有別，自難指爲係惡意遺棄。例如丈夫有能力支付家庭生活費而故意拒不給付。

目前實務上一般均以先提出履行同居義務之訴後，再提起離婚之訴請求。所謂同居，係指以男女雙宿同眠爲已足，而無須經常性同住一處。

6.夫妻之一方意圖殺害他方者。例如意圖殺害而下毒或找娘家之人均屬之；至於是否因阻礙而不遂或因他故而未得手，只要一經預備著手即應該當本項之意圖，否則一經著手結果的發生則無庸揣測而可心知肚明。

7.有不治之惡疾者。（擬修正爲重大之惡疾）

(1)痲瘋病爲惡性之傳染病，絕非短時期內所能治癒。

(2)夫妻之一方有不治之惡疾者，依民法第一千零五十二條第七款之規定，他方固得隨時請求離婚，惟一方於結婚時不能人道而不能治者，非本款所謂不治之惡疾，故他方僅得依民法第九百九十五條於知悉其不能治之時起，三年內請求撤銷婚姻。

(3)夫妻之一方身患梅毒，雖不能謂非有惡疾，但其梅毒須達於不可治之程度。

(4)婚後七年仍爲處女，並不足推論證明其夫不能人道，尚須命其夫受檢，同時性生活是否美滿，於結婚之初即應

知曉，此點係從常情上推斷必須注意。

(5)至於羊癲瘋則非屬本項之重大惡疾，查癲癇症為一種突發性短時間腦功能障礙（係由於腦細胞新陳代謝失調而引起）。

8.**有重大不治之精神病者。**（擬修正為重大精神疾病）傳統觀念認身心健康實為一般人選擇配偶之重要條件，倘配偶之一方患有精神病，時癒時發，必然影響婚姻生活，故在一般社會觀念上，應認有告知之義務，如果將此項婚姻成立前業已存在之痼疾隱瞞，而使人誤信精神正常，而與其結婚，即難謂他方非因被詐欺而為結婚。

同時夫妻之一方，其所患之精神病已在外家（指自己的家中）醫治數年迄未治癒，反日趨沉重而達重大不治之程度，既為經專門精神病醫學研究予以診察鑑定合法確定之事實，依民法第一千零五十二條第八款之規定，他方當事人自得請求離婚，而另一方不能以其精神病係在當事人家中憂鬱所致，而主張不得乘病請求離婚等情為爭辯時，在法律上並無足取之處，特在此提出說明。

9.**生死不明已逾三年者。**在此處之夫妻之一方生死不明已逾三年者，他方雖得向法院請求離婚，但倘若其生死已分明之時，他方即無再行離婚之必要，其離婚請求權當然亦歸於消滅，故生死不明之一方：

(1)在事實審之言詞辯論終結前已由外歸家者，法院自不得仍據以判決離婚。

(2)但倘若於判決後方再出現者，則恐將因情勢變更而不得回復，除非其配偶是惡意明知其尚生存者，則另當別論。

且失蹤僅得爲聲請法院宣告死亡之原因,在未經法院宣告前,失蹤人與其配偶間之夫妻關係仍屬存在。

10.被處三年以上徒刑或因犯不名譽之罪被處徒刑者。（擬修正爲被處三年以上徒刑或因犯不名譽之罪被處逾六月以上有期徒刑者）所謂被處徒刑,係指被處徒刑之判決已確定者而言,其諭知科刑之判決已宣示而未確定者,尚不得據以請求離婚。且此處所謂處刑,亦不以由普通法院判決處刑者爲限,即由兼理軍法之縣政府判決處刑者,亦包含之。

而所謂不名譽之罪,係指社會上一般觀念皆認爲犯不名譽之犯罪,例如竊盜、詐欺、僞造文書、侵占及姦淫等罪是,倘當事人所犯者僅爲收買汽油之罪,雖曾兩度被判徒刑三月、二月不等,然其價購汽油既係用以代人洗滌衣服,維持生活,顯難與犯不名譽之罪同視。

若夫妻雙方共犯者,即難謂互相因該犯罪而造成對精神上之痛苦,自應解爲彼此均無離婚請求權。

11.有前項以外重大事由,難以維持婚姻者,夫妻一方得請求離婚;但其事由夫妻之一方負責者,僅他方得請求離婚。例如:妻子雖於知其夫犯不名譽罪之一年後才訴請離婚,然若其夫犯案不斷,倘仍強迫二人維繫婚姻,將會使其精神遭受到莫大之痛苦,因此法官便會認定有本條難以維持婚姻的重大理由,可資爲實際案件中引用之絕佳參考範例。

同時必須注意的是有關婚前犯罪婚後判刑或者婚前即有的疾病者或不能人道而訴請離婚時,法院對此部分認爲,不得據此理

由而訴請離婚，這點必須特別注意。

生活實例演習

☛ 案例：

　　張心興係某國立大學研究所學生，兩年多前認識大他十九歲的賀姓有夫之婦，二人只因他載她去淡水、九份及貓空等地喝茶聊天而發展出一段不尋常的感情，並進而發生關係，女夫察覺有異，而四十四歲的賀姓女子，因為八十六年底在其上班地點附近租了一個房間，作為休息之用，引起其夫之懷疑，認為家裡離其妻工作場所並不遠，妻子卻要在外租屋顯有違常理，因此暗中在妻子租屋處冷氣孔裝了針孔攝影機，偷偷拍下兩人親密鏡頭，並據以提出離婚官司，試問本案是否構成判決離婚的要件呢？

☝解析：

　　其實本案例內容，就好像法國電影《做愛後，動物感傷》一般：因為激情纏綿與毀滅危險一樣，這是一種屬於生命淋漓的淒涼，而根據本節判決離婚要件之說明，符合與人通姦之法定要件，自屬可以依法訴請判決離婚的範疇。

第五節　繼承

　　一般人對於繼承或許只會單純想到或認為是對先人財產的收取而已，但是倘若被繼承人遺留的財產遠低於其負債時，身為繼承人者如果不在法定期限內聲請拋棄或限定繼承的話，那很可能

會發生「父債子還」的窘境。

另外夫妻之一方死亡時，其生存之一方與第三人間之關係，如姻親關係、扶養關係等依然存在；此觀之民法第九百七十一條、第一千一百十四條第二款之規定自然會明白。

同時，繼承登記原則上由全體繼承人申請，但若有部分繼承人因故不能會同申請，得由部分繼承人申請登記之。自繼承開始之日起，超過一年仍未辦繼承登記，經該管縣市地政機關查明後，應即公告繼承人於三個月內提出登記之申請，若逾期仍未申請得由地政機關代管，代管期間九年，期滿得逕登記為國有。（土地法第七十三條之一）

「其實繼承之真義，乃在掌握生命的真正期待，是一種『生的延續而非死亡的綿延』。」

倘若夫妻同時死亡時，未成年人之監護人，依法其第一順位是指同居祖父母及外祖父母均包括在內，其次為同一戶籍共同生活之家長，再其次才為未同居之祖父母及外祖父母，此點在考量小孩權利時應特別注意；當然父母亦可指定監護人以維護小孩的權益。

一、繼承關係及其系統表

(一)繼承順序

遺產繼承人除配偶外，依下列順序定之：

1.直系血親卑親屬：

　(1)關於胎兒的權利部分，只要完全產出且能獨立呼吸即依

法取得權利，至於臍帶是否切斷、早產或是否畸形殘缺，在法律要件上則均在所不問。

(2)倘若非婚生子女，依據民法第一千零六十五條第二項規定：「非婚生子女與其生母之關係視爲婚生子女，無須認領。」但非婚生子女如要認祖歸宗的話，依民法第一千零六十五條第一項規定：「非婚生子女經生父認領者，視爲婚生子女，其經生父撫育者，視爲認領。」

(3)認領分爲任意（係由生父出面或以文書如遺囑表示願意認領孩子之意）及強制認領（生父不願出面認領，由生母在孩子七歲前，以生母自己的名義，或由孩子在成年後二年內，由孩子以自己名義向法院提起強制認領之訴）兩種；但均須生父尙存在人世方可。

2.父母。

3.兄弟姊妹。

4.祖父母。（民一一三八）。

（二）應繼分

1.配偶與直系血親卑親屬（每一人算一份）採均分制。

2.配偶與被繼承人之父母（或兄弟姐妹）繼承時，爲二分之一。即配偶算一份，被繼承人之父母（或兄弟姐妹）共同算一份。

3.配偶與被繼承人之祖父母繼承時，則配偶爲三分之二，被繼承人之祖父母爲三分之一。

4.若無與其他繼承人繼承時，則爲全部繼承。

（三）特留分

在此係指繼承人必須保留一定比例之財產予其法定繼承人的一種保護制度；亦即在一定限度內，不容有自由處分的權利，藉此以保障被繼承人之共同生活者或期待其死後仰靠其財產之為生活保障的一種特留財產；倘若侵害（如超過可讓與之贈與或遺贈），則依法得為扣減權之行使。（民一二二五）

1.直系血親卑親屬、父母、配偶之特留分為應繼分之二分之一。

2.兄弟姐妹、祖父母之特留分為應繼分之三分之一。

（四）再轉繼承

如果祖父後於祖母過世時，則祖父的遺產應由父親及其兄弟姐妹共同繼承，每人應繼分按人數平均分配。但如父親及伯父並未辦理繼承登記，而父親旋又過世，則父親所繼承祖父遺產的應繼分依法由其子女及其妻子共同繼承，此稱之為「再轉繼承」。

（五）代位繼承

依法繼承之同一順位均放棄繼承時，必須由次一順位代位承受，同時配偶必須與其他順位共同繼承之法律規定，使得子女意圖讓老父或老母一方單獨繼承之心願，變成增添麻煩時，這時便必須要詳加考慮了！

二、限定繼承

（一）限定繼承的意義

指繼承人在繼承開始之後，向法院表示僅在繼承的財產範圍內負擔債務的權利；即繼承人具狀向法院表示其限定繼承被繼承人所遺留的全部財產。

（二）限定繼承的規定

應於繼承開始後三個月內開具遺產清冊呈報法院（如必要得延長），同時如繼承人有數人時，一人為限定繼承效力及於全體。

法院於接到呈報後應即為公示催告程序，被繼承人之債權人於該期限報明債權者，得以所繼承之限定財產範圍按比例清償之。

三、拋棄繼承

（一）拋棄繼承的意義

指繼承人在繼承開始之後，向法院表示否認他當然為繼承人的效力；即繼承人具狀向法院表示其不願繼承被繼承人所遺留的全部財產，當然此時亦不繼承其債務。

（二）拋棄繼承的規定

1.管轄的法院：被繼承人住所地的地方法院，或被繼承的財

產所在地的地方法院管轄。民法第一千一百七十四條所定拋棄繼承事件，由繼承開始時，被繼承人住所地之法院管轄。（非訟事件法第七七條）

2. 拋棄人須為繼承人，即有繼承權的人，才有拋棄繼承權，如已經出養的子女，或後順位繼承人在先順位繼承人拋棄繼承之前，都沒有拋棄繼承之必要。

3. 拋棄繼承，須在知悉得繼承之時起，二個月以內為之。如已逾二個月期間，即不生拋棄的效力。所謂知悉得繼承之時，指知悉被繼承人死亡事實之時，後順位之繼承人因先順位之繼承人拋棄繼承，而得為繼承人者，於知悉先順位繼承人拋棄繼承之事實時。

4. 須以書狀向法院為之始具備其要件，並以書面通知因其拋棄而應為繼承之人。

5. 繼承拋棄必須為全部，不能為部分拋棄，否則依法其拋棄無效。

四、繼承稅務

至於繼承稅務方面，依據遺產及贈與稅法之規定有一定的標準，如仍對多少遺產稅有疑慮，可委請代書、律師或會計師代為估算即可明瞭，如數額確實太大，無能力負擔，亦可申請以部分繼承之土地抵繳遺產稅。

又繼承之土地大多為農地，縱使未具自耕能力，依據內政部頒訂之「農地所有權繼承移轉登記案件之處理原則」規定，亦可辦理繼承登記。

另外當被繼承人死亡當年度為列為被撫養人時，於死亡當年

度報繳所得稅時，仍然可認列當年度完整的被撫養免稅額。

☛ **案例：**

　　張東原本離家在高雄工作，突然接到其父張原過世的消息而趕忙回家，處理完喪事後，突然有債主上門，提出其父母欠債之憑據，此時張東突然發現其父母親背負著一大筆債務，而債主們說要查扣張東名下的財產及薪資，因而開始擔心自己名下的財產會不會因父母親的債務而不保，這點在許多人或多或少會擔心未來父母親過世時「不小心繼承」到債務而非資產而感到憂心忡忡。另外先生離家在外欠了一屁股債，債權人是否能上門要求查封太太名下的財產呢？這些一直困擾著現代家庭的問題，且聽我一一解說！

💡 **解析：**

1. 父母親生存時，「父債當然不必子還」；然而父母親一旦死亡後，此時便需要考量預防可能的債務纏身，所以必須：(1)限定繼承；(2)拋棄繼承。此時就不必擔心繼承到的債務多於財產；因此身為人子者千萬別糊裡糊塗地就去繼承父母親的一切債權債務。

2. 從八十七年九月二十六日開始，不管任何情形下，配偶都不必替另一半償債（如果債務人本身名下沒有財產，此時債權人便不得聲請強制執行配偶名下財產），換句話說便是各自的債務除了為共同生活所衍生的外，則由夫妻各自負擔。

3. 所以從另外一個角度來看，當您有閒錢想要借錢給別人時，便需要特別小心注意這個問題了，否則一旦人死後又無遺產或遺

產繼承人時，您恐怕會落得只剩下借據的廢紙一張留作紀念
了。

第七章

商法

第一節　公司的意義

一、公司的要件

　　所稱公司，依公司法的規定，是指以營利為目的，並且依照公司法組織、登記成立的社團法人。因此，要成為公司，必須符合以下三要件：

1. **以營利為目的**：所謂營利，就是以賺錢為目的，所以像一些非營利性質的公益社團就不屬於這裡所稱之「公司」。

2. **須依照我國公司法組織、登記而成立**：公司之成立須符合公司法所規定之要件，也就是必須經過主管機關核准登記並發給公司執照之後始能成立。如果不是依據我國法律組織及登記而成立的公司，就屬於外國公司的範圍，要在我國境內營業時，就必須依我國公司法規定辦理分公司登記或認許等程序。

3. **公司為社團法人**：公司性質上屬於社團法人，因此當然具有法人資格，而可以作為權利義務主體，並享有權利能力，此點與一般正常人無異，也因此須擁有其自己之名稱、國籍、住所以及獨立之財產。

二、公司的住所

　　至於公司的住所，就是公司法律關係的中心地點，舉凡公司對外交易行為、與客戶之交涉，以及公司相關訴訟的管轄都必須以此為基準，因此對於一般公司具有相當的重要性。如果一家公司只有一個辦公地點，則當然以此辦公地點作為公司對外交涉的管道，也因此法律上當然以此登記地點為公司的住所。

　　但是，通常一間公司在成立一段期間之後，常常會有在其他地點開設分公司或辦事處的必要，也因此造成公司究竟以何處為住所的疑問。關於此點，依我國公司法明定，公司的住所仍然以其「本公司」所在地為住所。所謂「本公司」，就是一般俗稱的「總公司」，乃指依法首先設立，以管轄全部組織之總機構。換言之，一家公司不論設立了多少的分公司或辦事處，該公司仍然是以其總公司所在地為其住所所在地，對該公司為任何交易行為或訴訟行為仍然必須向此地點進行，否則可能不生法律上的效力。

三、公司的名稱

　　此外，一般要設立公司，當然必須要選定一個名稱，以作為跟其他公司區別的依據。但是，要如何選定名稱，以及法律上有些什麼限制呢？依我國公司法規定，新公司選擇名稱必須受到以下幾種限制：

1.公司名稱，不得與他公司名稱相同。這是為避免不當競爭者，利用相同的名稱進行營業，導致消費者發生混淆而受

害，因此凡是同類業務的公司，當然不得使用相同或類似的名稱。不過公司法又規定，凡是公司名稱中標明不同業務種類或可資區別之文字者，視為不相同。換言之，只要在名稱中加上可以與原公司區別的文字或標明不同種類，依法就屬可允許之行為，例如「阿各紡織股份有限公司」已經存在，今天有人要成立電子公司，因為經營種類與「阿各紡織股份有限公司」不同，可以使用「阿各」的字眼，但為了能與原來已經存在的公司加以區別，後登記的公司就必須加上可以區別的文字，例如以「阿各電子股份有限公司」來辦理登記方屬合法。

2.**不能使用易於使人誤認其與政府機關、公益團體有關，或有妨害公共秩序或善良風俗之名稱。**例如取「行政院股份有限公司」等情形，由於此時可能會造成大眾誤認的可能產生，因此法律特別明文加以禁止，以避免造成爭議。

四、公司經營的限制

在公司選擇好名稱、住所以及符合法律規定的要件而辦妥登記之後，雖然取得法人資格，而當然享有權利能力，但是公司既然是許多人或財產的組合，為了保障投資人的權益，再加上政府為了管理上的必要性，所以公司法在公司的經營上做了下列的限制：

（一）轉投資的限制

依公司法規定，公司不得為其他公司的無限責任股東，也不得為合夥事業之合夥人。這是因為如果公司成為其他公司的無限

責任股東或合夥人時，因為需要對其他公司的債務負無限清償責任，如此就可能造成轉投資公司發生狀況，也會連帶影響到本公司本身財務狀況與正常運作，因此法律乃加以明文限制。

其次，在投資其他公司成為有限責任股東方面，雖然是法律所允許的行為，但是其投資總額原則上仍然不能超過本公司實收資本的40％，此立法目的乃在於避免公司經營風險增加，助長投機行為，保護公司債權人權益及小股東利益，況現行規範經濟生活秩序之法規未臻健全，故本法對轉投資設有上述限制。但是如果有以下三種情形之一時，則可以不受此處不可超過實收資本40％規定的限制：

1.以投資為專業之公司。

2.公司之章程另有訂定（即規定可超過40％而言）。

3.有以下之情形者（經股東或股東會決議通過可超過40％）：

(1)於無限公司、兩合公司經全體無限責任股東同意。

(2)於有限公司經全體股東同意。

(3)於股份有限公司經代表已發行股份總數三分之二以上股東出席，以出席股東表決權過半數同意之股東會決議通過。

公司負責人違反轉投資限制的規定時，依法需負賠償公司所有損失的責任，以保護其他投資人或股東的權利。

（二）貸放款之限制

這是指公司除了因為公司間或與行號間有業務往來，或是公司間或與行號間有短期融通資金之必要外，不能將公司資金借給

股東或任何人。縱使因為「公司間或與行號間有短期融通資金之必要」而融通資金，融資金額也不得超過貸與企業淨值的40％。此限制主要的立法理由就在於維持公司資本，避免公司資金被不當挪用，以保障股東與債權人之利益。換言之，除了因為業務上交易行為而將資金借給往來公司外，公司資金都不能任意借給任何人，違反時公司負責人除必須與借用人連帶負起返還責任外，還必須對公司因此所受到的損失負起賠償責任。

（三）保證之限制

依公司法規定，公司除依其他法律或公司章程規定得為保證者外，不得為任何保證人。

所謂「保證」，舉凡民法上之保證、票據上之保證，以及提供公司財產為他人設定抵押權之物上保證等情形均包括在內，其目的在於避免公司本身受到其他公司無謂之牽累，導致財務發生問題而影響正常業務營運。

公司擔任保證人之例外情形有兩種，第一種是法律有特別規定者，例如銀行及信託投資公司等依據銀行法的規定可以為保證之行為，所以此時就可以擔任保證人；第二種是當公司章程明文規定可以為保證行為者。

公司負責人違反規定時，其雖以公司名義為保證，但是該保證依法對公司不生效力，仍需由負責人自行負擔保證的責任，如果公司受有損害，該負責人尚需賠償公司因此所受之損害，並且會受到新台幣六萬元以下罰金之刑罰處罰。

生活實例演習

☛ 案例一：

　　張三與友人共同開設阿元股份有限公司，實收資本額新台幣一千萬元，某日李四因公司急需資金挹注，遂找張三幫忙，張三經董事會通過後即以阿元公司的名義投資李四公司新台幣五百萬元。問此項行為是否合法？

✍ 解析：

　　不合法。依照公司法規定，除了以投資為專業之公司，或公司之章程另有訂定，或是經股東或股東會決議通過可超過資本額40％的情形外，任何公司轉投資其他公司都不可以超過實收資本額的40％。本例中阿元公司投資的金額達公司資本的50％，超過法律的規定，所以不合法。

☛ 案例二：

　　王五開設阿各有限公司，某日因股東陳六需要用錢，遂將公司資金借給陳六，並收取利息。問此項行為是否合法？

✍ 解析：

　　依公司法規定，公司除了因為公司間業務交易行為，有融通資金的必要之情形外，不能將公司資金借給股東或任何人，以維護公司資本避免被不當挪用，本例中，陳六的借款並非因為與阿各公司的交易行為而來，純粹係私人需求，並不符合公司法上可以借款的規定，因此本項借款行為並不合法，王五將因此負擔法律上的責任。

第二節 公司的種類

　　依我國公司法的規定，公司可分為五種，即無限公司、有限公司、兩合公司、股份有限公司及外國公司，由於此規定屬於強制規定，以期能確實維持交易的安全，故違反此規定而創設其他種類的公司時，即根本不發生法律上的效力。

一、無限公司

　　所謂「無限公司」，乃是指由兩名以上的股東所組成，而其全體股東對於公司債務需負無限清償責任之公司而言。詳言之，無限公司的股東至少需有兩人，至於最高股東人數則無限制，不過所有無限公司的股東在當公司財產不足以清償公司所負的債務時，公司股東也需以自己的財產來為公司清償債務，不能以該債務係公司所欠而主張免責，此種情形與後述之有限公司情形即有所不同。由於無限公司的股東對公司債務需負無限清償的責任，所以公司的結合主要是以信用作為基礎，因此在公司業務的執行及對外代表權方面，除了章程有特別規定之外，依法所有股東都可單獨執行或對外代表公司。由於無限公司股東以信用為基礎而結合，因此對於股東退股的規定也較為嚴格，一般而言，股東如果在沒有任何原因的情形下要退股，依法必須是該公司並沒有訂立存續期間時，而且必須在六個月前先以書面通知公司，然後在該公司營業年度終了時始能退股，否則依法其退股不生效力；其次原股東退股後，需向地方主管機關辦妥登記始可，因為依法退

股股東對於退股登記前公司的債務，在辦理登記後兩年之內仍須負責，因此如果未辦登記，則其對公司債務的責任將永續存在，實需特別注意。

二、有限公司

所謂「有限公司」，即是指公司股東僅需負繳納自己所認的出資額的義務，其後不論公司對外負債多少，均與股東的私人財產無關，公司債權人也不能再要求公司股東為公司清償債務的一種制度。依公司法規定，要成立有限公司，股東至少一人以上即能成立。關於有限公司業務的執行，係由股東所選任的「董事」來擔任，如果董事不只一人時，可以章程特定一人為董事長，以對外代表公司。至於未被選任為董事的股東，並不能像無限公司的股東有業務執行權，而只能依法執行監察權，有權隨時向董事查詢公司業務情形，查閱財產文件、帳簿以及表冊等，以了解公司營運狀況。至於有限公司的股東要退出公司時，其方式當然是以轉讓出資額的方式為之，但是由於有限公司股東對公司有監察之權，股東的成員對於公司仍具有相當的重要性，因此公司法乃明文規定在一般股東要轉讓出資額的全部或一部時，必須獲得全體股東過半數的同意；至於董事要轉讓出資額的全部或一部時，更需得全體股東的同意，以保障全體股東的權益。

三、兩合公司

此種公司即屬於前述兩種責任的股東組合而成的公司。詳言之，兩合公司就是由一人以上負無限責任的股東，以及一人以上

負有限責任的股東共同組成的公司而言，以適應不同的需求，不過現行實務上並沒有這種公司存在。

四、股份有限公司

　　股份有限公司與有限公司相似，也就是股東對公司債務均僅負有限責任而已，只不過不同點即在股份有限公司的股東係就所認的「股份」負責，詳言之，即股份有限公司的資本額係區分成股份，故股東當然僅需負繳納所認股份金額的責任，其後公司不論發生多少債務，亦均與該股東無關的制度。一般發行股票的即是股份有限公司。依公司法規定，股份有限公司最低股東需有兩人以上始能成立，至於最高則不設任何限制，以促使資本大眾化。不過如果是政府或法人股東時，則僅須一人即可成立。由於股份有限公司股東人數不設最高限額，制度設計上就是能讓更多股東投資以增進資本的募集，因此在制度設計上為免造成困擾，採行企業所有及企業經營完全分離原則，也就是除了公司的經營交由董事會來執行，並由董事會選任董事長一人對外代表公司外，至於監察權的行使，也交由股東會所選任的監察人來擔任，換言之，股份有限公司的股東除了在開股東會時有聽取公司業務經營報告及議決相關議案等權利外，並無如同無限公司股東之經營權，也沒有像有限公司股東之可以隨時查核公司業務經營及相關表冊等權利。不過也正因如此，在股份轉讓上依法股份有限公司的股東，其股東權利的轉讓除法律另有特別規定（例如發起人一年之內不得轉讓等）外，均不能以章程或其他任何方式加以限制，以保障股東退出公司的權利。

五、外國公司

所謂外國公司有廣義和狹義兩種，前者是指所有依外國法律組織登記成立之公司，至於是否經中華民國政府認許，則非所問，一般現在常見報章雜誌上所稱的外國公司就是指這種。後者則是指除了必須依外國法律組織登記成立的公司外，還必須經我國政府認許之公司。由於依我國公司法規定要在台灣進行經常性的營業行為必須先聲請我國政府認許，取得認許證，並且領有分公司執照始可，因此要在我國經常性營業的外國公司必須符合以下之要件：

1.**需以營利為目的**：如果申請我國認許之外國公司非以營利為目的，主管機關（即經濟部）應駁回其申請，不予認許。

2.**外國公司以已依外國法律組織登記為前提**：故外國公司倘使其本國不被視為公司，例如依該國法律根本不准成立，或依該國法律根本不承認其具有公司資格（例如僅具有獨資或合夥之資格等）等，當然不能依我國公司法規定聲請認許；即使是已經向外國政府提出聲請設立登記，只要尚未登記完成，也不能以「外國公司」的名義聲請認許並進行經常性的營業行為。

3.**外國公司須經我國政府認許**：詳言之，要在我國境內營業，必須先向主管機關（即經濟部）提出申請，經審核認可後主管機關（即經濟部）會發給認許證，始成為我國公司法上可經常性營業之合法的「外國公司」。

4.外國公司須在我國境內設立分公司營業：外國公司如果不想在我國境內經常性進行營業行為時，就無認許之問題。因為非在我國境內為經常性營業的外國公司，僅須依公司法規定向中央主管機關（即經濟部）申請備案即可，不用再經過繁複的申請認許之程序。因此只有該外國公司以我國境內為經常性之營業時，方屬我國公司法上規範之外國公司。

外國公司只要符合以上的條件時，依法就取得在我國經常性營業的資格，除了法律有特別規定的情形外，依法外國公司與我國公司都享有相同的權利義務，而可為任何正當合理的商業行為。

生活實例演習

☛ 案例：

張三、李四、王五、曾阿元、廖小奇、莊四通共同集資新台幣三百萬元想開設一家公司。問可以開設何種公司？

✒ 解析：

由於張三、李四、王五、曾阿元、廖小奇、莊四通總共僅有六人，所以依法尚不符合開設股份有限公司最少需有七人之規定，所以只能開設有限公司、無限公司或兩合公司三種公司。

第三節　票據的意義

　　所謂票據，依我國票據法的規定，是指以支付一定之金額為目的，而依據票據法所發行之完全的有價證券。換言之，依照我國票據法上的規定，所有的票據都必須以支付一定的金錢為目的而開立者始能稱為票據，如果不是，例如以車輛一台或是牛一百隻等貨物為目的之證券，都不屬於這裡所稱的票據，而需依其性質適用民法上的指示證券或無記名證券等規定加以處理。

　　其次，票據要開立也必須依據票據法上的相關規定始可。換言之，不論支票、本票或者匯票的開立，其內容都必須依照票據法所規定的應記載事項來作成，亦即其內容必須嚴格遵守票據法所規定的格式，如果對於票據法上所規定的票據應記載事項欠缺其一，除另有規定外，原則上票據就會因此而歸於無效。相反地，如果在票據記載了票據法所未規定之事項，亦不會發生票據法上之效力，例如某甲以支票給付貨款，但是為了怕對方到時候不交付貨物，所以在支票上記載：「如果到期不交付貨物，則支票無效」的字語，由於前述字語並非票據法上所規定的事項，所以根本不發生票據法上的效力，因此就算到期對方貨物沒給，還是可以依照該張支票向甲請求該筆金錢，甲不能以已經在支票上做前述的記載，而主張不用付款。

　　此外，票據還是一種完全的有價證券。所謂「完全的有價證券」是指所有票據權利之發生、行使或移轉都與該票據的存在具有密不可分的關係，換言之，也就是要主張行使該項票據上的權利，就必須依據票據來做主張，否則如果票據一旦不存在，例如

遺失或被偷等等，除非依法取得除權判決，否則就不能再主張其
票據上的權利。

生活實例演習

☛案例：

　　張三向李四購買一批機器設備，開立一張到期日為八十九年
十月一日的支票，但是為了怕李四到期不交付該批機器，所以在
支票上記載：「到期未交付機器時則支票無效」。不料到期時李四
真的沒有全數交付該批機器，此時李四是否可以向張三請求給付
票款？

✐解析：

　　依票據法規定，如果在票據記載了票據法所未規定之事項，
並不會發生票據法上之效力，本例中，張三所記載的前述字語，
並非票據法上所規定的事項，所以根本不發生票據法上的效力，
因此就算到期李四貨物沒給，還是可以依照該張支票向張三請求
該筆金錢，張三不能以已經在支票上做前述的記載，而主張不用
付款。

第四節　票據的種類

一、匯票

匯票可能一般人較少聽過，目前比較多人有印象的只有「郵政匯票」而已。所謂「匯票」，是指由發票人簽發一定之金額，委託付款人於指定的到期日，無條件支付與受款人或執票人的票據。詳言之，匯票就是由發票人開立一定的金額，由自己或委託其他人代為於約定的日期將金錢給付於匯票上所記載的受款人或持有該匯票之人的一種票據。一般而言，要開立「匯票」，必須記載以下內容，否則就會被認定為無效：

1. 表明其為匯票的文字。
2. 一定之金額。
3. 無條件付款的委託。
4. 發票年、月、日。

只要記載了前述事項，該匯票就可以有效成立。不過一般情形下，通常匯票還會記載付款人，也就是發票人以外的人，請其代為付款，但是如果沒有寫時，依法就必須由發票人擔任付款人來負責支付該筆款項。其次，匯票上通常也有所謂的「到期日」，也就是在「發票日」以外數日、數月或數年後的另一日期，其目的就是為了讓付款人能夠有充分的時間來準備金錢，以便於在到期日前將錢準備好來支付該筆款項。不過如果發票人沒有寫到期

日，並不會影響該匯票的效力，只是依法會變成「見票即付」，也就是只要受款人或執票人向付款人提示請求付款時，就有必須付錢的問題發生，此點實需多加注意。

（一）承兌

雖然在匯票上已指明有付款人存在，似乎持票人就有可以請求的對象。不過，由於匯票通常是由發票人片面指定第三人代爲付款，該第三人是否同意並不可知，因此當然不能僅因發票人的指定就規定付款人必須付錢，所以法律上乃設有「承兌」制度。所謂「承兌」，乃是指執票人爲了早日確定付款人是否願意付錢，而將該匯票向付款人提示，請其表示同意付款與否，如果付款人在匯票上簽名承諾時，法律上就稱爲「承兌」，此時付款人就負有到期必須給付款項的義務；如果未經過前述的「承兌」程序時，付款人到期仍然可以不用付款，且不用負擔任何法律上的責任。

（二）背書

所謂「背書」，是指受款人或執票人以讓與票據權利的意思，或其他目的，而記載於票據背面，並簽名於其上的一種行爲而言。雖然匯票的執票人持有匯票，可以等到到期日時，向付款人請求付款，但是往往到期日與拿到匯票的時間會有相當的差距，而持票人可能在此期間內會有資金上的需求，因此爲了資金流通的便利，法律上乃規定持票人可以用背書方式轉讓其票據權利，以便能及早變現。匯票一旦由執票人背書轉讓給被背書人後，被背書人依法就取得該票據上的權利，可以向付款人請求付款，而且付款人不能再以他與被背書人（執票人）之前手（即原來的執票人）之間所存抗辯的事由來對抗現在持有匯票的人，舉例而

言，甲開立匯票給乙，指定丙為付款人，乙把匯票背書轉讓給丁，此時丁向丙請求付款時，丙不能主張他跟乙之間有債務而主張不付錢；但是如果丁取得該張匯票是出於惡意（例如偷來或明知有前述情形時），或是無相當的對價關係（例如乙贈與時）時，則不在此限。

至於「背書」的方式，依法只要受款人或執票人在票據背面簽名就發生效力，不論是否將被背書人的姓名寫於票據上都不會影響該背書的效力。不過要注意的是，如果匯票正面有寫明受款人時，則背面的背書之第一個人必須是該受款人，而且如果有寫明被背書人是何人時，該被背書人也必須在接下來的地方背書始能移轉，否則如果欠缺前述人員的背書時，依法就稱為「背書不連續」，其後拿到票據的人就會因此而無法主張該匯票上的權利。

另外，依票據法規定，只要在票據上背書者，就必須對他的後手負起擔保的責任，換言之，只要在該張匯票到期沒有獲得付款時，執票人就可以向他的前手，也就是在匯票上背書的人，請求償還全部的金額，所以要背書之前還是多加考慮較佳。

（三）請求付款

匯票在到期日屆至時，執票人就可以向票據付款人請求匯票金額的支付，不過正如前述，匯票執票人在請求付款時，必須在形式上證明其票據之背書為連續，如果背書不連續時，則付款人依法可不付款。如果付款人對背書不連續之匯票付款時，付款人就必須自行負擔責任，對發票人等不生法律上的效力。不過付款人只要確實看到該張匯票，並且對該票據之背書是否連續予以認定即可，至於背書簽名是否為真，以及執票人是否票據權利人依法原則上都不負認定的責任。

如果付款人已依票據金額付款時，依法可以要求執票人記載收訖字樣，簽名為證，並且交出匯票，如果沒有要求交出匯票時，因為票據法本來就著重票據的流通及便利性，而且具有不要因性，因此如果付款人對於付款後不收回票據，則日後該票據又流入其他人手中時，此時除有可以抗辯的原因外，新持有人仍然可以向付款人請求付款，而造成許多不必要的困擾。

（四）追索權

正如前述，匯票付款人只要沒有承兌，依法就根本可以不負付款的責任，所以執票人在請求付款時就可能會被拒絕，但是當然有時也有可能是在毫無原因的情形下被拒絕，此時執票人如果要保障自己的權利，就必須要求付款人作成拒絕證書，以作為其曾依法行使票據權利而未達目的之證明，其後始能依法行使追索權。至於「追索權」乃指執票人在未獲得付款或有其他法定原因時，依法得向其前手請求償還票據金額、利息及費用之一種票據上權利，至於追索的對象原則上並無限定，只要是背書在執票人之前的人都可以向其請求；至於被請求人在被請求而給付款項之後，也可以再依追索權的規定向他的前手進行再追索，此種追索情形可以一直持續到追至發票人為止。

二、本票

所謂「本票」，是指發票人簽發一定之金額，於指定之到期日，由發票人自己無條件支付與受款人或執票人之一種票據。此與匯票及後述的支票不同點，即在於匯票有所謂的付款人（通常為發票人以外之第三人）、支票也是委託金融機構來付款，而本票

的付款人則是發票人自己。在今日的工商社會中,由於買賣方式頻繁,而且常常會有遠地買賣或國際交易的問題,因此委託銀行等金融機構代為付款較為便利,也造就今日支票使用率較高的情形。至於本票則是由發票人自身擔任付款人,不能委託第三人代其付款,此為對於發票人本身較為不便之處。

不過,由於本票發票人自己擔任付款人,其法律關係較為明確,所以法律上特別設了一個簡易的求償規定,也就是如果執票人在向發票人提示付款卻未獲得支付時,執票人可以向法院申請本票裁定,然後就可以對本票發票人進行強制執行,而求償本票上的全部金額及利息。換言之,執票人在沒有獲得付款時,不用像其他票據(匯票、支票等)必須依一般訴訟程序進行長時間的訴訟始能求償,只要依非訟事件的方式,向法院申請本票裁定即可,對於追償的速度上均甚為便利,所以也是今日社會上所常見的票據類型。

至於本票的應記載事項,依票據法規定是指以下幾種:

1.表明其為本票的文字。
2.一定之金額。
3.無條件付款的委託。
4.發票年、月、日。

如果欠缺前述的記載事項,依票據法規定該張本票就會當然無效,而造成無法依票據法來進行請求之結果。此外,我國票據法主要是以匯票為中心,主要規定皆是以匯票為對象,因此關於匯票的規定,除了承兌之規定,以及對付款人請求付款改成向發票人請求付款外,原則上在本票都加以準用。

三、支票

支票是一般交易上最常見到的票據。所謂「支票」，是指發票人簽發一定之金額，委託金融業者（即經財政部核准辦理支票存款業務之銀行、信用合作社、農會及漁會等），於見票時無條件支付與受款人或執票人之票據。支票與後述的匯票有些相似，就是都是委託第三人代發票人來支付款項，只是匯票的付款人可以是任何第三人，而支票的付款人則必須限於金融業者而已。通常要開立支票，發票人必須先在經財政部核准辦理支票存款業務之銀行、信用合作社、農會或漁會等金融機構開立支票存款帳戶，簽立支票存款往來約定書，其後始能領取該金融機構所發給的支票。不過支票之開立，並非僅指定金融業者做為付款人就可以，除非與銀行間簽立有透支代墊的契約，否則仍然必須在支票上所記載的發票日之前先行將支票上所記載的金額存入其支票存款帳戶之內，然後由金融機構依據發票人所留存之印鑑加以核對相符後，始由該金融機構加以付款。如果未存入足夠的金錢卻開立支票時，就可能會被以「存款不足」為理由而加以退票，如果退票超過三張以上時就可能被列為「拒絕往來戶」，造成發票人的信用破產的問題，實應多加注意。

至於支票上的應記載事項，依票據法規定有以下幾種：

1.表明其為支票的文字。

2.一定之金額。

3.付款人的商號（例如某某銀行等）。

4.無條件付款的委託。

5.發票年、月、日。

6.付款地。

如果欠缺以上的應記載事項，依法也會造成該張支票無效的情形。至於有關支票之轉讓、背書、付款、追索等，原則上也都準用匯票之規定，不過支票並不準用匯票保證之規定，因此如果在支票背面加上保證之字樣並簽名，依在票據上記載票據法所不規定之事項，不生票據上之效力的規定，此時該項簽名的結果就只能發生背書之效力而已。

此外，在票據法的設計上，支票是屬於支付證券，必須能夠隨時兌現始可，因此支票限於見票即付，只要在發票日之後皆可以向金融機構請求付款，不過要注意支票有以下的提示期間：(1)發票地與付款地在同一省（市）區內時，需在發票日後七日內提示；(2)發票地與付款地不在同一省（市）區內時，需在發票日後十五日內提示；(3)發票地在國外，付款地在國內時，需在發票日後二個月內提示。如果執票人忽略前述規定，而超過時間始行提示支票時，依法就會發生如果被拒絕付款時，對於發票人以外的前手喪失追索權的結果。

（一）保付支票

所謂「保付支票」是指付款人在支票上記載照付或保付或其他同義字樣並且簽名於其上的支票而言。此種支票與一般支票最大的不同點就是付款人此時必須負絕對付款的責任。詳言之，只要一旦付款人在支票上有前述的記載時，依法付款人就必須對執票人負起付款的責任，不能再以任何其他的理由例如存款不足等，來主張自己不用負責。一般說來，執票人在拿到「保付支票」

時，通常都可以向擔任付款人的金融機構取得現金，所以效力當然不是一般支票所能相比，不過需注意一點，在「保付支票」的情形下，因為付款人已負起付款的責任，因此依法發票人及背書人即免去擔保付款責任，此時會發生縱使付款人不付款，執票人也不能再向發票人或背書人追索的情形。

（二）平行線支票

　　所謂「平行線支票」是指在表面上畫有二道平行線的支票而言。在平行線支票的情形下，付款人只能對金融業者支付票據金額。換言之，也就是只有金融業者才能領取該筆支票款。設平行線支票的目的主要是為了防止支票之遺失或被竊時之被人所冒領，以及確實了解支票流向的情形，以利發票人能確實掌握相關狀況。因此，如果執票人要請求付款，就必須將該項支票存入執票人在金融業者所開立的帳戶，委託該金融機構代為收取相關款項，否則就可能會遭到被拒絕的結果。

　　「平行線支票」中還有一種，也就是在平行線支票的平行線中記載特定金融業者的支票，此種一般稱為「特別平行線支票」。此種支票比一般「平行線支票」更進一步地就是付款人只能對平行線內所記載的特定金融業者來付款，例如在平行線中記載中國信託銀行，付款人就只能對中國信託銀行來付款，其他銀行或金融機構都沒有代為受領的權利。在這種情形下，執票人如果想要取款時，就必須在「平行線支票」的平行線中所指明的金融機構開立帳戶，委託該金融機構代為取款，否則也是會有無法領到錢的困難發生。

　　由於「平行線支票」有前述的限制，因此有實際使用上的限制存在，如果要取消這些限制，可以由發票人在「平行線支票」

的平行線內記載照付現款或同義之字樣，並且由發票人於其旁簽名或蓋章，此時就發生撤銷平行線的效果，此時所有由平行線所生之限制即告解除，而不用再受到前述的限制。

生活實例演習

☛ 案例：

　　王五向陳六購買一批機器設備，開立一張金額新台幣五百萬元的支票，受款人為陳六。惟陳六為了怕王五信用不好，所以要求王五另外找了曾博士、廖主任等人在支票背面背書，希望能獲得保障，結果支票在經提示後被依存款不足而退票。問陳六可否向曾博士、廖主任進行追索？

💡 解析：

　　不行。因為依票據法規定，要進行追索必須證明「背書連續」，也就是當支票正面有寫明受款人時，則背面的背書之第一個人必須是該受款人，而且如果有寫明被背書人是何人時，該被背書人也必須在接下來的地方背書始能移轉，否則如果欠缺前述人員的背書時，依法就稱為「背書不連續」。本例中陳六找了不相干的曾博士等人來背書，然而該支票上已有陳六為受款人的記載，依法第一個背書人必須是陳六，然而卻出現其他人，所以該背書行為並非連續，因此依法陳六就無法向曾博士及廖主任主張該支票上的權利。

第五節　保險的意義

　　在早期的社會生活中，常常會發現有許多意外事故的發生，例如失火、遭小偷或意外死亡等，在這些事故發生時往往會造成財產或家庭生活上的損失，以及可能造成家人生活失所依靠的情形，為了解決此種情形，乃有保險制度的產生。

　　所謂保險，就是藉由投保人給付保險費的方式，由保險公司聚集所有投保人的保險費作為資金，在投保人遭受損害或保險事故發生時，將保險金給付與該受益人，以維持其生活的一種制度。此制度的好處在於當個人遭受損害時，其所受損害之危險已轉由保險公司承受，而保險公司則以所收取的保險費來分擔此項責任，等於是將個人的損失移轉由所有投保的社會大眾來分擔，如此可以使個人不致因為一時的事故而遭致嚴重的損失，對於父母死亡之兒童也可以因為有保險的存在而獲得相當的生活及教育資金，對於社會整體生活的維繫具有相當的實益，所以今日世界各國大多推行此類制度。

　　所謂保險，依保險法規定，是指當事人雙方相互約定，一方支付保險費於他方，他方對於因不可預料或不可抗力之事故所致之損害，負擔賠償財物之行為。詳言之，保險就是由要保人為自己或他人之利益，而向保險公司提出申請，經保險公司同意承保、簽訂保險契約，並繳納保險費後發生效力；至於保險公司的責任，則是在保險契約所約定的保險事故發生時，負責賠償基於該保險事故所導致被保險人的損失的一種制度。在保險中主要由要保人、被保險人、受益人及保險公司所共同組成。所謂要保人

就是簽立保險契約並且交付保險費的人；至於被保險人則是以自己的財產或生命、身體或健康作為保險事故對象之人，要保人當然也可以自己作為被保險人；受益人則是於保險事故發生時有領取保險金給付權利的人。以上三種人當然可以是同一人，不過如果是不同人時，依法就必須要有「保險利益」存在，所謂「保險利益」依法是指以下之情形：

1.財產上之保險利益：
　(1)對於財產上擁有現有的利益，或是對於該現有利益所生的期待利益。舉例而言，甲擁有一幅畫的所有權，他對於該幅畫就有保險利益。
　(2)運送人或保管人對於其所運送或保管的貨物有保險利益。
2.對於下列的人員依法有保險利益：
　(1)本人或其家屬。
　(2)給付生活費或教育費之人。
　(3)債務人。
　(4)為本人管理財產或利益之人。

　　有以上的保險利益存在，才可以簽立有效的保險契約。不過如果要保人對於同一保險利益，同一保險事故，於同一保險期間內，與數家保險公司分別訂立數個保險契約時，依法就稱為「複保險」，舉例而言，在同一時間內甲將其所有的房子一棟同時向三家保險公司投保，此就稱為「複保險」。在有複保險情形存在時，要保人應將其他保險公司的名稱及保險金額通知各投保之保險公司，如果要保人故意不通知，或意圖不當得利而為複保險時，其契約就會因此而歸於無效，此時就算保險事故發生，受益人也不

能請求給付保險金，反而會有不利之影響。

除此之外，要保人尚有「據實說明義務」。所謂「據實說明義務」是指要保人於訂立契約時，對於保險人之書面詢問，依法負有照實說明的義務，如果要保人有故意隱匿、過失遺漏或為不實之說明，其結果足以變更或減少保險人對於危險之估計時，保險人可以解除契約。此乃因保險契約具有射倖性，所以對於誠信的要求特別嚴格，以免造成保險公司無端的損失。

不過依法保險公司在知道有解除原因後一個月內必須解除，或是契約在訂立後已經過兩年卻未解除時，其解除權就歸於消滅。關於保險公司的解除權，縱使在保險事故發生後，只要其解除權行使的期限並未超過，保險公司依法仍可以行使其解除權而使契約歸於消滅，此後即不用再負擔賠償責任；不過如果要保人能證明保險事故的發生並不是因為他所說明或未說明的事實時，則保險公司仍須依法負起給付保險金之責任。

生活實例演習

☞ 案例：

曹大操向某保險公司投保新台幣五百萬元之人壽保險，並指定其子曹小丕為受益人。曹大操在投保兩年後因為車禍而死亡，然而保險公司卻主張曹大操在投保時未說明其有高血壓，因此解除契約並拒絕理賠。問曹小丕可否向保險公司請求給付該筆保險金？

☞ 解析：

可以。雖然依保險法規定要保人有「據實說明義務」，也就是對於保險人之書面詢問，依法負有照實說明的義務，如果要保人

有故意隱匿、過失遺漏或為不實之說明，其結果足以變更或減少
保險人對於危險之估計時，保險人可以解除契約。然而，如果能
證明保險事故的發生並不是因為他所未說明的事實時，則保險公
司依法仍須負責。本例中，曹大操雖然未告訴保險公司其有高血
壓之疾病，但是曹大操後來是因為發生車禍而死亡，並非因為高
血壓，所以此時保險公司依法仍須依規定給付曹小丕新台幣五百
萬元之保險金。

第六節　保險的種類

　　保險一般可區分為財產保險及人身保險兩種。財產保險為對
於財物所受損失之危險所成立之保險，可分為火災保險、海上保
險、陸空保險、責任保險、保證保險及其他財產保險等；至於人
身保險則為對人的生命、身體或健康所可能造成損害危險而成立
之保險，可分為人壽保險、健康保險、傷害保險及年金保險四
種。財產保險與人身保險最大的不同點就在於保險標的之不同，
也正由於如此，所以在適用相關規定時就產生一些不同的結果。
除了前述的保險之外，一般還有勞工保險、公務人員保險以及全
民健康保險等，此類保險在性質上都比較接近於人身保險，不過
由於是由政府補助辦理，所以屬於社會保險的範圍，在此就不多
做說明。

一、財產保險

　　財產保險是以在法律上許可，而且具有一定之經濟上的價值之財產為保險標的而成立的保險。在財產保險中，由於財產都有一定的社會評價，而保險的功能則在於填補損害，並非使人獲得利益，因此在財產保險時有所謂的「超額保險」的問題，詳言之，就是如果當事人投保保險的金額超過其保險標的的價值時，依法就稱為超額保險，如果是因為要保人的詐欺而訂立時，保險人可以逕行解除契約而對該標的物完全不用負責；縱使是沒有詐欺情事存在時，依法該保險契約也只有在保險標的價值的範圍內有效，不會使投保人因投保而獲得利益。

　　其次，如果保險事故發生時，被保險人因為該保險事故的發生而對於第三人有損失賠償請求權者，在相同的考慮之下，為免被保險人受有雙重利益，此時保險法明文規定，在保險人給付賠償金額後，保險人可以取得代位權而代位被保險人向該第三人請求。不過如果這應負賠償責任之人是被保險人之家屬或受雇人時，除非損失是因其故意所導致，否則此時保險人不能代位請求，以免造成被保險人之困擾。

(一) 火災保險

　　火災保險，就是約定對於因為火災所導致保險標的財物的損失，由保險人負賠償責任的一種保險。所謂「火災」，依照一般觀念，必須是一種異常之燃燒，而非通常使用時之燃燒情形，如果該火是為一定的目的、於正常使用時在正常使用狀態下的燃燒所生的損失，就不在火災保險的範圍，例如瓦斯爐上的廚具，因為

正常使用而發生燒壞的情形，此時就不在火災保險的範圍之內。在有火災發生的情形下，除了因為火災所直接造成的損失外，如果是因為搶救保險標的物而導致標的物的損失時，例如為搶救屋內的東西或救火而破壞阻撓搶救之門窗、物品時，該損失依法也可以列入保險範圍之內，而可一併向保險人提出請求。

（二）海上保險

　　海上保險是指保險人對於保險標的物，因海上一切事變及災害所生之毀損、滅失及費用負賠償責任的一種保險。詳言之，海上保險主要是以船舶以及船上貨物等來投保，其保障內容就是如果該船舶或貨物因為海上事變（例如颱風等）而造成損失或船隻沉沒時，由保險公司負賠償責任的情形。海上保險比較特別的是其主要規定於海商法之中，惟仍可適用保險法之相關規定。海上保險與一般財產保險比較特別的規定，就是被保險人有「委付」的權利，也就是當保險事故發生時，被保險人可以將保險標的物的所有權利移轉於保險人，而請求支付該保險標的物之全部保險金額，其原因乃是因為海上運送時的相關損失之證明常曠日廢時或甚難證明，為避免造成爭議以及便利投保人之求償，所以特別賦予其得選擇「委付」的權利，以利被保險人資金的調度。

（三）陸空保險

　　陸空保險是指對於陸地運送、內河運送以及航空運送之保險標的物，因為陸上、內河及航空的一切事變及災害所致之毀損、滅失及費用，由保險人負賠償責任的保險。此類保險其保險人的義務與一般保險人並無不同，不過對於航行內河船舶運費及裝載貨物為保險時，由於性質較為不同，所以準用海上保險之規定。

（四）責任保險

責任保險是於被保險人對第三人，依法應負賠償責任，而受賠償之請求時，由保險人負賠償責任的一種保險。此種保險與前述保險最大的不同點就在於前面的保險都是保障被保險人本身財物的損失，但是責任保險則是保障被保險人對於第三人之賠償責任，如現行之汽機車第三人強制責任險便屬於責任保險的一種。由於責任保險是針對被保險人對於第三人賠償責任而來，爲了避免有不當的結果發生，所以保險法乃明文規定保險人有參與的權利，也就是被保險人與該第三人如果自行達成和解或進行賠償行爲，卻未經保險人參與時，保險人可以主張對於該結果不受拘束，而不用負賠償之責；但如果要保人或被保險人已經通知保險人參與，卻被保險人拒絕或藉故拖延，此時其責任在於保險人本身，因此保險人就不能再以未經其參與爲理由而主張不用負責。

（五）保證保險

保證保險，就是於被保險人因爲其受雇人之不誠實行爲，或其債務人之不履行債務而造成的損失，由保險人負賠償責任之保險。在今日社會中，公司老闆可能會遇上員工挪用公款或是債務人欠錢潛逃的情形，而導致資金周轉困難，爲了避免此種窘況發生，就可以投保「保證保險」的方式，將危險移轉與保險公司，而使自己不致因爲一時的問題即遭受無法預期的損失。

（六）其他財產保險

其他財產保險是指不屬於上述各種保險範圍，而以財物或無形利益爲保險標的之各種保險，例如洪水保險、竊盜保險等。此

類保險原則上均準用火災保險的相關規定，僅保險人另外具有標的物之勘察權，以及當要保人及被保險人對於保險標的物未盡約定之保護責任或未盡合理方法保護標的物而造成損失時，保險人可以不用負賠償責任兩點較為不同。

二、人身保險

人身保險是以人的生命、身體及健康為標的而成立之保險。由於人的價值並無法以一定的社會價值來加以評價，因此一般在人身保險中具有「人身無價」的觀念，所以在人身保險中與財產保險不同，也就是沒有所謂「超額保險」規定之適用，換言之，保險公司不能以投保金額過高而主張不用負責。此外，也正因為「人身無價」，所以保險公司在給付保險金之後，就算對於該事故的發生有應負賠償責任之人，保險公司也不能取得代位權，換言之，對於該第三人之請求賠償也只有被保險人或其繼承人才有權提出主張，保險公司對該賠償金依法並不具有任何權利。

（一）人壽保險

人壽保險，就是指以被保險人在契約規定年限之內死亡，或是屆滿契約規定年限而仍生存時，由保險人依照保險契約給付保險金的一種保險制度。人壽保險又可分為兩種，一種是死亡保險，也就是以被保險人在保險期間之內死亡為保險金給付的原因，由於此種制度主要是在保障家人或其他需靠被保險人而生活之人，使其不致因為被保險人死亡而頓失所依，所以一般又稱為保障保險；另一種則是生存保險，就是以被保險人在保險期限屆滿時仍然生存為保險金給付的事由，由於此種保險其所能領回之

金額大多僅相當於所繳保費加計利息的總和，要保人投保時即略帶有強迫儲蓄的性質，所以又稱為儲蓄保險。不過為了達到雙重保障，現今保險實務上也常將死亡保險及生存保險結合。

在投保死亡保險時，如果是由第三人擔任要保人來投保時，由於此時涉及道德風險甚高，所以依法該保險契約必須經過被保險人的書面承認，並且約定保險金額始可，否則該契約不生效力。

（二）健康保險

健康保險，就是以被保險人於契約有效期間之內，因為疾病、分娩或因此所導致殘廢或死亡等情形發生時，由保險人依約給付保險金之保險。此種保險主要是以醫療保障為主，其目的就是為了避免因為一時之疾病而導致無法負擔高額醫藥費之情形，而藉由投保使保險公司負起給付相關費用之責任的保險制度。現在已推行的全民健康保險也是屬於健康保險的一種，不過由於全民健康保險對於住院及診療等情形仍有相當多的規定，所以現行實務上仍有許多人投保健康保險，以期獲得更好的醫療品質。

不過在健康保險必須注意兩點，第一就是在保險契約訂立時，如果被保險人已經在疾病或妊娠情況之中時，對於此項已經存在的疾病或分娩，保險人依法可以不用負責，並不受一般保險契約需先解除契約或行使解除權期限之限制；其次，就是該疾病、殘廢、流產或死亡之產生原因如果是因為被保險人之故意自殺或墮胎所導致時，保險人依法也可以不用給付保險金，其結果即由被保險人自行負責。

（三）傷害保險

傷害保險，就是於被保險人遭受意外而導致傷害，或因此傷害而造成殘廢或死亡之結果時，由保險人負責給付保險金之保險。在傷害保險時，保險公司只負責賠償因為「意外」所造成之傷害、殘廢或死亡之情形，如果不是因為意外，而是被保險人故意自殺，或是因為被保險人犯罪而導致傷害，或是受益人故意傷害被保險人時，由於均非屬「意外」情形，所以保險法明定此時保險人無理賠之義務。

（四）年金保險

年金保險，是指保險人與要保人約定，在被保險人的生存期間或特定期間內，由保險人依照契約規定給付一定之金額或分期給付一定金額給受益人的保險，舉例來說，保險契約約定，在投保有效期間之內，每兩年給付新台幣五萬元給受益人之情形即屬之。年金保險原則上準用人壽保險的相關規定，不過在受益人方面，依法只要被保險人仍然生存時，其受益人只能是該被保險人本人，換言之，如果被保險人生存期間也有年金的給付時，依法該年金只能給被保險人，縱使要保人指定其他人為受益人亦同，此時該所指定的受益人依法當然無效。不過如果該保險契約有約定於被保險人死亡後仍給付年金時，此時始可合法指定受益人，而該受益人也才有收取年金之權利。

第八章
智慧財產法

智慧財產權是當前產業的競爭利器與決勝關鍵，因此建立企業的智慧財產權管理機制，便顯得格外重要；所以首先便是要了解智慧財產權牽涉到的法律範圍為何？而智慧財產權基本上包括：(1)著作權；(2)智慧創作物的保護，例如專利、植物基因新品種、積體電路布局、電腦軟體保護、工業設計、營業秘密等；以及(3)營業上標誌的保護，如商標、服務標章、商號權及防止不正當競爭等規範的權利。

　　智慧財產權的分類：

1.著作權（copyright）：係屬於文學、特殊文字或藝術作品等一經創作完成即依法取得之權利。權利包括：翻譯權、重製權、公開口述權、衍生著作修改及公開展示權等。

　　重要公約：世界智慧財產權組織著作權條約（The WIPO Copyright Treaty）、世界智慧財產權組織表演人及錄音物條約（The WIPO Performers and Phonograms Treaty）、網域名稱對應商標之目錄（Trademark Directory in the Context of Internet Domain）。

2.專利權（patent）：工業財產權之發明及新型、新式樣之創作賦予一種保護的權利。

3.商標權（trademark）：除在工業財產權中，透過表彰商品製造來源，例如積體電路布局、商業機密的保護等的一種揭示方法；另外便是涉及到服務或商業上使用的一種標章。

　　重要公約：巴黎公約（Paris Convention for the Protection of Industrial Properties）、馬德里協定（Madrid Agreement）、專利合作條例（Patent Cooperation Treaty）。

4.營業或工商秘密（trade secret）法。

另外八十七年十二月三十日立法院通過「科學技術發展基本法」；同時分別擬定「行政院國家科學技術發展基金收支保管及運用辦法」、「政府科學技術研究發展成果歸屬及運用辦法」、「政府補助科學技術研究發展採購監督管理辦法」等，將現行國有財產法中規定，政府出資取得之財產為國有財產，其中包括專利、商標及著作等智慧財產權；但為鼓勵研究機構及民間機構擴大參與科技的研發，並顧及公平及效益原則，科技基本法第六條參酌先進國家之立法先例，明定政府補助、委辦或出資所得之科學技術研究發展成果，得將全部或一部歸屬於研究機構或企業所有或授權使用，不受國有財產法限制的特例，如此將有效提升我國之科技研究發展的誘因，實值得現代企業加以注意與關注。

　　至於何謂智慧財產權？簡單的說便是透過人類心智自然發展所產生的一種外在成果，並透過法律賦予創造發明者的一種具有「排他性」的特別權利，本書將在本章及下一章節中為讀者分別說明其中關於專利、商標及著作權法的一些基本概念。

第一節　專利法

　　當我們發明創作出一種新的物品或方法，而這種物品或方法可供產業上直接反覆利用時，法律為了保護正當的權益起見，透過申請、審查，而給予申請人在一定期間專享排除他人未經其同意而製造、販賣、使用或為上述目的而進口該物品之權利，而這個基本的權利就是專利。

　　專利與商標最大的不同點就在，商標比較偏向法律用語本身的認知分野，而專利較為強調理工本身學術的專業領域，因此一

般專利的製圖到產品說明，往往非一般法律人所能理解其中之奧秘，因而如果分別由兩個領域的人去評斷時，往往會形成所謂認知上的謬誤。

一、專利的意義及種類

要想使現代科學技術不斷的向前邁進，就必須研究發展。而從事研究或實驗，則需要投入大量的人力、物力、時間及金錢。如果研發出來的成果，不能夠受到法律的保護，還有誰肯投資於研究實驗呢？而此就是專利制度設計的由來。

而依專利法第五條之規定：「稱專利申請權，係指得依本法申請專利之權利。而稱專利申請權人，除依專利本法另有規定或契約另有訂定外，係指發明人、創作人或其受讓人或繼承人。」

（一）發明專利

新發明而具有產業上（工業上）利用的價值，而無不合實用或無尚未達到產業上實施之階段者，亦即無專利法第二十二條所規定之情事者，得申請發明專利。

（二）新型專利

凡對於物品之形狀構造或裝置首先創作合於實用者，而無專利法第九十六條、第九十七條所規定之情事者，得申請新型專利。

（三）新式樣專利

對於物品之形狀、花紋或色彩，首先創作適於美感者，而無專利法第一百十條、第一百十一條所規定之情事者，得申請新式

樣專利。

二、專利的申請、審查與實施

（一）新發明的申請

必須無下列情事之一方可申請：

1.申請前已見於刊物或已公開使用，他人可能仿效者。但因研究、實驗而發表或使用，於發表或使用之日起六個月內申請專利者，不在此限。
2.有相同之發明或新型核准專利在先者。
3.申請前已陳列於展覽會者，但經陳列於政府主辦或政府認可之展覽會，於開會之日起，逾六個月尚未申請專利者。
4.申請專利前，大量製造，而非從事實驗者。
5.運用申請前之習用技術、知識顯而易知未能增進功效者。
6.申請生物材料或利用生物材料之發明專利，申請人最遲應於申請日將該生物材料寄存於專利專責機關指定之國內寄存機構，並於申請書上載明寄存機構、寄存日期及寄存號碼。

𝄞 申請辦法

凡新發明具有產業上利用價值而無專利法第二十二條所規定之情事者，得申請發明專利。

𝄞 應備文件

1.申請書一份（須以智慧財產局公告使用之表格或二維表單

繕打）。

2.宣誓書一份（發明人未簽章者文件不齊備）。

3.說明書、申請專利範圍（得先送原文，未附申請專利範圍者文件不齊備）及必要圖式（無圖式者免送）各一式二份（以上書表逕向智慧財產局合作社洽購或二維表單繕打）。

4.申請權證明書一份（發明人與申請人非同一人者，發明人未簽章者文件不齊備）。

5.代理人委任書一份（委任專利代理人代為申請者始須檢附）。

6.國籍證明書或法人證明文件一份（外國人申請者，專利專責機關於必要時得通知限期檢送）。

7.國民身分證及營利事業登記證影本（本國人申請者，專利專責機關於必要時得通知限期檢送）。

8.原文說明書同式二份（說明書原本係外國文者）。

9.樣品或模型（可暫免送，有需要時通知補送），另外主張優先權之證明文件正本及首頁影本各一份，首頁中譯文二份、微生物寄存機構之寄存證明文件或易於獲得之證明文件正本及影本一份、本案有關國防機密之證明文件正本一份、專利法施行細則第十三、十八條規定之證明文件等。

10.申請規費新台幣三千五百元整、發明申請實體審查規費新台幣八千元整。

⚟ 申請手續

1.申請專利，由發明人或其受讓人或繼承人填妥前項應備文件，親送智慧財產局專利收文櫃台收辦或逕以掛號郵寄智慧財產局辦理。

2.申請書、宣誓書、詳細說明及圖式等應依智慧財產局所訂

之格式繪製，詳細說明書應載明下列事項：

(1)發明名稱。

(2)發明人姓名、國籍、住居所。

(3)申請人姓名、國籍、住居所。如為法人，其名稱、事務所及其代表人姓名。

(4)主張優先權之各第一次申請專利之國家或地區、案號及申請年、月、日。

(5)發明之摘要。

(6)發明之說明，包括圖式簡單說明及申請專利範圍。

(7)其中圖式應參照工業製圖方法以墨線繪製，並註明符號，圖式說明應於說明書內記載，圖式上不得有文字敘述。照片應列為附件，不得做為圖式。

(8)申請人二人以上時，應指定其中一人為應受送達人，以利文件送達，如未指定者，以第一順序申請人為應受送達人。

（二）新型專利的申請

凡對於物品之形狀、構造或裝置首先創作合於實用者為新型專利。

下列物品不予新型專利：

1.新型之使用違反法律者。

2.妨害公共秩序善良風俗或衛生者。

3.相同或近似於黨旗、國旗、軍旗、國徽、勳章之形狀者。

♀ 申請辦法

凡對於物品之形狀、構造或裝置首先創作合於實用而無專利

法第九十六、第九十七條所規定之情事者，得申請新型專利。

🔑 **應備文件**

同新發明的申請。

🔑 **申請手續**

同新發明的申請。

（三）新式樣專利的申請

對於物品之形狀、花紋或色彩，首先創作適於美感者為新式樣專利者。

新式樣，謂無下列情事之一者：

1. 申請前有相同或近似新式樣，已見於刊物或已公開使用者。
2. 有相同或近似之新型或新式樣，核准專利在先者。
3. 近似之新式樣屬同一人者，為聯合新式樣，不受第二項之限制。

🔑 **申請辦法**

凡對於物品之形狀、花紋、色彩首先創作適於美感而無專利法第一百十條、第一百十一條所規定之情事者，得申請新式樣專利。

🔑 **應備文件**

同新發明的申請。

🔑 **申請手續**

同新發明的申請，而申請專利範圍則包括圖面說明、圖面（得以照片代之）及圖卡。

三、專利的保護

依據專利法規的規定，保護發明創作及產業技術的權利，是設計專利制度的最終目標，而實施這種保護的前提要件，必須以專利權合法存在。因此如果從申請人的立場來說，把新發明的產業技術內容，透過申請專利的程序，向社會大眾公開宣示其存在的權利，因為專利的本質在鼓勵申請人公開技術，相對的由政府給予申請人法律上的排他性權利，對該技術要在說明書內記載清楚，經刊登專利公報後，任何人可就其技術繼續研究，改良創新，而使社會公眾均能因此而獲益；簡單的說就是為了獲得法律上的基本保障。

然而在一般人的主觀印象中，或許認為只有在受到侵害，並透過訴訟程序而經由法官判處侵害專利人的徒刑時，或者賠償專利權人所受到的損失時，才會認為是受到專利法的保護，其實這種看法過於褊狹。

正確的說法應從廣義的保護觀點來看，當一件新的發明創作，從一開始申請專利遞件的那天開始，就已經受到了法律的基本保護。因為專利法第二十條第二項及第九十五條：「有相同之發明或新型申請在先並經核准專利者」；另第一百十條：「有相同或近似之新式樣申請在先並經核准專利者」的情形下，任何第三人都不能再申請專利。

專利法第二十七條：「申請人就相同發明在世界貿易組織會員或與中華民國相互承認優先權之外國第一次依法申請專利，並於第一次申請專利之日起十二個月內，向中華民國申請專利者，得主張優先權。依前項規定，申請人於一申請案中主張二項以上

優先權時，其優先權期間之起算日為最早之優先權日之次日。」

可見只要專利發明者一向主管機關提出申請，往後的相同的發明創作就不能再得到專利，這些都是對於申請在先的一種專利獨享權的保護措施。

所以專利權人等到核准專利權以後，依據專利法第五十一條第二項、一百零一條第二項、一百十三條第三項的規定，便可享有發明專利權期限二十年、新型專利權期限十年、新式樣專利權及聯合新式樣專利權的期限同樣是十二年，而這些都是從申請日起算。

雖然上述各條的第二項規定：「自公告之日起，給予發明（新型、新式樣）專利權並發證書」，和第三項規定的專利權期限自申請日起算，互相矛盾，但是一項發明創作，從申請專利那天開始，就已經受到了法律的保護的這句話，依照法條的說法是「經審定公告後暫准發生專利權之效力」；應該是沒有錯。

如果因為主管機關的疏失，核准了申請在後的發明（新型、新式樣）專利，權利人就可以依法提起第五十四條之舉發。如果是非專利申請權人申請獲准了專利，那麼專利申請權人也可以依法提起異議或舉發。異議或舉發成立的結果，不論是撤銷不合法的專利，或是核准申請權人專利，都是對於合法專利權的保護。

以上所說的，凡是提出申請並獲准的各項發明創作的專利權，都能夠完整地受到現行法律的保護，而這些保護是由主管專利事務的機關來執行；我們不妨把它叫做行政上的保護。

至於個別專利權受到不法侵害的時候，專利權人可以依法請求排除、防止、賠償及對侵害者予以處罰，而這些則是需要交由司法或警察機關來執行，我們稱它為司法上的保護。

☛ 案例：

　　張發擁有一帖祖傳秘方，根據其自行試驗結果，頗具有療效，因此他想到利用專利的申請，來保護該帖秘方不被他人侵害，試問其是否可以據此申請，並因此而受到保護呢？

🖋 解析：

　　依據智慧財產局的解釋：一般中藥均為混合物，其中所含化學成分不詳，何者為有效成分亦無法明瞭，因此若僅以中藥材表示其成分而欲申請專利，則該等藥材常因產地、季節不同而致成分不同，藥效亦會有所差異，實難符合專利的要件。除非張發能透過實驗分析，而以化學名稱來表示其成分，組成比例明確，並有明確之藥理實驗數據證實其功效，如此才能符合新穎進步性之專利要件，將此祖傳秘方申請而獲得專利。

第二節　商標法

　　一般商標的申請規費雖然不高，但因不同產品類別如欲同時為數宗案件申請時，亦往往會讓部分決策者游移於註冊與否的考量邊緣；加上一旦遇到景氣低迷之際，企業此時不妨換個思考模式，而試著考慮以主商標（house-mark，一般多為公司名稱的特取部分；例如國泰人壽的國泰兩字即為特取部分）、model-name等做為行銷主軸；一方面可以減少申請費（因為按件收費），另一方面更可以降低涉訟風險；二者將能達到相輔，可收共同廣告（公

司名稱加上商標名稱）之效。

另外關於歐盟商標局申請商標註冊，即可在歐盟十五國享受同等之保護，但因有台商向葡萄牙政府申請被拒，此舉未來將會引發相互間對「商標優先權互惠協議」適用的疑義，其後續發展頗值得企業公關的注意，所以此點在國際上的商標登記務必加以調查清楚，以免自身權益受損。

一、商標的意義與種類

（一）商標的意義

✎ 商標的意義

簡單的說便是識別或表彰商品生產、製造、加工、揀選、批售或經紀之商品或服務之品質，而利用本身設計的文字、形狀、圖樣或聯合式組成的一種專用的圖樣，用以直接明顯地表示商品或服務來源的一種標記。

✎ 標章的意義

凡非表彰商品，而係表彰自己在營業上所「提供之勞務」，欲專用標章，應檢附已登記之營業範圍證明，依商標法第七十二條準用本法之規定申請註冊。

（二）商標的種類

而商標的種類，依現行商標法的規定，正確的說法應該可區分為商標（商標指以文字、圖形、記號、顏色、聲音、立體形狀或其聯合式所組成的任何標識，用於競爭市場以表彰商品或服務來源。商標權利若非權利人拋棄或已成為市場業界所通用名稱或

標章而喪失識別性外,可一再延展使用其權利)及標章兩大類:

♀ 商標類

　　註冊商標取得法律上得排除及授權他人使用的權利,除傳統上商品或其包裝、容器平面上所標示的一般性商標外,另有以下三種類型:

1. **立體商標**:指凡以三度空間所形成的立體形狀,能使購買者藉以區別不同商品或服務來源的標識;例如商品形狀或其包裝、容器形狀已達可區辨商品來源的識別功能者,即可註冊為立體商標。

2. **顏色商標**:指單純以顏色作為商標申請註冊,而將顏色施於整個/部分商品、容器上或所提供服務的營業處所等,且該顏色本身已足資表彰商品或服務來源者而言,不包括以文字、圖形或記號與顏色的聯合式商標,即可註冊為顏色商標。

3. **聲音商標**:係指足以使相關消費者區別商品或服務來源的聲音;例如具識別性之簡短的廣告歌曲、旋律、人說話的聲音、鐘聲、鈴聲或動物叫聲等,即可註冊為聲音商標。

♀ 標章類

1. **團體標章**:凡具有法人資格之公會、協會或其他團體為表彰其組織或會籍,欲專用標章者,例如獅子會、扶輪社、中小企業協會及政黨等。

2. **證明標章**:凡以標章證明他人商品或服務之特性、品質、精密度、產地或其他事項,欲專用其標章者,例如肉品GMP標章、UL電器安全、ST玩具安全標誌即是。

3.團體商標：凡具法人資格之公會、協會或其他團體，欲表彰該團體之成員所提供之商品或服務，並得藉以與他人所提供之商品或服務相區別，欲專用標章者。

二、商標的註冊申請、審查與評定

（一）商標註冊的要件

依智慧財產局的劃分，商標註冊基本上可區分為積極及消極兩項要件，茲臚列如下：

ℓ積極要件

依商標法第五條的規定：「商標得以文字、圖形、記號、顏色、聲音、立體形狀組合或其聯合式，應足以使一般商品購買人認識其為表彰商品之標誌，並得藉以與他人之商品相區別。不符前項規定之圖樣，如經申請人使用且在交易上已成為申請人營業上商品之識別標識者，視為已符合前項規定。」

因商標乃表彰商品來源的一種標誌，應具有明確的識別性，倘若在交易上，無法藉此與他人之商品或服務予以區別或分辨清楚，則有失商標之識別作用。故商標必須具有識別性，始得依法申請註冊。

商標不具識別性之說明：

1.書籍名稱，指定使用於書籍商品。
2.電玩遊戲名稱，指定使用於電子遊樂器或錄有遊戲程式之卡帶、磁片、光碟片、電路板等商品。
3.電影片、電視節目、廣播節目、歌曲等之名稱，指定使用

於電影片、錄影帶、影碟片、錄音帶、光碟片等商品。

4.但前列例示一至三項的商品，如其每期、每片、每集的內容不同者，則具有識別性。

消極要件

依商標法第三十條：「下列情形，不受他人商標權之效力所拘束：一、凡以善意且合理使用之方法，表示自己之姓名、名稱或其商品或服務之名稱、形狀、品質、功用、產地或其他有關商品或服務本身之說明，非作爲商標使用者。二、商品或包裝之立體形狀，係爲發揮其功能性所必要者。三、在他人商標註冊申請日前，善意使用相同或近似之商標於同一或類似之商品或服務者。但以原使用之商品或服務爲限；商標權人並得要求其附加適當之區別標示。

附有註冊商標之商品，由商標權人或經其同意之人於市場上交易流通，或經有關機關依法拍賣或處置者，商標權人不得就該商品主張商標權。但爲防止商品變質、受損或有其他正當事由者，不在此限。」

同時依商標法第二十三條規定：「商標有下列情形之一者，不得註冊：

一、不符合第五條規定者。

二、表示商品或服務之形狀、品質、功用或其他說明者。

三、所指定商品或服務之通用標章或名稱者。

四、商品或包裝之立體形狀，係爲發揮其功能性所必要者。

五、相同或近似於中華民國國旗、國徽、國璽、軍旗、軍徽、印信、勳章或外國國旗者。

六、相同於國父或國家元首之肖像或姓名者。

七、相同或近似於中華民國政府機關或展覽性質集會之標章或所發給之褒獎牌狀者。

八、相同或近似於國際性著名組織或國內外著名機構之名稱、徽記、徽章或標章者。

九、相同或近似於正字標記或其他國內外同性質驗證標記者。

十、妨害公共秩序或善良風俗者。

十一、使公眾誤認誤信其商品或服務之性質、品質或產地之虞者。

十二、相同或近似於他人著名商標或標章,有致相關公眾混淆誤認之虞,或有減損著名商標或標章之識別性或信譽之虞者。但得該商標或標章之所有人同意申請註冊者,不在此限。

十三、相同或近似於他人同一或類似商品或服務之註冊商標或申請在先之商標,有致相關消費者混淆誤認之虞者。但經該註冊商標或申請在先之商標所有人同意申請者,除二者之商標及指定使用之商品或服務均相同外,不在此限。

十四、相同或近似於他人先使用於同一或類似商品或服務之商標,而申請人因與該他人間具有契約、地緣、業務往來或其他關係,知悉他人商標存在者。但得該他人同意申請註冊者,不在此限。

十五、有他人之肖像或著名之姓名、藝名、筆名、字號者。但得其同意申請註冊者,不在此限。

十六、有著名之法人、商號或其他團體之名稱,有致相關公眾混淆誤認之虞者。

十七、商標侵害他人之著作權、專利權或其他權利,經判決

確定者。但得該他人同意申請註冊者，不在此限。

十八、相同或近似於我國或與我國有相互承認保護商標之國
　　　家或地區之酒類地理標示，而指定使用於酒類商品
　　　者。」

（二）商標及標章的申請註冊

♀ 商標專用權申請案的註冊申請

1.申請辦法：舉凡因表彰自己所生產、製造、加工、揀選、
批售或經紀之「商品」，欲專用商標者，應檢附已登記之營
業範圍證明，依商標法有關規定申請註冊（審查期間自送
件日起四個半月）。但違反商標應特別顯著性，而有以下情
形者，須注意易遭駁回：

(1)單純一色。

(2)未經組合之數字、標語。

(3)過於複雜之文字圖形。

(4)描述性文字。

(5)國家地理名稱。

(6)工商企業組織名稱。

(7)著名電影名稱。

(8)學術專有名詞。

2.應備文件：

(1)申請書一全份（逕向智慧財產局三樓書表室價購，或劃
撥郵政第〇一〇七〇二七～二號帳戶即寄）。

(2)規費：申請正商標或聯合商標註冊，每件新台幣四千元
整，申請防護商標註冊每件新台幣三千元整，可以即期

之銀行支票、本票或郵政劃撥方式繳付，受款人請書明「經濟部智慧財產局」第○○一二八一七～七帳號。指定使用之商品爲第一類至第三十四類者、同類中二十種以下商品，每類三千元；同類中二十一種～六十種以下商品，每類五千元；六十種以上商品，每類九千元。

(3)商標圖樣五張（應用堅韌光潔之紙料爲之，其長及寬均不得超過五公分，如商標圖樣爲彩色，應另檢附黑白圖樣三張）。圖樣上若有外文，則須以其三倍大以上之中文標明清楚。

(4)申請人應檢具之證明文件及營業範圍證明：

A.本國法人及本國人：以具結書爲之，請於具結書簽章（但亦得檢送工廠登記證或公司執照影本代之）。

B.外國法人及外國人：檢送指定商品之證明文件（如宣誓書、商品型錄等）。

附註：申請人爲本國商且設有代理人者，應另檢附委任書一份。

(5)其他文件：如商品名稱說明資料或本件爲聯合商標或防護商標申請書者，應檢附正商標之註冊證正反面影印本一份。

(6)申請人身分證明文件：主管機關認爲有必要時，得通知申請人檢附身分證明或法人證明文件。

3.營業範圍證明，請檢附下列證件：

(1)外國商：

A.載明經營指定商品之法人或國籍證明（須經駐外機構簽證或當地法院認證）。

B.聲明經營指定商品之宣誓書（須經公證）。

C.在主要國家或其本國註冊於申請註冊商標所指定商品之註冊證影本。

D.報章雜誌廣告（國內外）指定商品之資料或商品型錄正本等。

E.經公證之公司章程或其本國主管機關發給之商業登記證明。

F.子公司或被控股公司經營指定商品時，可檢附其經營指定商品之前述A至E證明及該公司為其控股或子公司之證明（須經簽證或認證）。

G.申請人公司名稱即可明瞭經營指定商品者，免附營業範圍證明。

(2)本國商（包括公司、行號或工廠）：

A.公司執照、營利事業登記證或工廠登記證，擇一檢送。

B.前項營業證明所載經營事業範圍未具體明確者，請檢送經營指定商品之銷貨憑證、廣告或型錄等。

(3)個人：

A.繳納營業稅之證明及經營指定商品之銷貨憑證、廣告或型錄等。

B.村、里長或警政機關證明及經營指定之商品之進貨銷貨憑證、帳簿、廣告或型錄。

三、商標的保護

商標法第一章第一條即規定保障商標專用權及消費者的利益。而第五章的名稱更直接稱之為「保護」。可是到底要怎麼做，

才算做到對商標專用權的保障和保護呢？

　　首先談到商標必須談到商標之使用，係指為行銷之目的，將商標用於商品或其包裝、容器、標帖、說明書、價目表或其他類似物件上，而持有、陳列或散布者而言，又商標專用權人使用商標於「商品」上，不僅指有體物之商品，即使用於電腦程式之商品上，亦屬之；其次商標權（包括商標與標章）和別的權利不同的地方，便是在創作了一個商標或標章以後，並不是當然的就能享受到法律的直接保護，而是必須要先經過一道申請和註冊的手續，在依法完成註冊之後，才算是取得商標或標章之專用權利，亦即商標保護的要件為註冊主義（先註冊者受保護）及屬地原則（僅於註冊國受保護；欲於他國受保護，應於他國另行申請註冊）。

　　因為我國現行的商標制度採行的是先申請主義，所以，事實上從提出申請註冊的時候開始，就已經受到法律的保護了，依商標法第三十六條的規定：「移轉商標權之結果，有二以上之商標權人使用相同商標於類似之商品或服務，或使用近似商標於同一或類似之商品或服務，而有致相關消費者混淆誤認之虞者，各商標權人使用時應附加適當區別標示。」在註冊以後，凡是和這個註冊商標相同或近似的圖樣，均無法再使用在同一商品或者類似的商品上，當然也就不能再申請註冊了！

　　換句話說，如果商標具有相當知名度的話，那麼，凡是使用與該商標圖樣，或和它相同或者近似，則不管是不是用在類似的商品，都不准他人註冊；如此對於商標註冊人來說，這些規定和措施，便是在完整地保護他的商標專用權。

　　既然商標從提出申請註冊的時候開始，就已經受到法律的保護，為什麼有些人卻在控告別人侵害商標權的訴訟敗訴以後，才

大嘆商標權沒有受到保護呢？這都是因為一般人缺乏保護商標權的觀念，而與專利權保護一樣，偏重在司法訴訟上的保護。

而這裡所說的「一般人」想法，事實上連立法機關，也同樣有這樣的想法。這點可從商標法第五章有關侵害商標權的民、刑事責任的規定，名稱就叫做「保護」，而具體表露無遺。

而依法律保護的規範可區分為民事不分及刑事部分。

（一）民事部分

1.損害賠償請求權。

2.排除侵害請求權。

3.防止侵害之虞請求權。

4.銷毀請求權。

（二）刑事部分

1.仿冒行為：未得商標權人或團體商標權人同意，有下列情形之一者，處三年以下有期徒刑、拘役或科或併科新台幣二十萬元以下罰金：

(1)於同一商品或服務，使用相同之註冊商標或團體商標者。

(2)於類似之商品或服務，使用相同之註冊商標或團體商標，有致相關消費者混淆誤認之虞者。

(3)於同一或類似之商品或服務，使用近似於其註冊商標或團體商標之商標，有致相關消費者混淆誤認之虞者。

2.明知為仿冒品而販售或輸出入：得處一年以下有期徒刑、拘役或科或併科新台幣五萬元以下罰金。

3.仿冒品不問屬於犯人與否均沒收之。

四、相同商號、名稱不可擅自運用

　　有相同的商標、商號或公司，不可以再使用相同或類似的名稱，舉例來講：高雄市有一家著名的「榮根香素食餐館」，已有數十年歷史，但始終未辦理商標專用登記，幾年前，台中市有一家「榮根香牛肉麵館」，一設立就辦妥商標專用權，而且立刻控告高雄市的「榮根香」違反商標法，這件官司雖引發商界和法界的重視，一致認為「牛肉」和「素食」根本有如「陽關道」和「獨木橋」，各走各的，但法院審理結果，「榮根香素食館」負責人被判刑，還要賠錢，現在也被迫改名為「榮根素食館」。

　　由此可見，商標法是盲目的規範，它規範的主體是「商標」本身，因此其只看誰先辦妥登記，便先取得註冊權；所以經常會有公司行號無端惹禍上身而不自知。

　　但法律規定如此，卻又無可奈何；而公司是依商業登記法之規定作業辦理公司登記，其規範的主體是公司，這與商標法規範的商標權，原本該是井水不犯河水；然而如今，當兩者發生競爭局面時，卻造成商標法與商業登記法的衝突，不再只是不相干的兩件事。

五、商標的利害關係人

　　依據商標法利害關係人認定要點第二點，所謂商標利害關係人包括以下十類供參酌：

　　1.因所爭執之商標涉訟之雙方訴訟當事人。

2.與所爭執之商標相關之其他商標爭議案當事人。

3.經營所爭執之商標指定使用之同一或類似商品之競爭同業。

4.主張其商標或標章與所爭執之商標相同或近似且爲先使用之人,及其受讓人、授權使用人或代理商。

5.主張其註冊商標或標章與所爭執之商標相同或近似之專用權人,及其授權使用人、代理商。

6.主張其姓名或名稱與所爭執之商標相同或近似之個人、商號、法人或其他團體。

7.爭執商標之申請註冊,係違反專用權人與他人之契約約定者,該契約之相對人。

8.商標主管機關以所爭執之商標爲據,駁回其申請商標註冊案之申請人。

9.主張其商標與所爭執之商標相同或近似,指定使用於同一或類似商品。

10.尚繫屬於申請中之商標註冊申請人。

以及其他主張因所爭執之商標之註冊,而其權利或利益受影響之人。

生活實例演習

☞案例:

有關商標法第六十二條第一款:「於同一商品或類似商品,使用相同或近似於他人註冊商標之圖樣者」:是否包括間接仿冒的情形?例如:

1.如某甲仿冒日本某產品的「A商標」後,而取得國內之註冊登

記，而此時乙亦仿冒前開日本某產品的「A商標」，遂發生與甲前面申請之商標發生近似，此時甲若控告乙使用近似商標，是否有「間接仿冒商標」的問題發生呢？

2.若「子商標」係經甲公司註冊登記，乙公司仿冒甲公司的「子商標」註冊登記為「丑商標」（近似子商標），丙公司再仿冒乙公司的「丑商標」，此時甲公司欲告丙公司仿冒商標，是否也有「間接仿冒商標」的問題發生呢？

✎解析：

　　商標專用權的效力係採「註冊登記主義」，此與著作權所保護係著作的原創性係不同的法律概念，因此商標侵害並非只局限在直接，即使間接2.亦被包括在內，所以為貫徹我國商標權的效力，某甲或甲公司既合法取得我國商標專用權，則乙或乙公司、丙公司在未經甲公司同意的情況下，自不可擅自對外任意販賣使用此有相同或近似某甲或甲公司商標的商品。

　　至於前開1.中日本的「A商標」，依現行商標法第三條的規定：「外國人所屬之國家，與中華民國如無互相保護商標之條約或協定，或依其本國法令對中華民國人民申請商標註冊不予受理者，其商標註冊之申請，得不予受理。」另同法第四條規定：「申請人在與中華民國有相互保護商標條約、協定或相互承認優先權之國家，依法申請註冊之商標，於首次申請日翌日起六個月內向中華民國申請註冊者，得主張優先權。依前項規定主張優先權者，應於申請註冊同時提出聲明並於申請書中載明在外國之申請日、申請案號數及受理該申請之國家。申請人應於申請之日起三個月內檢送經該國政府證明受理之申請文件；未於申請時提出聲明或逾期未檢送證明文件者，喪失優先權。」

著作權法的一般概念

著作依著作權法第五條之規定，係指語文、音樂、戲劇、舞蹈、美術、攝影、圖形、視聽、錄音、建築、電腦程式著作等十種例示之著作物而言。而著作權（copyright）係屬於文學、特殊文字或藝術等前開作品，一經創作完成，即依法取得之權利；而此一權利包括：翻譯權、重製權、公開口述權、公開傳輸、公開演出、衍生著作修改及公開展示、上映、發表、播送權等。

就像台大學生舉辦A片影展，如公開播放未經新聞局審核通過之影片，則涉及刑法妨害風化及廣電法規，然若播放已經許可之三級片時，則必須注意後述之公開上映之定義亦屬著作權法保護之範疇，前者非告訴乃論；後者為告訴乃論。這時便可以明白法律在社會生活中的重要性，不是嗎！

另外為了加入WTO，必須符合伯恩公約，對原不受外國人保護的著作，給予回溯五十年的保護，也就是說從加入WTO那天起往前算五十年內完成的作品，都可依照著作權法取得著作權，而給予保護。

同時為了要讓本國人也有相同的待遇，而不是獨獨優待外國人，所以新法特別規定，一旦加入WTO，對於本國人及外國人著作的保護，都溯及既往五十年給予保護，但溯及既往的部分，不包含已經成為公共財產的部分，也就是以前曾經取得保護的著作，著作權保護期間已經屆滿成為公共財產，就不能再回溯取得保護了。

由於回溯保護會讓很多原來沒有著作權的老歌、老電影片、老照片取得著作權，對廣播電視業者的影響相當大，所以著作權法也特別規定了過渡條款，在回溯保護之前，已著手預備利用、還沒有利用或已經為了利用作重大投資，可在著作取得保護的兩年內繼續利用，不會發生違反著作權法的民、刑事責任問題。

另外著作權法第九條規定：「下列各款不得為著作權之標的：一、憲法、法律、命令或公文（而此處所稱公文，包括公務員於職務上草擬之文告、講稿、新聞稿及其他文書）。二、中央或地方機關就前款著作作成之翻譯物或編輯物。三、標語及通用之符號、名詞、公式、數表、表格、簿冊或時曆。四、單純為傳達事實之新聞報導所作成之語文著作。五、依法令舉行之各類考試試題及其備用試題。」

第一節　著作的功用

依著作權法第三條之定義：(1)著作：指屬於文學、科學、藝術或其他學術範圍之創作；(2)著作人：則指創作著作之人；(3)著作權：指因著作完成所生之著作人格權及著作財產權。

如果為報導、評論、教學、研究或其他正當目的之必要，在合理範圍內，依著作權法第五十二條規定得引用已公開發表之著作，而依「著書」在性質上，應合於其他正當目的；但仍應注意依著作權法第六十四條，明示著作權人姓名或名稱及其出處，且節錄他人著作只要註明出處，亦屬合理使用之範圍；除不具名著作或著作人不明者外，應以合理之方式為之。

至於最近新聞所熱炒的博、碩士論文，應由取得博、碩士學位者自行創作，故其著作人應是該取得學位者；如指導教授僅居於指導地位，而不是參與創作，此時指導教授即不能自行對外公開發表！

然而當現行法律將著作登記作業廢除後，著作權的保護便相對加重於著作人本身的自覺，同時因法律講求證據，因此如何因

應著作物的舉證來保護自身的權益，便相對的格外重要起來。同時著作權法第一百十七條亦規定，該法第一百零六條之一至第一百零六條之三規定，應自世界貿易組織協定在中華民國管轄區域內生效日起施行的注意規定，此點必須加以釐清，以免誤蹈法律隱形的危機。

一、著作財產權與著作人格權在法律上的劃分

或許有很多人無法區別，而事實上只要將兩者運用一點思考的模式即可獲得答案，著作財產權如以人代表，則著作人格權便是影子，兩者就如影隨形一般，因此之故，凡是因著作所衍生的權利均在法律上賦予特殊的人格予以保障之。

(一) 著作財產權

著作財產權即對著作物所享有之財產價值之權利，所以著作財產權得全部或部分讓與他人或與他人共有、授權他人利用，或以著作財產權為質權之標的物，而其權利範圍包括自行錄音、錄影或攝影重製權、公開口述權、公開播送權、公開上映權、公開演出權、公開展示權、著作人之改作衍生或編輯著作權，以及出租著作權等。

♀ 存續之計算

1.於著作人之生存期間及死亡後五十年。

2.著作於著作人死亡後四十年至五十年間首次公開發表者，著作財產權之期間，自公開發表時起存續十年。

3.共同著作之著作財產權，存續至最後死亡之著作人死亡後

五十年。

（二）著作人格權

就其作品有對外公開發表之權利，著作人就其著作所生之衍生著作，亦有相同之權利。依著作人之生存而存續及因死亡而視同消滅之。但公務員，依第十一條及第十二條規定爲著作人，而著作財產權歸該公務員隸屬之法人享有者，不適用之。著作人死亡或消滅者，關於其著作人格權之保護，視同生存或存續，任何人不得侵害。但依利用行爲之性質及程度、社會之變動或其他情事可認爲不違反該著作人之意思者，不構成侵害。

二、舉證之克服

我國著作權法於八十七年一月二十三日公布實施取消自願登記之相關登記業務，嗣後任何人欲主張著作權者，則必須自行負舉證之責，所以爲避免舉證上的困難，建議透過以下方式來加以克服：

1.逕赴美、日、歐盟著作權局辦理登記。
2.向國家圖書館辦理國際書碼等著作物登記（限語文著作）。
3.透過將著作物原件寄存證信函給著作（權）人以爲存證證明之用。
4.將著作物原件辦理認證（可配合工作紀錄簿）。
5.將電腦程式著作辦理出口檢測相關登記。
6.其他公立著作協會的替代性登記機制等等。

利用以上方式來落實保護公司或個人辛苦建立的著作物之權

利。

三、公開發表疑義

依著作權法第十五條規定：「著作人就其著作享有公開發表之權利。但公務員，依第十一條為受雇及第十二條受聘契約規定為著作人，而著作財產權歸該公務員隸屬之法人享有者，不適用之。」

而依前開條文之規定，如果有下列情形之一者，推定著作人同意公開發表其著作：

1.著作人將其尚未公開發表著作之著作財產權讓與他人或授權他人利用時，因著作財產權之行使或利用而公開發表者。

2.著作人將其尚未公開發表之美術著作或攝影著作之著作原件或其重製物讓與他人，受讓人以其著作原件或其重製物公開展示者。

3.依學位授予法撰寫之碩士、博士論文，著作人已取得學位者。

依著作權法第十一條第二項及第十二條第二項規定，由雇用人或出資人自始取得尚未公開發表著作之著作財產權者，因其著作財產權之讓與、行使或利用而公開發表者，視為著作人同意公開發表其著作。

同時著作權法第十六條規定：「著作人於著作之原件或其重製物上或於著作公開發表時，有表示其本名、別名或不具名之權利。著作人就其著作所生之衍生著作，亦有相同之權利。前條第

一項但書規定，於前項準用之。利用著作之人，得使用自己之封面設計，並加冠設計人或主編之姓名或名稱。但著作人有特別表示或違反社會使用慣例者，不在此限。依著作利用之目的及方法，於著作人之利益無損害之虞，且不違反社會使用慣例者，得省略著作人之姓名或名稱。」

另外同法第十七條規定：「著作人享有禁止他人以歪曲、割裂、竄改或其他方法改變其著作之內容、形式或名目致損害其名譽之權利。」

四、著作之合理使用

依著作權法第六十五條規定來看，著作之合理使用，並不構成著作財產權之侵害，而且著作之利用是否合於第四十四條至第六十三條規定或其他合理使用之情形外，應審酌一切情狀，尤應注意下列事項，以為判斷之標準：

1.利用之目的及性質，包括係為商業目的或非營利教育目的。
2.著作之性質。
3.所利用之質量及其在整個著作所占之比例。
4.利用結果對著作潛在市場與現在價值之影響。

五、侵害著作權或製版權

依著作權法第八十七條規定，有下列情形之一者，除本法另有規定外，視為侵害著作權或製版權：

1.以侵害著作人名譽之方法利用其著作者。

2.明知爲侵害製版權之物而散布或意圖散布而公開陳列或持有者。

3.輸入未經著作財產權人或製版權人授權重製之重製物或製版物者。

4.未經著作財產權人同意而輸入著作原件或其重製物者。

5.以係侵害電腦程式著作財產權之重製物而作爲營業之使用者。

6.明知爲侵害著作財產權之物而以移轉所有權或出租以外之方式散布者,或明知爲侵害著作財產權之物,意圖散布而公開陳列或持有者。

至於輸入著作原件或重製,而不被視爲侵害著作權或製版權之情形,依著作權法第八十七條之一規定,包括以下幾種情形:

1.爲供中央或地方機關之利用而輸入。但爲供學校或其他教育機構之利用而輸入或非以保存資料之目的而輸入視聽著作原件或其重製物者,不在此限。

2.爲供非營利之學術、教育或宗教機構保存資料之目的而輸入視聽著作原件或一定數量重製物,或爲其圖書館借閱或保存資料之目的而輸入視聽著作以外之其他著作原件或一定數量重製物,並應依第四十八條規定利用之。

3.爲供輸入者個人非散布之利用或屬入境人員行李之一部分而輸入著作原件或一定數量重製物者。

4.附含於貨物、機器或設備之著作原件或其重製物,隨同貨物、機器或設備之合法輸入而輸入者,該著作原件或其重製物於使用或操作貨物、機器或設備時不得重製。

5.附屬於貨物、機器或設備之說明書或操作手冊，隨同貨
　物、機器或設備之合法輸入而輸入者；但以說明書或操作
　手冊爲主要輸入者，不在此限。

六、損害賠償

　　著作權法第八十八條規定，因故意或過失不法侵害他人之著
作財產權或製版權者，負損害賠償責任。數人共同不法侵害者，
連帶負賠償責任。

　　損害賠償之請求，被害人得依下列規定擇一請求：

1.依民法第二百十六條之規定請求。但被害人不能證明其損
　害時，得以其行使權利依通常情形可得預期之利益，減除
　被侵害後行使同一權利所得利益之差額，爲其所受損害。

2.請求侵害人因侵害行爲所得之利益。但侵害人不能證明其
　成本或必要費用時，以其侵害行爲所得之全部收入，爲其
　所得利益。

3.如被害人不易證明其實際損害額，得請求法院依侵害情
　節，在新台幣一萬元以上一百萬元以下酌定賠償額；如損
　害行爲屬故意且情節重大者，賠償額得增至新台幣五百萬
　元。

　　而侵害行爲作成之物或主要供侵害所用之物，得請求銷燬或
爲其他必要之處置（八十八條之一）；另外被害人得請求由侵害
人負擔費用，將判決書內容全部或一部登載新聞紙、雜誌。

　　不過此一請求權時效期間依著作權法第八十九條之一的規
定，前開損害賠償請求權，「自請求權人知有損害及賠償義務人

時起，二年間不行使而消滅。自有侵權行為時起，逾十年者亦同」（參八十九及八十九條之一）。

生活實例演習

☞ 案例：

　　雲海國小校長在未經作者同意的情況下，將大批由教育部專案補助完成的教育手冊部分內容撕毀，再將書交給其他學校。引發這場糾紛的是《雲海田野教室戶外教學手冊昆蟲篇》第八頁至第十一頁部分，該校校長認為范、張兩位作者所著內容多處與現況不符而將該部分撕毀，後經作者發現認為作品遭惡意破壞，已失去完整的風貌，而訴請檢察官偵辦。

🖋解析：

　　本案中該著作究竟是屬於教育部或雲海國小，依著作權法之規定：

1.受雇人於職務上完成之著作，以該受雇人為著作人。但契約約定以雇用人為著作人者，從其約定。
　　依前項規定，以受雇人為著作人者，其著作財產權歸雇用人享有。但契約約定其著作財產權歸受雇人享有者，從其約定。
　　前兩項之受雇人，包括公務員。（著作權法十一條）

2.出資聘請他人完成之著作，除前條情形外，以該受聘人為著作人。但契約約定以出資人為著作人者，從其約定。
　　依前項規定，以受聘人為著作人者，其著作財產權依契約約定歸受聘人或出資人享有。未約定著作財產權之歸屬者，其著作財產權歸受聘人享有。
　　依前項規定著作財產權歸受聘人享有者，出資人得利用該著

作。（著作權法十二條）

　　同時著作權法第十七條規定著作人享有禁止他人以歪曲、割裂、竄改或其他方法改變其著作物之內容、形式及名目致損害其名譽之權利；否則將依以下規定處理：

1. 同法第九十三條處二年以下有期徒刑，得併科新台幣十萬元以下罰金。

2. 同法第九十九條，因被害人或其他有告訴權人之聲請，得令將判決書全部或一部登報，其費用由被告負擔。

3. 本罪依同法第一百條須告訴乃論。

第二節　著作權與出版界

　　依據美國心理學會出版手冊之規定，對於抄襲的界定認為：直接引用他人著作在文中行間，不能超過四十個字，如超過四十個字則須單獨排成一段，但是亦不能超過五百個字，至於直接引用他人論文或著作，如超過五百個字，則必須獲得版權所有人的書面同意，另外有關圖表的說明，如未註明出處，也構成抄襲的條件。

　　本節將藉由以下的說明，分析出版的基本權益架構，同時現行出版社或網站經營者，如欲刊登他人著作於該出版社之雜誌或網站上，因涉及重製他人著作之行為，原則上，應徵得該等著作著作財產權人或其授權之人之同意或授權，始得為之。

　　至於該出版社或網站的刊登行為，如係基於非著作財產權人之第三人所出具之委託書或授權書，是否構成侵害著作權之情

事，以及出版社（網站）、第三人是否構成連續犯、常業犯，由於著作權係屬私權，是否構成著作權侵害及侵害行為之認定，係於發生爭議時，由司法機關依具體個案事實調查來認定。

　　一般出版者，依民法第五百十五條之規定，係指當事人約定，一方以文學、科學、藝術或其他之著作，為出版而交付於他方，他方擔任印刷或以其他方法重製及發行之契約。至於投稿於新聞紙或雜誌經刊登者，推定成立一次的刊載契約，縱使報社在徵文稿中註明「一經錄用，版權歸報社所有」，投稿者亦不受該項刊載的拘束，因其僅屬於民法出版契約上的「要約引誘」，尚不能構成出版契約的一部，詳參後述之說明。

　　而同法第五百十八條規定，版數未約定者，出版人僅得出一版。同時出版人對於該項著作，不得增減或變更；而且出版人應以適當的格式重製，並應為必要之廣告及用通常之方式推銷出版物；而出版人於重製新版前，應予著作人以訂正或修改著作之機會。另外必須注意著作財產權得全部或部分讓與他人或與他人共有。著作財產權之受讓人，在其受讓範圍內，取得著作財產權。著作財產權讓與之範圍依當事人之約定；其約定不明之部分，推定為未讓與。著作權法第三十六條定有明文。著作權法既未以登記為著作權取得或轉讓之生效要件，在授權或受讓期間屆滿後，無須被授權人或受讓人向授權人或讓與人為同意返還著作權之意思表示，更無須被授權人或受讓人為移轉或塗銷登記後，授權人或讓與人才能取回著作權，此乃因轉讓本身附有期限限制，於期限屆滿時失其效力，此觀之民法第一百零二條第二項之規定自明。

　　同時著作權法第四十七條中明定教學使用上的運用：「為編製依法令應經教育行政機關審定之教科用書，或教育行政機關編

製教科用書者，在合理範圍內，得重製、改作或編輯他人已公開發表之著作。前項規定，於編製附隨於該教科用書且專供教學之人教學用之輔助用品，準用之。但以由該教科用書編製者編製為限。依法設立之各級學校或教育機構，為教育目的之必要，在合理範圍內，得公開播送他人已公開發表之著作。前三項情形，利用人應將利用情形通知著作財產權人並支付使用報酬。使用報酬率，由主管機關定之。」

一、著作及創作

按著作權法第三條第一項第一款規定：「著作：指屬於文學、科學、藝術或其他學術範圍之創作。」又「創作」係指人將其內心思想、情感藉語言、文字、符號、繪畫、聲音、影像、肢體動作等表現方法，以個別獨具之創意表現於外者而言。至於改作則是指以翻譯、編曲、改寫、拍攝影片或其他方法就原著作另為創作。

依著作權法第九條之規定，不得為著作權之標的者如次：

1. 憲法、法律、命令或公文（所稱公文，包括公務員於職務上草擬之文告、講稿、新聞稿及其他文書）。
2. 中央或地方機關就前款著作作成之翻譯物或編輯物。
3. 標語及通用之符號、名詞、公式、數表、表格、簿冊或時曆。
4. 單純為傳達事實之新聞報導所作成之語文著作。
5. 依法令舉行之各類考試試題及其備用試題。

而該法第七條第一項規定：「就資料之選擇及編排具有創作

性者爲編輯著作，以獨立之著作保護之。」是依上述規定，編輯著作在資料之選擇及編排上必須具有創作性，始得稱之。所以在判斷是否符合前揭「編輯著作」時，應視該編輯物在資料之選擇及編排上是否具有創作性而定。而利用著作之人，得使用自己之封面設計，並加冠設計人或主編之姓名或名稱；但著作人有特別表示或違反社會使用慣例者，不在此限（參著作權法第十六條）。

二、出版授權區分

一般作者將作品給甲出版商出版之後，應視作者與甲出版社間之約定內容而定，亦即如爲著作財產權之轉讓，作者即已不再享有著作財產權，自不得再將其作品交由其他出版商重新排版印刷出版，此即一般社會通稱的「賣斷」方式；倘若作者與甲出版社間爲專屬授權之約定，作者僅不得在出版社出版的期間內再將其作品授權其他出版商重新排版印刷出版，否則即有違約的責任，因爲此時雙方僅約定針對每出版一版支付多少版稅，則出版社在原約定時限內未出版或再版時，作者自然可以將其作品交由其他出版商重新排版印刷出版，但必須先行催告，此點必須釐清分際。

所以著書出版係屬著作權法第五十二條所稱之其他正當目的而引用或節錄他人之著作，但必須註明出處，同時有關出版著作物而向出版公司收取之版稅，視爲執行業務之所得，一併在此提出說明。

三、出版著作姓名權

至於著作人將著作之著作權全部讓與出版單位，出版者是否即具有該著作人之姓名權部分，按依著作權法第十六條規定，姓名表示權係屬著作人格權之一，依同法第二十一條規定，著作人格權專屬於著作人本身，不得讓與或繼承，因此出版者如係受讓取得著作財產權，應不得取得著作人之姓名表示權，惟出版者可於著作重製物上標明自己爲出版者之相關文字，以茲識別。

四、投稿著作之歸屬

根據著作權法第四十一條之規定：「著作財產權人投稿於新聞紙、雜誌或授權公開播送著作者，除另有約定外，推定僅授與刊載或公開播送一次之權利，對著作財產權人之其他權利不生影響。」此點參照內政部八十三年二月二十一日台（八三）內著字第八三○二七一二號已有釋明，著作財產權人於投稿時，如與雜誌社未作任何約定，縱雜誌上刊有「版權所有」字樣，然依著作權法第四十一條規定及前揭函釋之說明，均可以推定著作財產權人僅授與刊載一次之權利，著作財產權人仍享有著作財產權，自然可以再行將其稿件集結成冊自行或委託他人出版。

五、演講著作釋疑

關於演講者的言論未曾發表於任何媒體，聽講者卻在其他場合公開發表該份演講內容，或當作自己的言論刊登媒體，按依著

作權法第五條第一項各款著作內容例示第二項第一款規定,「演講」係屬語文著作,又同法第十條本文規定著作人於著作完成時享有著作人格權與著作財產權(參照著作權法第三條第一項第三款規定),著作人依該法第二十二條第一項並專有重製其著作之權利。

故一般筆錄演講者演講之內容,係屬著作權法第三條第一項第五款所定「重製」行為,除合於該法第四十四條至第六十五條著作財產權之限制(即合理使用)之情形外,應徵得該演講著作著作財產權人之同意或授權,始得為之;倘若任意將聽講者的內容重製當作自己的論著,並刊登於媒體,亦可能涉及侵害該法第十六條侵害著作人格權中之姓名表示權。依照所得稅法第四條第二十三款之規定:「個人稿費、版稅、樂譜、作曲、編劇、漫畫及講演之鐘點費之收入,全年在十八萬元以內者,免稅。」

而根據財政部的解釋,一般請人演講分為兩種:

1. 研習會、訓練班:此類給予講師的酬勞,以及即席翻譯人員的酬勞係屬於「授課鐘點費」,亦即歸屬於「薪資所得」必須依法扣稅。

2. 專題演講:此種則是「講演之鐘點費」而屬定額免稅之範圍。

另外個人稿費、樂譜、作曲、編劇、漫畫等收入,係指以本人著作或翻譯之文稿、樂譜、樂曲、劇本及漫畫等,讓售與他人出版或自行出版或在報章雜誌刊登之收入而言。而所謂版稅則是指以著作交由出版者出版銷售,按銷售數量或金額之一定比例取得之所得。至於所得稅法第四條第二十三款規定之稿費、版稅、樂譜、作曲、編劇、漫畫及講演之鐘點費之收入,則均屬「執行

業務之所得」。

六、出版之告訴權利

　　著作人之權利，於契約實行之必要範圍內，移轉於出版人（民法第五百十六條第一項）。此條民法規定所指著作人之權利，其對於侵害人提起訴訟之權，亦包括在內，應為當然之解釋。

　　著作權法第二十九條之一所指稱之權利擁有人，亦包括享有出版權之出版人在內。故無論出版契約就此有無約定，出版人均得對於侵害人提起訴訟（司法院院字第一六四八號解釋）。又著作權受侵害，致出版人、發行人等之權益受侵害時，出版人、發行人等自得依法提起民事訴訟、刑事告訴或自訴，無另於著作權法特予規定之必要。至於侵害之鑑定人應由審判長、受命法官或檢察官選任之；法院或檢察官亦得囑託醫院、學校或其他相當之機關、團體為鑑定，刑事訴訟法第一百九十八條、第二百零八條第一項定有明文。

　　故著作權法第九十二條處罰規定，固以著作財產權為保護之客體，倘著作財產權人業已授權他人利用其著作者，基於授權契約，承受著作財產權人權利之出版人或發行人，亦得以該著作財產權直接被害人之身分，行使刑事告訴權，以維護其實行授權契約所必要之權益。

七、出版品及其相關服務於商標申請時，應指定之商品或服務類別

（一）出版品

1. 電影片、錄影帶、唱片、錄音帶、影碟、雷射唱片、影音光碟：屬商品及服務分類表第九類。
2. 書籍、報紙、期刊：屬商品及服務分類表第十六類。

（二）出版之相關服務

1. 「報業新聞傳輸」服務：屬商品及服務分類表第三十八類（例如：報社為他人提供訊息傳送之服務）。
2. 「新聞代理」服務：屬商品及服務分類表第三十八類（例如：通訊社為各報社提供各種新聞之服務）。
3. 「書刊、雜誌、文獻之出版、發行」服務：屬商品及服務分類表第四十一類（例如：出版社為他人提供出版、發行之服務）。
4. 「影片、唱片、錄音帶、錄影片、碟影片、伴唱帶等製作及發行」服務：屬商品及服務分類表第四十一類（例如：有聲出版事業為他人提供之製作、發行服務）。
5. 「電台及電視育樂節目之策劃、製作」：屬商品及服務分類表第四十一類（例如：傳播公司為他人策劃、製作節目）。廣告、企業管理、企業經營、事務處理則屬商品及服務分類表第三十五類。

☛ 案例一：

　　吳藥意圖銷售明知他人出版有著作權之書籍，連同書籍底頁上之著作人、發行人等一併翻印，或將有著作權之錄影帶，連同影片內容、發行公司名稱、製片人及導演姓名等文字一併轉錄，其後並直接將此對外銷售以圖利，試問吳藥依法應如何處斷？

🖐 解析：

　　吳藥意圖銷售而擅自重製他人著作物，應成立著作權法第九十一條第二項之意圖銷售擅自重製他人著作物罪，其後予以銷售，另違反同法第八十七條第二款之規定，應依同法第九十三條第三款規定處斷。二罪間有方法結果之牽連關係，應從較重之意圖銷售擅自重製他人著作物罪論處。又吳藥連同書籍底頁上之著作人、發行人一併翻印，或將錄影帶連同發行公司名稱、製片人及導演姓名一併轉錄，應另成立刑法第二百十條之偽造私文書罪；其後予以銷售，據以行使，應成立刑法第二百十六條、第二百十條之行使偽造私文書罪；其偽造私文書之低度行為，為行使之高度行為所吸收，不另論罪。吳藥所犯上開意圖銷售擅自重製他人著作物罪與行使偽造私文書罪間，有方法結果之牽連關係，應從較重之意圖銷售擅自重製他人著作物罪處斷。（詳參司法院第三十期司法業務研究會）

☛ 案例二：

　　文學名著《老人與海》、《小王子》所引發的中英文對照版著作權官司，敦煌書局所出資發行之前開著作物，在坊間查獲九儀出版社所出版譯文內容相同，甚至連標點符號均同，而認顯然直接抄襲，是否可依法提起自訴呢？

💡解析：

1.在敦煌書局因無法直接證明本身為直接受害人，只是間接受害人，因此依法不得提出自訴，故被台北地院判決自訴不受理（蓋所謂直接受害人，在此係指衍生著作「利用已存在的著作予以改作，賦予原創性所產生的二次著作，且不侵害原著作權人權益才受保護」的著作人，通常必須在書本上標示出「譯者姓名」或「中文版著作財產權人名字」，但敦煌的這兩本書均無此字樣外，僅有「譯稿潤校」字樣，故無法推定為著作人或著作財產權人）。

2.該著作物之原著作人聖‧修伯理在二次大戰一次飛行任務中失蹤，依我國七十四年公布施行的著作權法，著作權期間至著作人死後三十年屆滿，因此該原文版最遲在六十四年間屆滿，該著作物已為公共所有；且在民國八十一年著作權法修正前，外國人著作係採註冊保護主義，亦即需完成註冊才受我國著作權法保護，特別在此提出供注意。

第三節　著作權與相關行業

按著作財產權之授權利用，有專屬授權與非專屬授權之分。非專屬授權，著作財產權得授權多人，不受限制。專屬授權，則係獨占之許諾，著作財產權人不得再就同一內容更授權第三人。

目前一般較值得注意的是公司法人與個人間之著作權歸屬問題，可由以下說明釐清其分際：

一、一般公司法人聘雇之間

1. 法人之受雇人在法人之企劃下，完成其職務上之著作，以
該受雇人爲著作人，而該受雇人係指法人之機關、職員或
其他有僱傭關係者；但倘係由自然人或非法人團體或獨
資、合夥商號之受雇人所完成之職務上著作，即無前開規
定之適用。

   此類受雇人在法人企劃下所完成之職務上著作，除有
契約約定以法人爲著作人之情況外，一般均以該受雇人於
完成著作時，同時享有著作人格權及財產權。

2. 公司職員與公司或公司代表人間，依其之間契約之約定以
決定著作權之歸屬，例如報社記者所爲受著作權法保障之
新聞稿及照片並冠上記者之名時，此時則必須特別仔細以
免發生糾紛。

3. 受聘人在出資人之企劃下完成著作，以該受聘人爲著作
人，但契約另有約定者，按其約定；但非法人團體或獨
資、合夥商號不得逕以其名義爲著作人。

二、播送系統公司

播送系統公司（即一般俗稱第四台業者，簡稱第四台），在接
收節目商以衛星訊號傳輸節目的內容，並轉播至訂戶收視之行
爲，這點是否構成公開播送的疑義？

依據著作權法第三條第一項第七款明定「公開播送：指基於
公眾接收訊息爲目的，以有線電、無線電或其他器材，藉聲音或

影像向公眾傳達著作內容」，故第四台業者在接收國外衛星傳送之節目時，如該節目屬著作權法第五條第一項各款所定之著作內容，其再傳送予客戶之行為即屬公開播送（見內政部八十一年十二月編印《認識著作權》第二頁）。

且第四台業者接收節目商以衛星訊號傳輸之節目，有為公眾收訊之目的而有為發訊的行為，故將所接收之節目傳播至訂戶以供收視之用，即屬公開播送；至於原節目是否鎖碼，則並非侵害著作權所考慮的問題。

復按現行第四台業者將電視台之節目直接播送，係依據有線電視法第三十三條第二項「系統經營者得提供基本頻道，同時傳播依法設立無線電視台之節目及廣告，不得變更其形式內容」、第三項「系統經營者為前項傳播，免付費用，不構成侵害著作」之規定而阻卻違法，故尚難謂此種行為並非「公開播送」，應該是非常清楚的法律規定。

而社區共同天線及有線電視之系統經營者，在不變更無線電視節目的形式或內容的情況下，同步轉播無線電視台的節目，無須徵求著作財產權人同意。

三、屬公共場所之業者

有線電視系統業者如在尚未取得在旅館業、交通遊覽車、視聽理容院、休閒三溫暖中心及其他行業等公共場所公開播送之授權時，即透過知情之公共場所業者，所架設之有線電視線路播送節目（業者如未設接收轉播器），除有線電視系統業者涉有前面所提到違法公開播送一節外，該公共場所業者是否亦涉侵害公開播送權或公開上映的問題呢？茲分別說明如次：

第一，首先關於公開播送權這個問題點，以公共場所業者明知有線電視系統業者並未取得在公共場所之公開播送權，而仍架設有線電視線路及電視機，使有線電視系統公司播送之節目得以傳達至該公共場所，雖其表面上無公開播送的行為，但對有線電視系統業者之公開播送行為，應屬有犯意聯絡及行為分擔，故構成有線電視系統業者違法公開播送行為之共同正犯（參法務部八十七年六月二日法八七檢（二）字第○○一○六○號函）。倘若公共場所業者並不知情的話，即不能構成此一罪責，應屬當然之解釋。

而如果依公共場所設備來簡單區分的話，有以下兩種認定標準值得參考：

1.如公共場所將無線或衛星電視台傳送之節目接收後，藉公共場所之設備將節目傳送至公共場所之電視機，按上述行為由於公共場所需先裝置接收器材接收信號，而後藉其線纜系統傳送信號，如其係基於公眾接收訊息為目的，即屬著作權法所定「公開播送」之行為。

2.如公共場所之節目係有線播送系統藉線纜將其節目直接傳送至公共場所，公共場所於傳送途中如未設接收器材接收其信號予以傳送者，縱其設有加強有線電視所傳送信號之器材或設備，但由於各公共場所電視機之節目係有線電視播送系統業者播送之結果，公共場所即無公開播送之行為。

第二，至於有線電視業者及公共場所業者，例如旅館業者利用第四台有線系統接至旅館房間電視，同步公開播送頻道商所供應之影片節目，是否另外構成公開上映之行為？此點必須先從法

第九章
著作權法的一般 概念 ◄

律意義來區分：

1. 按著作權法第三條第一項第七款之「公開播送」之意義：「指基於公眾接收訊息爲目的，以有線電、無線電或其他器材，藉聲音或影像向公眾傳達著作內容」的規定來看，係針對有線、無線電視及廣播等業者等透過科學發明能穿越遠距之傳播媒體傳播著作之行爲，故以不特定對象、不特定場所，且本質上不限於現場之傳播行爲爲其規範對象。

2. 而同條項第八款之「公開上映」：「指以單一或多數視聽機或其他傳送影像之方法於同一時間向現場或現場以外之一定場所之公眾傳達著作內容。」規範對象則是對非跨距之放映媒體傳達著作之行爲，是其傳達對象或可不確定，但局限於現場或現場以外之小範圍特定場所。

由上兩點說明以觀，此二者間爲獨立且相互排斥之行爲，基本上不會重疊認定，應無疑義。

故有線電視業者及旅館業者，利用第四台有線系統接至旅社房間電視播送節目，若中途並無將節目予以「轉錄」後，再以單一或多數視聽或其他傳送影像之方法向公眾傳達節目之內容，所以並無涉及「重製」及「公開上映」之行爲（參內政部著作權委員會台八三內著字第八三八二五八七號、台八四內著發字第八四○五三三六號、八五著會發字第八五一○六六八號函釋說明）；而如需進一步簡單明確的分辨是否構成「公開上映」，則請參閱以下的說明：

1. 如公共場所單純打開電視機接收前述有線播送系統業者所傳達之節目內容供人觀賞，則該電視機爲接收節目之必然

設備，上述公共場所僅爲單純接收訊息者，即並未有「公開上映」之行爲。

2.如公共場所將前述有線播送系統業者所傳達之節目予以「轉錄」後再以單一或多數視聽機或其他傳送影像之方法向公眾傳達節目之內容，則涉及「重製」及「公開上映」之行爲；原則上應徵得該等著作著作財產權人之同意或授權後，始得爲之。

　　第三，如果第四台與節目商訂定授權契約中明定，授權之區域及範圍爲家用訂戶，第四台不得再授權或以任何方式讓非家庭之公開場所公開上映或對其公開播送，則第四台與公共場所業者簽立合約，明定於該公共場所裝設有線電視播送系統台接收第四台所公開播送之有線電視節目，給不特定之顧客觀賞，因第四台節目中有部分係視聽著作（如電影），該旅館業者是否仍構成公開播送？或公開上映？

　　依著作權法第三條第二項未就該條第一項第七款定義，故依罪刑法定主義，不宜援用第三條第二項之規定，而公共場所電視機之節目係第四台藉其播送系統播送簽約商之節目，公共場所僅爲單純之接收訊息者，公共場所本身並無公開播送之行爲，而公共場所業者對第四台之節目是否於公共場所內播送雖具有控制能力，惟其並無區辨何者爲節目商授權範圍以外之節目，故並無控制播出之義務，因此之故，尚難認公共場所業者，有侵害著作權之行爲，且不會因其授權範圍之不同而有不同之認定標準。

四、廣告或產品的平面及立體著作

倘若將他人的一般手錶圖形著作，擅自製作成塑膠玩具手錶意圖銷售，這是否應負著作權法第九十一條第二項意圖銷售擅自重製他人著作的罪責；另外將享有某A圖形之平面美術著作權，將之實施成實品，然後並攝製該成品，做為廣告圖片，刊登於報章雜誌上，用以推銷該項產品，該廣告圖片與A圖外型近似，則此種將前開實品攝製為廣告圖片之行為是否成立著作權法第九十一條之擅自重製他人著作罪或成立同法第九十二條之擅自改作侵害他人之著作財產權罪的疑義？

按著作權法所稱之「重製」，係指以印刷、複印、錄音、錄影、攝影、筆錄或其他方法有形之重複製作；或者於劇本、音樂著作或其他類似著作演出或播送時予以錄音或錄影；或依建築設計圖或建築模型建造建築物者，亦屬之（參見著作權法第三條第一項第五款規定即可明白）。

此為重製之明示規定，依「明示其一，排除其他」之法諺，於依建築設計圖以外之圖形而製作之立體實物，即非屬重製之範圍而不侵害圖形著作物之著作權。況玩具手錶僅供觀賞取趣，一般人見其圖形外觀，當不致有誤認或增加其價值之觀念，自不足以認為侵害其著作權。

就重製與改作分別為如次之定義：

1. 「重製」定義為：指以印刷、複印、錄音、錄影、攝影、筆錄或其他方法直接、間接、永久或暫時之重複製作。於劇本、音樂著作或其他類似著作演出或播送時予以錄音或

錄影；或依建築設計圖或建築模型建造建築物者，亦屬之。（參著作權法第三條第一項第五款）

2. 「改作」定義為：以翻譯、編曲、改寫、拍攝影片或其他方法就原著作另為創作。（參著作權法第三條第一項第十一款）

3. 至於「防盜拷措施」：指著作權人所採取有效禁止或限制他人擅自進入或利用著作之設備、器材、零件、技術或其他科技方法。

又美術著作之著作權人享有重製與改作之權利，除合於著作權法第四十四條至第五十六條合理利用之規定外，他人未經權利人之同意或授權，不得擅自「重製」、「改作」，至於「實施」並非著作權法保護之權利，對他人著作之實施行為並不生違反著作權法之問題。

所以一般人所取得著作權係A圖圖形素描之著作，或在報章雜誌上刊登廣告圖片，如係就實品物以彩色照像所得，雖二者外型大致相同，然前開行為既不該當於前開著作權法所規定之「重製」或「改作」，因此取得著作權之圖，自難謂此有侵害著作權的情事。另外於刑法第二百二十條第二項規定，以錄音、錄影或電磁紀錄，藉機器或電腦之處理所顯示之聲音、影像或符號，足以為表示其用意之證明者，以文書論。而文書之行使，每因文書性質、內容之不同而異；就電磁紀錄而言，只須藉由機器或電腦處理，即足以表示其文書之內容，行為人將偽造之光碟（電磁紀錄）藉由機器或電腦處理時，已有使用該偽造之準私文書而達於行使之程度，固不待言；其因販賣而交付之情形，因買受者亦已達於可隨時使用該光碟之狀態，無待販賣者更有所主張，應認於交付

時，即與行使無異。如同販賣翻印他人著作出版物（連同著作物之底頁、依出版社所載著作人、發行人、印刷者等一併翻印）圖利者，於交付偽造之著作物時，即已構成行使偽造準私文書罪，無須就該偽造著作物之內容更有所主張。（參九三年台上字第一六四五號裁判）

五、電視台及記者

常青電視台節目部經理王甲，特別商請以寫作戲劇為業之陳春撰寫「玻璃屋內的人生」連續劇劇本五十集，而雙方在合約內未約定著作內容、形式可否變更，待劇本著作完成後，由王甲交公司製作，因電視台間競爭激烈，收視未達預期理想，故將原五十集劇本縮減為四十集而提前下檔，此時陳春有無法律上的保障呢？

為維護著作人格權及電視台利益，應視王甲就陳春之五十集著作改編成為四十集，是有無必要及有無改變其實質內容為判斷的依據；未可徒以五十集改為四十集演出，即認王甲有妨害陳春之著作人格權（參照著作權法第十七條規定）。倘若毫無必要及有改變其實質內容時，則有妨害陳春之著作人格權，而觸犯著作權法第九十三條第一款之罪。

另外廣播電視經由著作人同意播送著作時，便可以用自己的設備錄音、錄影，以備播出，不需要另外再徵求著作財產權人的同意，但不論未來是否播出，錄製物必須在錄音或錄影後一年內銷毀。

有關記者在攝影展會場翻拍未經允許的照片在報上刊登新聞，但註明作者姓名及某記者翻拍文字，有無侵害權利？按「以

廣播、攝影、錄影、新聞紙或其他方法為時事報導者，在報導之
必要範圍內，得利用其報導過程中所接觸之著作」、「為報導、評
論、教學、研究或其他正當目的之必要，在合理範圍內，得引用
已公開發表之著作」分別為著作權法第四十九條及第五十二條所
明定。因此當記者為時事報導而採訪翻拍，如符合前開條文之規
定，即不生侵害著作財產權之行為。

六、出租店

　　楊普獨資經營兒童漫畫書出租店，在未經著作財產權人同意
的情況下，自美輸入在我國享有著作權之漫畫書數萬冊，而自行
對外出租予人觀覽，則楊普除違反著作權法第八十七條第四款，
而犯同法第九十三條第三款之罪外，不另犯著作權法第九十二條
之擅自以出租之方法侵害他人之著作財產權罪。

　　蓋因依著作權法第八十七條第四款規定，未經著作財產權人
同意而輸入著作之重製物者，固視為侵害著作權，惟此僅係法律
之擬制規定，所輸入之重製物仍屬合法重製物，楊普既為該批漫
畫所有人，依同法第六十條規定自得出租，而依刑法第二十一條
第一項應屬不罰之行為。

　　李平非法重製電腦遊戲軟體程式出租營利，而其內容當中有
著作權人張里註冊登記的商標圖樣，此時李平非法重製電腦遊戲
軟體程式，並意圖營利而出租予顧客使用，係犯著作權法第九十
一條第二項之意圖出租而擅自重製他人之著作罪責，又李平非法
重製電腦軟體系統之磁片內有著作權人註冊登記之商標圖樣，係
一行為同時觸犯商標法第六十二條第一款之仿冒商標罪，應屬想
像競合犯，從刑罰較重之罪處罰，而依違反著作權法第九十一條

來處斷。

七、唱片行、錄影帶或影碟出租店

　　唱片行的負責人，向他人以每卷新台幣六十元之價格販入盜版錄音帶後，再以每卷九十元之價格賣出得利，則唱片行侵害著作權之行為係屬著作權法第八十七條第二款之明知為侵害著作權之物而「散布」抑或「意圖營利而交付」？按該唱片行侵害著作權之行為，應論以明知為侵害著作權之物，意圖營利而交付。因販賣究竟是散布或交付，在法律上雖不易界定，但有營利意圖顯較為明顯，故應論意圖營利而交付，且本件依想像競合犯之法理亦應同樣的處置。

　　另外在夜市常看到販售錄音帶上演唱者並非同一公司歌手，同時合輯出片應無可能，而對從事將集合各暢銷歌手演唱曲之合輯，並為錄音帶之銷售工作者，係屬擅自重製他人之錄音帶，如同時刊載註冊之商標圖樣，而透過夜市經由不詳姓名之人主動兜售而以現金購入，自然構成使用相同於某有聲出版社的註冊商標圖樣商品的犯行，而依想像競合犯依較重刑責之罪而論以明知為侵害著作權之物而意圖營利而交付之方法侵害他人之著作權為常業、累犯罪刑之判決。

　　至於錄影帶或影碟店出租盜拷錄影帶或影碟之行為，係侵害著作權法第九十一條規定：「擅自以重製之方法侵害他人之著作財產權者，處六月以上三年以下有期徒刑，得併科新台幣二十萬元以下罰金。意圖銷售或出租而擅自以重製之方法侵害他人之著作財產權者，處六月以上五年以下有期徒刑，得併科新台幣三十萬元以下罰金。」

八、演唱

　　至於如下所述的一般演唱行為，究竟有無觸犯著作權法第九十二條之罪，必須加以釐清其中分際，如此才能避免觸法，茲分別舉例如次：

　　1.甲歌星擅自將某著作人著作之歌曲，灌製唱片發售。

　　2.乙歌星於歌廳中擅自演唱某著作人著作之歌曲。

　　3.丙軍人於軍中同樂晚會中擅自演唱某著作人著作之歌曲。

　　首先我們假設歌曲的著作權均尚存在，且經著作人提出告訴，而依據著作權法第三條第一項第九款規定意旨，只要是向現場之公眾傳達著作內容，即使是歌唱，亦屬公開演出，除非符合著作權法第五十五條之規定，否則甲、乙二人（其中灌錄係屬「重製」），均應依同法第九十二條規定處罰之；至於丙因有著作權法五十五條規定，應不為罪（參八十三年度檢二字第二○四五號）。

　　另外中華民國八十九年四月十九日經濟部經（八九）智字第八九三一四六二一號令修正發布新「音樂著作強制授權申請許可及使用報酬辦法」的規定，依據著作權法第六十九條規定：「錄有音樂著作之銷售用錄音著作發行滿六個月，欲利用該音樂著作錄製其他銷售用錄音著作者，經申請主管機關許可強制授權，並給付使用報酬後，得利用該音樂著作，另行錄製」。同法第七十條規定：「依前條規定利用音樂著作者，不得將其錄音著作之重製物銷售至中華民國管轄區域外。」

　　同時依「音樂著作強制授權申請許可及使用報酬辦法」的規

定，申請人未給付使用報酬者，不得利用音樂著作錄製銷售用錄音著作。且申請人取得主管機關強制授權之許可者，不得轉讓其許可或禁止他人另行錄製。同時申請人經主管機關許可強制授權後，如欲增加其被許可發行之數量者，應向主管機關申請變更發行數量。主管機關許可前項變更者，應公告並通知申請人。除音樂著作著作財產權人住、居所不明外，並應通知音樂著作著作財產權人。而此前開本辦法許可錄製之錄音著作重製物，應載明下列事項：

1.音樂著作之著作名稱。

2.音樂著作著作人之姓名或名稱。

3.依出版法第二十條規定應記載之事項。

4.主管機關許可強制授權之年、月、日及文號。

5.銷售之區域。

6.足以識別發行數量之序號。

生活實例演習

☛ 案例：

協和育樂股份有限公司所提出授權書及其譯文，乃美商環球及派拉蒙影片公司所為著作財產權之專屬授權證書。其內容係證明環球影片公司及派拉蒙影片公司授權協和育樂股份有限公司為其在中華民國台灣地區之獨家錄影帶及影碟代理商；授予協和育樂股份有限公司獨家權利，包括重製、銷售、出租錄影節目帶、雷射影碟、影音光碟及經銷此類影碟以供家庭觀賞。當協和公司按上述合約授予之權利受第三者侵害時，是否可以自身名義依各該授權書而依法提出民、刑事訴訟呢？

解析：

著作財產權之授權利用，有專屬授權與非專屬授權之分。

1. 非專屬授權，著作財產權得授權多人，不受限制。

2. 專屬授權，則係獨占之許諾，著作財產權人不得再就同一內容更授權第三人。

協和育樂股份有限公司（下稱協和公司）所提美商派拉蒙影片公司（下稱派拉蒙公司）及環球影片公司（下稱環球公司）之授權證明書，載明該等公司已授權協和公司在中華民國台灣地區（包含金門與馬祖）獨家代理該等公司著作之錄影帶及影碟重製、銷售及出租，派拉蒙公司及環球公司授權期間均自民國八十六年一月一日至八十七年十二月三十一日，顯見協和公司已取得美商派拉蒙公司及環球公司之專屬授權利用。

而重製、銷售及出租均為發行之態樣，參諸民法第五百十六條第一項規定：「著作權人之權利，於契約實行之必要範圍內，移轉於出版人」及司法院二十六年院字第一六四八號解釋：「民法第五百十六條所指著作人之權利，其對於侵害人提起訴訟之權，應解為係在其必要範圍內。又著作權法（舊）第二十三條所稱權利人，亦包括享有出版權之出版人在內，無論契約就此有無訂定，出版人均得對於侵害人提起訴訟」之旨意，苟被專屬授權人欠缺告訴權，則法律對被專屬授權人之保護將形同具文。

是第三人如侵害著作權人授予被專屬授權人之權利，被專屬授權人即為直接被害人，自得依法提起告訴或自訴。

第十章

經濟生活的法令

第一節　公平交易法

　　公平交易法，就是為了維護交易秩序與消費者利益，確保市場的公平競爭，以促進經濟之安定與繁榮而制定的法律。在以往，社會上常常會充斥一些特殊現象，例如為了不讓別的競爭者進入市場，大公司就利用他的獨占優勢進行削價競爭或要求客戶不能與他人交易，導致其他想經營類似商品的小公司只好被迫退出，使社會大眾只能以該大公司所訂的價格購買，毫無討價還價的餘地；又例如在特定時節，就常會有一些行業同業公會聯合規定漲價，導致消費者不得不以更貴的價格來取得相同的商品或服務，而造成不公平的情事。為了解決前述的亂象，政府乃特別訂立了公平交易法，以對於不公平的交易方式或行為加以限制或處罰，以維護社會大眾的權益。

　　公平交易法所規範的對象，除了一般的公司以及獨資或合夥之工商行號外，尚包括同業公會以及所有提供商品或服務並從事交易之人或團體。換言之，不論是大型公司或跨國企業，甚至只是提供商品或服務的個人，都不能有公平交易法上所禁止的行為，否則就會依法受到處罰。不過如果是依照著作權法、商標法或專利法行使權利之正當行為，由於受到法律上的保護，因此就算有違反公平交易法的情事存在，依法也不用負違反公平交易法的責任。

一、獨占行為之禁止

所謂獨占,是指事業在特定市場處於無競爭狀態,或具有壓倒性地位,可排除競爭之能力者。詳言之,也就是在該產業中根本沒有其他競爭對手,或是具有可以排除他人進入該產業之能力者而言,由於這類公司之特殊地位,所以法律上特別限制此類企業為任何不利之獨占行為。

其次,縱使並非單一企業獨占市場,而有兩個以上之事業存在,但是這兩個以上的事業實際上根本不為價格之競爭,而其全體之對外關係,具有前述規定之情形,也就是一致為排除對手的行為時,由於此種結果與前述情形並無不同,所以依法也視為獨占。

依公平交易法規定,凡是前述的獨占之事業,均不得有下列之獨占行為:

1.以不公平方法,直接或間接阻礙他事業參與競爭。
2.對商品價格或服務報酬,為不當之決定、維持或變更。
3.無正當理由,使交易相對人給予特別優惠。
4.其他濫用市場地位之行為。

不過只要沒有以下事由之一時,依法均不會被認定為獨占事業:

1.一事業在特定市場之占有率達二分之一。
2.二事業全體在特定市場之占有率達三分之二。
3.三事業全體在特定市場之占有率達四分之三。

此外，縱使有前項各款情形之一，但是如果其個別事業在該特定市場占有率未達十分之一或上一會計年度事業總銷售金額未達新台幣十億元者，該事業也不列入獨占事業之認定範圍。

二、聯合行為之禁止

所謂聯合行為，是指事業以契約、協議或其他方式之合意，與有競爭關係之其他事業共同決定商品或服務之價格，或限制數量、技術、產品、設備、交易對象、交易地區等，相互約束事業活動之行為而言，此種行為，以事業在同一產銷階段之水平聯合，足以影響生產、商品交易或服務供需之市場功能者為限。舉例來說，像甲衛生紙業者與其他衛生紙同業共同約定以後減產一半，以便拉抬價格，或是共同決定漲價一成時，就屬於此處限制的範圍。

不過，聯合行為之禁止仍然有例外，也就是有下列情形之一，而有益於整體經濟與公共利益，並經行政院公平交易委員會許可者，則可不受此限制：

1. 為降低成本、改良品質或增進效率，而統一商品規格或型式者。
2. 為提高技術、改良品質、降低成本或增進效率，而共同研究開發商品或市場者。
3. 為促進事業合理經營，而分別作專業發展者。
4. 為確保或促進輸出，而專就國外市場之競爭予以約定者。
5. 為加強貿易效能，而就國外商品之輸入採取共同行為者。
6. 經濟不景氣期間，商品市場價格低於平均生產成本，致該

行業之事業，難以繼續維持或生產過剩，為有計畫適應需求而限制產銷數量、設備或價格之共同行為者。

7.為增進中小企業之經營效率，或加強其競爭能力所為之共同行為者。

　　行政院公平交易委員會在為前述之許可時，依法也可以附加條件、限制或負擔，以避免有不當的結果產生。至於許可本身依法也必須附加期限，其期限不得逾三年；事業如有正當理由，得於期限屆滿前三個月內，以書面向行政院公平交易委員會申請延展，其延展期限，每次不得逾三年。聯合行為經許可後，如果因許可事由消滅、經濟情況變更或事業有逾越許可之範圍行為者，行政院公平交易委員會可以撤銷許可、變更許可內容、命令停止、改正其行為或採取必要更正措施，以保護大眾利益。

三、妨害公平競爭行為之禁止

　　有下列各款行為之一，而有限制競爭或妨礙公平競爭之可能時，依法事業均不得為之：

1.以損害特定事業為目的，促使他事業對該特定事業斷絕供給、購買或其他交易之行為。

2.無正當理由，對他事業給予差別待遇之行為。

3.以脅迫、利誘或其他不正當方法，使競爭者之交易相對人與自己交易之行為。

4.以脅迫、利誘或其他不正當方法，使他事業不為價格之競爭、參與結合或聯合之行為。

5.以脅迫、利誘或其他不正當方法，獲取他事業之產銷機

密、交易相對人資料或其他有關技術秘密之行為。

6.以不正當限制交易相對人之事業活動為條件，而與其交易之行為。

四、仿冒行為之制止

事業就其營業所提供之商品或服務，不得有下列之仿冒行為：

1.以相關事業或消費者所普遍認知之他人姓名、商號或公司名稱、商標、商品容器、包裝、外觀或其他顯示他人商品之表徵，為相同或類似之使用，致與他人商品混淆，或販賣運送、輸出或輸入使用該項表徵之商品者。

2.以相關事業或消費者所普遍認知之他人姓名、商號或公司名稱、標章或其他表示他人營業、服務之表徵，為相同或類似之使用，致與他人營業或服務之設施或活動混淆者。

3.於同一商品或同類商品，使用相同或近似於未經註冊之外國著名商標，或販賣、運送、輸出或輸入使用該項商標之商品者。

但是，如果該事業為行為，有下列各款之情形時，則不受前述的限制：

1.以普通使用方法，使用商品本身習慣上所通用之名稱，或交易上同類商品慣用之表徵，或販賣、運送、輸出或輸入使用該名稱或表徵之商品者。

2.以普通使用方法，使用交易上同種營業或服務慣用名稱或其他表徵者。

3. 善意使用自己姓名之行爲，或販賣、運送、輸出或輸入使用該姓名之商品者。

4. 對於前項第一款或第二款所列之表徵，在未爲相關事業或消費者所普遍認知前，善意爲相同或類似使用，或其表徵之使用係自該善意使用人連同其營業一併繼受而使用，販賣、運送、輸出或輸入使用該表徵之商品者。

事業如果因爲其他事業有前述第三或第四種之行爲，導致其營業、商品、設施或活動有受損害或混淆之可能時，除非該事業是運送商品者，否則可以依法請求該其他事業附加適當表徵，以維護自身權益。

五、損害信譽行爲之禁止

爲了避免事業在競爭時以散布謠言的手段來打擊對手，造成社會大眾對該事業的誤解，而產生不公平之結果，所以公平交易法明定，事業不得爲競爭之目的，而陳述或散布足以損害他人營業信譽之不實情事，以維護交易秩序的正常合理。

六、多層次傳銷之管理

所謂多層次傳銷，就是推廣或銷售之計畫或組織，對於參加人給付一定代價，以取得推廣、銷售商品或勞務及介紹他人參加之權利，並因而獲得佣金、獎金或其他經濟利益者而言。至於所謂給付一定代價，是指由業者給付金錢、購買商品、提供勞務或負擔債務而言。由於多層次傳銷以往常常有以介紹人加入而抽取

佣金的情形存在，也就是俗稱的老鼠會的方式，因而導致許多糾紛發生，為了徹底杜絕此類情事，所以公平交易法明定，多層次傳銷，其參加人如取得佣金、獎金或其他經濟利益，主要係基於介紹他人加入，而非基於其所推廣或銷售商品或勞務之合理市價者，依法均屬禁止行為。

其次，為保障多層次傳銷參加人的退出權利，依法參加人可以自訂約日起十四日內以書面通知多層次傳銷事業解除契約，在契約解除生效後三十日內，多層次傳銷事業必須接受參加人退貨之申請，並取回商品或由參加人自行送回商品，並返還參加人於契約解除時所有商品之進貨價金及其他加入時給付之費用。但是多層次傳銷事業所返還之金額，可以扣除因可歸責於參加人之事由致商品毀損滅失之價值、由多層次傳銷事業取回該商品所支出運費，以及已因該進貨而對參加人給付之獎金或報酬。

參加人如果沒有在訂約日起十四天內解除契約時，依法並不是不能退出，只是不能以解除契約的方式退出，參加人仍然可以隨時以書面終止契約，以退出多層次傳銷計畫或組織。不過參加人依前述規定終止契約，依法多層次傳銷事業於終止契約後三十日內也必須給付相關款項，只是此時係以參加人原購價格90%的價格買回參加人所持有之商品，但得扣除已因該項交易而對參加人給付之獎金或報酬，及取回商品之價值有減損時，其減損之價額。

參加人依前二條行使解除權或終止權時，係屬依法所為的權利，因此公平交易法也明定，此時多層次傳銷事業不得向參加人請求因該契約解除或終止所受之損害賠償或違約金。換言之，多層次傳銷事業必須依法返還相關的款項，而且不能請求任何損害賠償或違約金，以保護參加人不致受到任何不測之損害。

七、其他不公平競爭行為之限制

(一) 交易相對人轉售價格之自由

事業對於其交易相對人，就供給之商品轉售與第三人或第三人再轉售時，應容許其自由決定價格。換言之，也就是對於買賣人的轉售價格不能做任何限制，否則縱使定有契約約定，該約定依法也當然無效。

(二) 虛偽不實廣告或商品之限制

事業不得在商品或其廣告上，或以其他使公眾得知之方法，對於商品之價格、數量、品質、內容、製造方法、製造日期、有效期限、使用方法、用途、原產地、製造者、製造地、加工者、加工地等，為虛偽不實或引人錯誤之表示或表徵。對於載有前述虛偽不實或引人錯誤表示之商品，依法也不能為販賣、運送、輸出或輸入之行為，以保護社會大眾。

廣告代理業在明知或可得知情形下，仍製作或設計有引人錯誤之廣告，與廣告主負連帶損害賠償責任。廣告媒體業在明知或可得知其所傳播或刊載之廣告有引人錯誤之虞，仍予傳播或刊載，亦與廣告主負連帶損害賠償責任。

八、事業結合之管理

所謂事業結合，是指事業有下列情形之一者而言：

1. 與他事業合併者。
2. 持有或取得他事業之股份或出資額，達到他事業有表決權股份或資本總額三分之一以上者。
3. 受讓或承租他事業全部或主要部分之營業或財產者。
4. 與他事業經常共同經營或受他事業委託經營者。
5. 直接或間接控制他事業之業務經營或人事任免者。

計算前項第二款之股份或出資額時，應將與該事業具有控制與從屬關係之事業所持有或取得他事業之股份或出資額一併計入。凡是事業結合時，如果有下列情形之一者，依法應向行政院公平交易委員會申報以取得許可：

1. 事業因結合而使其市場占有率達三分之一者。
2. 參與結合之一事業，其市場占有率達四分之一者。
3. 參與結合之一事業，其上一會計年度之銷售金額，超過行政院公平交易委員會所公告之金額者。

不過如果屬於下列情形時，其結合不適用前述規定，也就是不用向行政院公平交易委員會申報即可逕行結合：

1. 參與結合之一事業已持有他事業達50％以上之有表決權股份或出資額，再與該他事業結合者。
2. 同一事業所持有有表決權股份或出資額達50％以上之事業間結合者。
3. 事業將其全部或主要部分之營業、財產或可獨立營運之全部或一部營業，讓與其獨自新設之他事業者。
4. 事業依公司法第一百六十七條第一項但書或證券交易法第二十八條之二規定收回股東所持有之股份，致其原有股東

符合第六條第一項第二款之情形者。

九、違反公平交易法時之責任

（一）民事方面

♀損害除去或防止請求權

　　事業若有違反公平交易法之規定，致侵害他人權益時，被害人得請求除去之；有侵害之可能時，被害人也可依法請求防止。

♀損害賠償責任

　　事業有違反公平交易法之規定，致侵害他人權益時，依法應負損害賠償責任。至於賠償金額，除了依一般民事賠償金額計算外，如果該請求是因為事業之故意行為所造成時，法院得依侵害情節，酌定損害額三倍以內之賠償。此外，侵害人如因侵害行為受有利益者，被害人得請求專依該項利益計算損害額，換言之，也就是被害人不用再證明自己損害，而完全以侵害人之利益來請求賠償即可，以方便受害人之請求。

（二）刑事責任

♀獨占、聯合、仿冒行為之處罰

　　違反獨占、聯合、仿冒行為之禁止規定，經行政院公平交易委員會依法限期命其停止、改正其行為或採取必要更正措施，而逾期未停止、改正其行為或未採取必要更正措施，或停止後再為相同或類似違反行為者，行為人將被處三年以下有期徒刑、拘役或科或併科新台幣一億元以下罰金之刑事處罰。

　　同時違反該法第二十三條之多層次傳銷，其參加人如取得佣

金、獎金或其他經濟利益，主要係基於介紹他人加入，而非基於其所推廣或銷售商品或勞務之合理市價者，其處罰條件同上。

♀ 違反妨害公平競爭行為之禁止的處罰

違反妨害公平競爭行為之禁止規定（參公交法一九），經行政院公平交易委員會依法限期命其停止、改正其行為或採取必要更正措施，而逾期未停止、改正其行為或未採取必要更正措施，或停止後再為相同或類似違反行為者，行為人將被處二年以下有期徒刑、拘役或科或併科新台幣五千萬元以下罰金。

♀ 違反損害信譽行為之禁止的處罰

違反損害信譽行為之禁止規定時，行為人將被處二年以下有期徒刑、拘役或科或併科新台幣五千萬元以下罰金。不過本處罰規定，因為較涉及私人問題，所以依法必須告訴乃論。（參公交法三七）

♀ 違反多層次傳銷管理之處罰

多層次傳銷，如果是以參加人介紹他人加入而發給佣金、獎金或其他經濟利益，並非基於其所推廣或銷售商品或勞務之合理市價時，依法行為人將被處三年以下有期徒刑、拘役或科或併科新台幣一億元以下罰金。

（三）行政機關的處罰

♀ 一般行為的處罰

公平交易委員會對於違反公平交易法規定之事業，可以限期命其停止、改正其行為或採取必要更正措施，並得處新台幣五萬元以上二千五百萬元以下罰鍰；逾期仍不停止、改正其行為或未採取必要更正措施者，得繼續限期命其停止、改正其行為或採取必要更正措施，並按次連續處新台幣十萬元以上五千萬元以下罰

鍰，至停止、改正其行爲或採取必要更正措施爲止。

♀ 違反事業結合之規定

事業結合應申請許可而未申請，或經申請未獲許可而爲結合時，行政院公平交易委員會可以依法禁止其結合、限期命其分設事業、處分全部或部分股份、轉讓部分營業、免除擔任職務或爲其他必要之處分。如果事業仍然違反行政院公平交易委員會前述之處分時，行政院公平交易委員會依法可以命令解散該事業、命其停止營業或勒令歇業，並處新台幣十萬元以上五千萬元以下之罰鍰，以維護交易秩序。

♀ 不法多層次傳銷之特別處分規定

違反多層次傳銷之管理時，除了依一般行爲的處罰規定加以處分外，其情節重大者，並得命令解散、停止營業或勒令歇業。

違反多層次傳銷參加人解除或終止契約後之返還價金以及不能向參加者請求損害賠償或違約金之規定時，公平交易委員會得限期命其停止、改正其行爲或採取必要更正措施，並得處新台幣五萬元以上二千五百萬元以下罰鍰。逾期仍不停止、改正其行爲或未採取必要更正措施者，得繼續限期命其停止、改正其行爲或採取必要更正措施，並按次連續處新台幣十萬元以上五千萬元以下罰鍰，至停止、改正其行爲或採取必要更正措施爲止；其情節重大者，並得命令解散、停止營業或勒令歇業。依本法所處停止營業之期間，每次以六個月爲限。

生活實例演習

☛ 案例一：

廖小奇在經過多年努力之後，終於擁有足夠資金購買房屋，於是廖小奇就去參觀預售屋，在該廣告上載明擁有游泳池、網球場等相關休閒設施，令廖小奇相當心動，不料後來卻發覺廣告上所述的設施根本不存在，問廖小奇可否向公平交易委員會主張任何權利？

✑ 解析：

關於此種情形，在公平交易法上稱為不實廣告，依法事業不得在商品或其廣告上，或以其他使公眾得知之方法，對於商品之價格、數量、品質、內容、製造方法、製造日期、有效期限、使用方法、用途、原產地、製造者、製造地、加工者、加工地等，為虛偽不實或引人錯誤之表示或表徵。違反前述規定時，任何人均可向公平交易委員會提出申訴，公平交易委員會對於該違反公平交易法規定之事業，可以限期命其停止、改正其行為或採取必要更正措施，並得處以連續罰鍰，以遏止該虛偽不實之情形發生。

☛ 案例二：

曾跌先在阿達公司任職多年後，終於下定決心要自行創業，結果在公司開立後不久，就發現供貨商突然斷絕與其交易的行為，結果經查係其原先任職公司老闆要求供貨商不得與其為交易行為所造成，此時曾跌先應如何保障自身權益？

✑ 解析：

此種情形對於曾跌先公司的營運具有相當大的影響，而阿達公司老闆的行為係以損害曾跌先之事業為目的，促使其他公司對該公司為斷絕供給之行為，屬於違反妨害公平競爭行為之禁止規

定，依法曾跌先可以向行政院公平交易委員會提出申訴，行政院公平交易委員會即會依法採取限期命阿達公司停止、改正其行為或採取必要更正之措施，如果阿達公司逾期未停止、改正其行為或未採取必要更正措施，或停止後再為相同或類似違反行為者，行為人（即阿達公司老闆及所有參與之人）都將被處二年以下有期徒刑、拘役或科或併科新台幣五千萬元以下罰金之刑事制裁，以維護曾跌先之合法權益。

第二節　消費者保護法

　　在以往一般民眾進行交易行為時，往往會有受氣的情形存在，例如好不容易存夠錢買房子，結果卻發現所買到的預售屋卻跟當初建築商所說的及廣告的內容根本不同；買了一輛車子，結果竟然發生引擎起火燒車的情形，但是向法院起訴請求時，卻因為根本沒辦法證明車子是因為出廠時就有問題（因為車子已經燒毀了），結果根本告不贏而只好乖乖認賠，此類情形在今日生活中仍然屢見不鮮。為了保護消費者權益，促進國民消費生活安全，以及提升國民消費生活品質，所以政府特制定消費者保護法，以期確實保護消費者，解決前述不當結果的產生。

一、企業經營者之責任

　　所謂企業經營者，是指以設計、生產、製造、輸入、經銷商品或提供服務為營業者而言，凡是前述人員，無論是個人、行

號、合夥或是公司都包括在內。凡是從事設計、生產、製造商品或提供服務之企業經營者必須負以下義務：

（一）確保其所提供之商品或服務，無安全或衛生上之危險之義務

只要是前述的企業經營者，對於其所販售的商品或提供的服務，依法必須提供消費者沒有安全或衛生上危險發生的環境，只要一旦發生安全或衛生上的危險時，企業經營者就必須負起法律上的責任。如果企業經營者於有事實足認其所提供之商品或服務有危害消費者安全與健康的可能時，除了企業經營者已為必要之處理且足以除去其危害的情形外，依法就應該立即回收該批商品或停止其服務，否則亦為違法行為。

（二）警告標示之義務

凡是商品或服務具有危害消費者生命、身體、健康、財產之可能時，依法企業經營者必須在明顯處為警告標示及註明緊急處理危險之方法，以保護消費者。依法企業經營者對於有危害消費者生命、身體、健康或財產之可能的商品或服務，卻沒有在明顯處為警告標示，並附載危險之緊急處理方法時，除非該企業經營者已經為必要之處理，而足以除去其危害，否則就必須立即回收該批商品或停止其服務。

企業經營者違反前二種義務，而導致消費者或第三人發生損害時，依法就必須負連帶賠償消費者損害的責任。就算企業經營者能證明其無過失時，依法也只能請求法院減輕其賠償責任，而不能完全免除賠償之責。

另外，在部分情形下，有些企業或服務提供者為了避免遭到

求償，會在合約上約定不負前述消費者保護法的責任，不過這種約定依消費者保護法第十條之一規定屬於當然無效，也就是縱使做了前述約定，企業或服務提供者也不能免除消費者保護法上所應該負擔的責任。

（三）廣告內容之義務

依消費者保護法規定，企業經營者應確保廣告內容之真實，其對消費者所負之義務不得低於廣告之內容。換言之，企業經營者所刊登或發送的廣告，其上所載明的事項，依法企業經營者都必須履行，例如販賣預售屋時廣告上表示可以有夾層屋存在，則交屋時就不能以契約沒有規定而主張不用負責。

（四）包裝之規定

企業經營者對於所提供之商品，負有應該按其性質及交易習慣，為防震、防潮、防塵或其他保存商品所必要之包裝，以確保商品之品質與消費者之安全之義務，違反時也需依法負起相關責任。

（五）商品及服務之標示

依消費者保護法規定，企業經營者應依商品標示法等法令為商品或服務之標示，對於輸入之商品或服務，應附中文標示及說明書，其內容不得較原產地之標示及說明書簡略，如果輸入之商品或服務在原產地附有警告標示者，也必須加以標示，以保護消費者之權益。

二、契約內容之保護

所謂契約內容的保護，就是針對消費者與企業經營者之間所簽立契約的內容來進行保護消費者之法律上的規定。在以往，企業經營者為與不特定多數人訂立契約之用，所以通常單方面預先擬定好契約條款，然後再與消費者簽約，此種情形一般稱為「定型化契約」，但是由於消費者購物時，往往因為受限於企業經營者的強勢作為而根本對於契約內容沒有討價還價的餘地，導致遭到許多無法預料的損失或無法請求賠償之情形存在，為了解決此類問題，所以消費者保護法特別針對定型化契約的內容訂定許多保護消費者的規定。

（一）一般條款之解釋

所謂一般條款，就是對於所有消費者一體適用的條款而言，以有別於非適用於所有人之非一般條款之情形。由於一般條款是由企業經營者單方面訂定，對於消費者並不見得有利，因此在解釋該條款的規定如果有疑義發生時，依法應為有利於消費者之解釋，以使消費者不致受到無法預期的損害。

其次，如果該一般條款是沒有記載於定型化契約中，而僅是以傳真、廣告、信函等方式處理時，依法企業經營者必須向消費者明示其內容，縱使明示其內容顯有困難也應以顯著之方式公告其內容，並且必須經消費者同意願受其拘束時，該條款才能成為契約之內容，否則對於消費者根本不生效力。有前述情形存在時，企業經營者經消費者請求時，尚必須給與契約一般條款之影本或將該影本附為該契約之附件始為合法。換言之，只要契約之

一般條款未經記載於定型化契約中，而且依正常情形顯非消費者所得預見時，該條款即不構成契約之內容，企業經營者也不能依據該條款而向消費者為任何請求。

（二）審閱期之規定

依消費者保護法第十一條之一規定，企業經營者與消費者訂立定型化契約前，應有三十日以內之合理期間，供消費者審閱全部條款內容。至於審閱期間由公平交易委員會依法公告之。不過為避免有企業經營者想規避這項規定，消費者保護法更明文規定凡是違反前項規定時，其違反規定的條款將不構成契約之內容。例如有健身中心與會員訂約，約定加入後不得轉讓，但是卻未依法給予消費者審閱期，則該不得轉讓的規定依法將根本不成為契約的一部分，會員縱使要轉讓，業者也無權加以阻止。

（三）契約條款之無效

為了確實保護消費者，依法只要定型化契約中之條款違反誠信原則，對消費者顯失公平時，該條款就當然無效。至於如何認定其顯失公平則需視個案情形而定，不過定型化契約中之條款有下列情形之一者，依法就推定其顯失公平：

1.違反平等互惠原則者。
2.條款與其所排除不予適用之任意規定之立法意旨顯相矛盾者。
3.契約之主要權利或義務，因受條款之限制，致契約之目的難以達成者。

除了前述的違反誠信原則之情形外，如果定型化契約中之一

般條款有牴觸非一般條款之約定的情形時，其牴觸部分依法也是當然無效，例如買賣預售屋時，契約一般條款雖規定建築商不負任何增建的義務，但是如果建商同意幫其增建花圃時，此時因為兩相牴觸，所以一般條款違反的部分就無效，建商就不能再以一般條款有規定不負增建的義務而主張不用幫甲增建花圃。

此外，中央主管機關也可以選擇特定的行業，公告規定其定型化契約應記載或不得記載之事項，如果企業經營者違反前述主管機關的公告時，該違反公告的定型化契約之一般條款依法也是當然無效。

如果有前述情形存在，導致定型化契約中之一般條款全部或一部無效或不構成契約內容之一部時，如果除去該部分，契約仍可成立而獨立存在時，該契約之其他部分，仍為有效。但是如果剩餘的部分對當事人之一方顯失公平時，則該契約依法將全部無效，等於該契約自始不存在，消費者即根本可以不受該契約的拘束。

三、郵購或訪問買賣的特別規定

所謂郵購買賣，就是指企業經營者以廣播、電視、電話、傳真、型錄、報紙、雜誌、網際網路、傳單或其他類似之方法，使消費者未能檢視商品而與企業經營者所為之買賣。至於訪問買賣，則是指企業經營者未經邀約而在消費者之住居所或其他場所從事銷售，而發生之買賣行為。由於前述的買賣方式，均非消費者在詳細了解購買對象及商品的情形下發生交易行為，為了維護消費者的權益，所以法律上特別做了不同的規定。

在郵購或訪問買賣時，首先依法出賣人負有告知的義務。詳

言之，企業經營者在進行為郵購買賣或訪問買賣時，必須將其買賣之條件、出賣人之姓名、名稱、負責人、事務所或住居所告知買受之消費者，以使消費者能得知出賣人以及其商品的相關情形。

其次，郵購或訪問買賣之消費者，如果對於所收受之商品不願買受時，可以在收受商品後七日內，退回商品或以書面通知企業經營者解除買賣契約，無須說明理由及負擔任何費用或價款。換言之，只要消費者對於所收到的貨品不滿意，都可以在不用說明任何理由的情形下退回該商品，而且不用負擔任何賠償或費用，縱使郵購或訪問買賣業者以契約訂明不能解除契約或需負擔費用等與法律規定相反的約定時，依法該約定當然無效，消費者仍然可以不受該違反法律之契約條款的拘束。

四、寄送買賣的特別規定

所謂寄送買賣，是指企業經營者在沒有得到消費者的要求或同意之情形下，直接以郵寄或其他遞送方式將商品寄送給消費者，而為商品買賣之交易型態。由於此種類型消費者根本是在不知情的情形下收到貨物，如果要求消費者必須依據寄送人的要求而買受或保管該貨物實顯非適當，因此消費者保護法乃明定，未經消費者要約而對之郵寄或投遞商品時，適用以下之特別規定：

1. 消費者不負保管之義務，換言之，也就是消費者依法根本不用保管該物品，因此如果發生遺失等情形時，消費者也不用負責。
2. 寄送人在經消費者定相當期限通知取回而逾期未取回或無

法通知者；或雖然未經消費者通知，但在寄送後逾一個月未經消費者表示承諾，而仍不取回其商品時，依法均視爲拋棄其所寄送之商品。換言之，在前述情形存在時，寄送人即喪失其寄送之物品的所有權，消費者可以當然取得該貨物的所有權，或是將其加以丟棄均屬合法行爲。

3.消費者得請求償還因寄送物所受之損害，及處理寄送物所支出之必要費用。詳言之，例如消費者因爲寄送之商品有問題而遭受損害，或是將寄送的物品寄回而支出費用，都可以向寄送人請求。（參消保法二十）

五、分期付款買賣的特別規定

所謂分期付款，是指買賣契約約定消費者支付頭期款，餘款分期支付，而企業經營者於收受頭期款時，交付標的物予消費者之交易型態。由於以往關於此方面的問題甚多，例如餘款部分金額多少？是否包含利息？利率多少？常常發生爭議。爲了解決此類問題，消費者保護法明定企業經營者與消費者進行分期付款買賣時，應以書面之分期付款買賣契約爲之，並載明下列事項：

1.頭期款。
2.各期價款與其他附加費用合計之總價款與現金交易價格之差額。
3.利率。

企業經營者如果未依前項規定記載利率者，其利率按現金交易價格週年利率5％計算之。如果企業經營者違反第一、第二項之規定時，亦即沒有載明頭期款及各期價款與其他附加費用合計之

總價款與現金交易價格之差額時，依法消費者不負現金交易價格以外價款之給付義務；換言之，消費者所應給付的總價就是原來以沒有分期付款交易時之現金給付的總價為限，也就是無息的分期付款而言。

六、媒體經營者之損害賠償責任

所謂媒體經營者，是指報紙、電視等傳播媒體之經營者而言。由於有時傳播媒體的效力相當廣泛，為了避免消費者因誤信而上當受騙，所以消費者保護法明定刊登或報導廣告之媒體經營者，如果明知或可得而知廣告內容與事實不符時，對於消費者因信賴該廣告所受之損害，必須與企業經營者一起負連帶賠償責任；前項損害賠償責任，不得預先約定限制或拋棄（參消保法二三）。換言之，如果媒體經營者對於廣告內容明知或可得而知其內容不實的時候，就負有不予刊登的義務，如果違反時就必須與刊登者共同連帶負起賠償消費者的責任。為了避免有規避法律的情形發生，所以消費者保護法也明定，前述之損害賠償責任，不能以預先約定的方式限制或拋棄，否則該約定依法也當然無效。

七、消費者保護團體

（一）消費者保護團體的任務

消費者保護團體，是指以保護消費者權益、推行消費者教育為宗旨而成立之社團法人或財團法人，例如一般常見的消費者文教基金會等。一般而言，消費者保護團體之任務主要有以下幾

種：

1.商品或服務價格之調查、比較、研究、發表。

2.商品或服務品質之調查、檢驗、研究、發表。

3.商品標示及其內容之調查、比較、研究、發表。

4.消費資訊之諮詢、介紹與報導。

5.消費者保護刊物之編印發行。

6.消費者意見之調查、分析、歸納。

7.接受消費者申訴，調解消費爭議。

8.處理消費爭議，提起消費訴訟。

9.建議政府採取適當之消費者保護立法或行政措施。

10.建議企業經營者採取適當之消費者保護措施。

11.其他有關消費者權益之保護事項。

（二）消費者保護團體的權力

消費者保護團體，於許可設立滿三年以上，經申請消費者保護委員會評定優良，置有消費者保護專門人員，如果是社團法人，其社員人數在五百人以上，如果係財團法人，其登記財產總額新台幣一千萬元以上，並經消費者保護官同意時，得以自己之名義，依法具有以下之權力：

♀消費者損害賠償訴訟

消費者保護團體對於同一之原因事件，致使眾多消費者受害時，得受讓二十人以上消費者損害賠償請求權後，以自己之名義，提起訴訟。前述讓與之損害賠償請求權，包括非財產上之損害賠償請求權在內，但是消費者保護團體受讓非財產上之損害賠償請求權後，應將訴訟結果所得之賠償，扣除訴訟必要費用後，

交付該讓與請求權之消費者。本規定的目的在於保護無資力起訴的消費者，使其可以用讓與請求權的方式，委請消費者保護團體代爲訴訟，以爭取自身之權益。

消費者保護團體以自己之名義提起本訴訟時，如果其標的價額超過新台幣六十萬元者，超過部分依法可以免繳裁判費，以鼓勵消費者保護團體爲消費者爭取權益。

❡ 不作爲訴訟請求權

消費者保護團體，就企業經營者重大違反本法有關保護消費者規定之行爲，可以向法院訴請停止或禁止之，以避免不知情消費者受害。對於前述的訴訟，依法可以免繳裁判費，以避免造成妨礙。

消費者保護團體依前述規定提起訴訟者，應委任律師代理訴訟。受委任之律師，就該訴訟，不得請求報酬，但得請求償還必要之費用。消費者保護團體關於其提起之訴訟，有不法行爲時，許可設立之主管機關得撤銷其許可。

八、政府機關的保護措施

在一般消費者受到損害時，除了向消費者保護團體請求協助外，無疑地政府機關的保護則是更有效率的情形。按政府機關既然基於國家公權力而行使，因此較能使用一些強制力的措施以保護消費者。政府機關的保護措施，除了科處罰鍰之外，主要可分爲消費者保護機關之設置及直接強制力的實行。

（一）消費者保護機關之設置

♀消費者保護委員會

　　消費者保護委員會是行政院為研擬及審議消費者保護基本政策與監督其實施而設置的委員會，其組成以行政院副院長為主任委員，有關部會首長、全國性消費者保護團體代表、全國性企業經營者代表及學者、專家為委員。至於職掌則有下列六種：

1.消費者保護基本政策及措施之研擬及審議。
2.消費者保護計畫之研擬、修訂及執行成果檢討。
3.消費者保護方案之審議及其執行之推動、聯繫與考核。
4.國內外消費者保護趨勢及其與經濟社會建設有關問題之研究。
5.各部會局署關於消費者保護政策及措施之協調事項。
6.監督消費者保護主管機關及指揮消費者保護官行使職權。

　　消費者保護委員會應將消費者保護之執行結果及有關資料定期公告。

♀消費者服務中心

　　省（市）及縣（市）政府應設消費者服務中心，辦理消費者之諮詢服務、教育宣導、申訴等事項，直轄市、縣（市）政府消費者服務中心亦得於轄區內設分中心，以方便民眾。

♀消費者保護官

　　消費者保護官，是由消費者保護委員會、省（市）、縣（市）政府為了執行消費者保護事項而實際負責執行之人員而言。消費者保護官在遇到企業經營者有重大違反本法有關保護消費者規定之行為時，可以向法院訴請停止或禁止之，並免繳裁判費。

（二）直接強制力的行使

♀ 進行調查

中央主管機關、省、直轄市或縣（市）政府認為企業經營者提供之商品或服務有損害消費者生命、身體、健康或財產之虞者，應即進行調查。於調查完成後，得公開其經過及結果，其調查得依下列方式進行：

1.向企業經營者或關係人查詢。

2.通知企業經營者或關係人到場陳述意見。

3.通知企業經營者提出資料證明該商品或服務對於消費者生命、身體、健康或財產無損害之虞。

4.派員前往企業經營者之事務所、營業所或其他有關場所進行調查。

5.必要時，得就地抽樣商品，加以檢驗。

♀ 調查之扣押

中央、省之主管機關、直轄市或縣（市）政府於調查時，對於可為證據之物，得聲請檢察官扣押之。前述扣押，準用刑事訴訟法關於扣押之規定。

♀ 辦理檢驗

主管機關辦理檢驗，得委託設有與檢驗項目有關之檢驗設備之消費者保護團體、職業團體或其他有關公私機構或團體辦理之。

♀ 命企業經營者改善、收回或停止生產

中央、省之主管機關、直轄市或縣（市）政府對於企業經營者提供之商品或服務，經第三十三條之調查，認為確有損害消費

者生命、身體、健康或財產，或確有損害之虞者，可以命其限期改善、回收或銷燬，必要時並得命企業經營者立即停止該商品之設計、生產、製造、加工、輸入、經銷或服務之提供，或採取其他必要措施。

♀ 借用大眾傳播媒體公告

中央、省之主管機關、直轄市或縣（市）政府於企業經營者提供之商品或服務，對消費者已發生重大損害或有發生重大損害之虞，而情況危急時，除為前述之處置外，可以立即在大眾傳播媒體公告企業經營者之名稱、地址、商品、服務，或為其他必要之處置。

♀ 命停止營業

企業經營者違反消費者保護法規定情節重大，報經中央主管機關或消費者保護委員會核准者，可以命停止該企業經營者之營業或勒令歇業。

九、爭議之處理

消費者與企業經營者因商品或服務發生消費爭議時，消費者得向企業經營者、消費者保護團體或消費者服務中心或其分中心申訴，企業經營者對於消費者之申訴，應於申訴之日起十五日內妥適處理之。如果消費者之申訴未獲妥適處理時，得向直轄市、縣（市）政府消費者保護官進行申訴，以保障自己權益。

但是消費者如果依前條申訴未能獲得妥適處理時，依法還可以向直轄市或縣（市）消費爭議調解委員會申請進行調解，由調解委員會進行爭議之調解程序。

如果在調解程序中無法達成協議時，消費者也可以選擇是否

自行或委託消費者保護團體提起消費者保護訴訟，以便能請求相關之賠償。關於消費者請求賠償的訴訟，如果是因企業經營者之故意所致之損害，消費者得請求損害額三倍以下之懲罰性賠償金；如果是因過失所致之損害，也可以請求損害額一倍以下之懲罰性賠償金，以處罰企業經營者之行為。

生活實例演習

☛ 案例一：

　　李四在郵購目錄上發現一台收音機不錯，遂填寫訂購單購買，不料在收到後發現該收音機根本沒有郵購目錄所敘述的功能，因此想要退回，但是郵購公司表示當初在入會申請及目錄上就明白表示「貨物既出，概不退換」，因此不接受退貨。問李四可否退貨？

✎ 解析：

　　李四仍然可以退貨。由於郵購買賣，並非在消費者詳細了解購買對象及商品的情形下發生交易行為，為了維護消費者的權益，所以法律上特別做了強制的規定，也就是郵購買賣之消費者，如果對於所收受之商品不願買受時，可以在收受商品後七日內，退回商品或以書面通知企業經營者解除買賣契約，無須說明理由及負擔任何費用或價款。由於此係強制規定，因此縱使郵購買賣業者以契約訂明不能退貨或解除契約等約定時，依法該約定仍然當然無效，消費者仍然可以不受該違反法律之契約條款的拘束，而可以在七天內進行退貨行為。

☛ 案例二：

　　王五某日收到某家公司寄來的一本書，信封上並載明係愛心

義賣，請王五於收到後劃撥匯款，並且不接受退書，但是王五心想：「我根本沒訂書，為何一定要買呢？」問此時王五應如何處理？

🖋️解析：

此種情形稱為寄送買賣。由於寄送買賣，是指企業經營者在沒有得到消費者的要求或同意之情形下，直接以郵寄或其他遞送方式將商品寄送給消費者之行為，消費者根本是在不知情的情形下收到貨物，如果要求消費者必須依據寄送人的要求而買受或保管該貨物實顯非適當，因此消費者保護法乃明定，未經消費者要約而對之郵寄或投遞之商品，消費者王五依法不負保管之義務，而且王五也可以定相當期限通知該公司取回，如果逾期未取回或無法通知時，依法均視為拋棄其所寄送之商品，此時王五可以當然取得該貨物的所有權，或是將其加以逕行丟棄，均不違法。

第三節　稅法

稅法，就是規定應向政府繳納之相關稅捐的法律之總稱。由於政府為了執行相關行政事務，必須有經費來源，而為了充實這方面的資金需求，因此乃有稅捐的產生。依我國稅捐稽徵法規定，凡是政府所規定的稅捐，人民都有依法誠實繳納的義務，如果有逃漏稅等情事發生時，除了依法可能受到滯納金及罰鍰的處罰外，嚴重時可能會有刑事責任的問題產生。至於我國的稅捐，由於規定內容種類相當之多，茲就其中主要的規定分述如後。

一、所得稅

(一) 綜合所得稅

　　所得稅可分為綜合所得稅及營利事業所得稅兩種。綜合所得稅是針對個人之所得所課徵的稅捐，依法凡有中華民國來源所得之個人，應就其中華民國來源之所得，依法課徵綜合所得稅。綜合所得稅之繳交，係由所得人於年度申報時，自行將前一年度之所得總額加以計算個人綜合所得總額，然後減除免稅額及扣除額，得出綜合所得淨額之後，依據所適用的稅率來計算徵收。

(二) 營利事業所得稅

　　至於營利事業所得稅，則是針對凡在中華民國境內經營之營利事業所課徵之稅捐。依法營利事業之總機構，在中華民國境內者，應就其中華民國境內外全部營利事業所得，合併課徵營利事業所得稅。但其來自中華民國境外之所得，已依所得來源國稅法規定繳納之所得稅，得由納稅義務人提出所得來源國稅務機關發給之同一年度納稅憑證，並取得所在地中華民國使領館或其他經中華民國政府認許機構之簽證後，自其全部營利事業所得結算應納稅額中扣抵。扣抵之數，不得超過因加計其國外所得，而依國內適用稅率計算增加之結算應納稅額。至於營利事業之總機構雖然在中華民國境外，但是有中華民國來源所得時，依法也應就其在中華民國境內之營利事業所得課徵營利事業所得稅。至於營利事業所得稅之繳納，則是由該營利事業以其本年度收入總額減除各項成本費用、損失及稅捐後之純益額為所得額，然後依據相關

稅率計算稅額後，填寫相關會計表冊並附上相關憑證後向國稅局申報繳交。不過營利事業除了經核定之小規模營利事業，以及依法規定免徵營利事業所得稅者外，依照所得稅法規定尚需於每年七月一日起一個月內，按其上年度結算申報營利事業所得稅應納稅額之二分之一為暫繳稅額，自行向行庫繳納，並依規定格式，填具暫繳稅款申報書，檢附暫繳稅款繳款收據，一併申報該管稽徵機關辦理。

二、關稅

關稅，是指對於國外進口貨物所課徵之進口稅。依法關稅係依據海關進口稅則，由海關從價或從量來徵收。海關進口稅則之稅率分為兩欄，分別適用於中華民國有互惠待遇及無互惠待遇之國家或地區之進口貨物。至於關稅之繳交則依特定進口貨物之不同數量所適用之不同關稅稅率計算後，由收貨人、提貨單或貨物持有人向海關繳納。

三、土地稅

所謂土地稅，是指有關於土地之稅捐，包含地價稅、田賦及土地增值稅等。

(一) 地價稅

地價稅，是對於已規定地價之土地，除了依法應課徵田賦者外，所課徵之稅捐而言。依土地稅法規定，地價稅係按每一土地所有權人在每一直轄市或縣（市）轄區內之地價總額加以計算後

來徵收。地價稅基本稅率原則上爲千分之十。土地所有權人之地價總額未超過土地所在地直轄市或縣（市）累進起點地價者，其地價稅按基本稅率徵收；超過累進起點地價者，則依累進稅率課徵，所稱累進起點地價，以各該直轄市及縣（市）土地七公畝之平均地價爲準。但不包括工廠用地、礦業用地、農業用地及免稅土地在內；不過如果是屬於自用住宅用地，其位於都市之土地面積未超過三公畝，或該土地位於非都市土地面積未超過七公畝時，則可享受以千分之二之稅率計徵地價稅。

（二）田賦

田賦，則是以非都市土地依法編定之農業用地，或是未規定地價之土地來進行徵收的稅捐。但都市土地合於下列規定者，亦徵收田賦：

1.依都市計畫編爲農業區及保護區，限作農業用地使用者。
2.公共設施尚未完竣前，仍作農業用地使用者。
3.依法限制建築，仍作農業用地使用者。
4.依法不能建築，仍作農業用地使用者。
5.依都市計畫編爲公共設施保留地，仍作農業用地使用者。

田賦原則上徵收實物，即係就各地方生產稻穀或小麥來徵收稅捐。但是如果是不產稻穀或小麥之土地及有特殊情形的地方，可以按應徵實物折徵當地生產雜糧或折徵代金。另外農民團體與合作農場所有直接供農業使用之倉庫、冷凍（藏）庫、農機中心、蠶種製造（繁殖）場、集貨場、檢驗場、水稻育苗用地、儲水池、農用溫室、農產品批發市場等用地，仍徵收田賦。

同時田賦徵收實物，依下列標準計徵之：

1.徵收稻穀區域之土地，每賦元徵收稻穀二十七公斤。

2.徵收小麥區域之土地，每賦元徵收小麥二十五公斤。

前項標準，得由行政院視各地土地稅捐負擔情形酌予減低。

（三）土地增值稅

土地增值稅，是針對已規定地價之土地，於土地所有權移轉時，依照其土地漲價總數額計算徵收的稅捐。不過如果是因繼承而移轉之土地、各級政府出售或依法贈與之公有土地或是配偶相互贈與之土地，依法免徵土地增值稅；土地為信託財產者，於下列各款信託關係人間移轉所有權，不課徵土地增值稅。土地增值稅之稅率，依下列規定：

1.土地漲價總數額超過原規定地價或前次移轉時核計土地增值稅之現值數額未達100%者，就其漲價總數額徵收增值稅20%。

2.土地漲價總數額超過原規定地價或前次移轉時核計土地增值稅之現值數額在100%以上未達200%者，除按前款規定辦理外，其超過部分徵收增值稅30%。

3.土地漲價總數額超過原規定地價或前次移轉時核計土地增值稅之現值數額在200%以上者，除按前二款規定分別辦理外，其超過部分徵收增值稅40%。

配偶相互贈與之土地，得申請不課徵土地增值稅。此外，持有土地年限超過二十年以上者，就其土地增值稅超過第一項最低稅率部分減徵20%；持有土地年限超過三十年以上者，就其土地增值稅超過第一項最低稅率部分減徵30%；持有土地年限超過四

十年以上者，就其土地增值稅超過第一項最低稅率部分減徵40％。

四、加值型或非加值型營業稅

所謂加值型或非加值型營業稅，是指在中華民國境內銷售貨物或勞務及進口貨物時所應繳納的稅而言。換言之，只要是在中華民國境內進行銷售貨物、銷售勞務或是進口貨物等行為時，銷售貨物或勞務之營業人或進口貨物之收貨人或持有人就必須依營業稅法的規定繳交營業稅。

銷售貨物，是指將貨物之所有權移轉與他人，以取得代價之情形，為銷售貨物。有下列情形之一者，視為銷售貨物：

1.營業人以其產製、進口、購買供銷售之貨物，轉供營業人自用；或以其產製、進口、購買之貨物，無償移轉他人所有者。

2.營業人解散或廢止營業時所餘存之貨物，或將貨物抵償債務、分配與股東或出資人者。

3.營業人以自己名義代為購買貨物交付與委託人者。

4.營業人委託他人代銷貨物者。

5.營業人銷售代銷貨物者。

只要符合前述的規定，而且該銷售貨物之交付如須移運者，其起運地在中華民國境內，或是銷售貨物之交付無須移運者，其所在地在中華民國境內時，就屬於在中華民國境內銷售貨物。

至於進口，則是指貨物自國外或自政府核定之免稅出口區內之外銷事業、科學工業園區內之園區事業及海關管理之保稅工廠

或保稅倉庫進入中華民國境內之其他地區都包括在內。

關於營業稅的稅率，除小規模營業人及其他經財政部規定免予申報銷售額之營業人，其營業稅稅率為1％；農產品批發市場之承銷人及銷售農產品之小規模營業人，其營業稅稅率為0.1％；金融保險業為2％；以及特種飲食業之營業稅稅率為15％至25％外；其餘營業人所繳稅率依法現行為5％。

五、貨物稅

貨物稅是針對在國內產製或自國外進口的貨物所依法課徵的稅捐而言。依法貨物稅於應稅貨物出廠或進口時徵收之。其納稅義務人如下：

1.國內產製之貨物，為產製廠商。
2.委託代製之貨物，為受託之產製廠商。不過委託廠商如果為產製應稅貨物之廠商者，得向主管稽徵機關申請以委託廠商為納稅義務人。
3.國外進口之貨物，為收貨人、提貨單或貨物持有人。

關於貨物稅，只要是國內產製或國外進口的貨物都必須依據法定稅率來繳納，但是應稅貨物有下列情形之一者，依法免徵其貨物稅：

1.用作製造另一應稅貨物之原料者。
2.運銷國外者。
3.參加展覽，並不出售者。
4.捐贈勞軍者。

5.經國防部核定直接供軍用之貨物。

六、印花稅

　　印花稅是指對於在中華民國領域內書立之下列憑證,由財政部以發行印花稅票之方式加以徵收的一種稅捐:

(一) 銀錢收據

　　指收到現金所立之單據、簿、摺等。凡收受或代收現金收據、收款回執、解款條、取租簿、取租摺及付款簿等均屬之。但兼具營業發票性質之現金收據及兼具現金收據性質之營業發票不包括在內。關於銀錢收據,依法每件按金額千分之四,由立據人貼印花稅票;不過招標人收受押標金的收據則係每件按金額千分之一計算,由立據人貼印花稅票。

(二) 買賣動產契據

　　指買賣動產所立之契約或收據。買賣動產契據依法每件稅額四元,由立約或立據人貼印花稅票。

(三) 承攬契據

　　指一方為他方完成一定工作之契據;如承包各種工程契約、承印印刷品契約及代理加工契據等屬之。承攬契據依法每件按金額千分之一,由立約或立據人貼印花稅票。

(四) 讓受及分割不動產契據

　　指買賣、交換、贈與、分割不動產所立向主管機關申請物權

登記之契據。關於此處之契據，依法每件按金額千分之一，由立約或立據人貼印花稅票。

七、契稅

契稅，是針對不動產之買賣、承典、交換、贈與、分割或因占有而取得所有權時，依法針對其契約價格所課徵的稅捐而言。不過由於土地方面有開徵土地增值稅，所以現行房地買賣時，土地部分僅繳納土地增值稅，不用繳交契稅，只有房屋部分必須依法繳交契稅。至於主要契稅稅率如下：

1. 買賣契稅為其契價6%。買賣契稅，應由買受人按契約所載價額申報納稅。
2. 交換契稅為其契價2%。交換契稅，應由交換人估價訂立契約，各就承受部分申報納稅，如果該項交換有給付差額價款者，其差額價款，應依買賣契稅稅率課徵。
3. 贈與契稅為其契價6%。贈與契稅，應由受贈人估價訂立契約後申報納稅。
4. 分割契稅為其契價2%。分割契稅，應由分割人估價訂立契約後申報納稅。

八、使用牌照稅

使用牌照稅，是針對使用於公共水陸道路之交通工具，無論公用、私用或軍用，除了必須依照其他有關法律領用證照並繳納規費外，交通工具所有人或使用人尚應向所在地主管稽徵機關請

領使用牌照，並且繳納之稅捐而言。詳言之，凡是小客車、大客車、貨車、機器腳踏車或船舶等，除非經政府規定免徵，否則均應依法繳納使用牌照稅。現行使用牌照稅於每年四月一日起一個月內一次徵收，但營業用車輛則按應納稅額於每年四月一日及十月一日起一個月內分二次平均徵收。

九、房屋稅

房屋稅，是以附著於土地之各種房屋，及有關增加該房屋使用價值之建築物，為課徵對象的一種稅捐。房屋稅係向房屋所有人來徵收並依房屋現值，按下列稅率課徵之：

1. 住家用房屋最低不得少於其房屋現值1.38%，最高不得超過2%。但自住房屋不得超過1.38%。
2. 非住家用房屋，其為營業用者，最低不得少於其房屋現值3%，最高不得超過5%。其為私人醫院、診所、自由職業事務所及人民團體等非營業用者，最低不得少於其房屋現值1.5%，最高不得超過2.5%。
3. 房屋同時作住家及非住家用者，應以實際使用面積，分別按住家用或非住家用稅率，課徵房屋稅。但非住家用者，課稅面積最低不得少於全部面積六分之一。

十、菸酒稅

所謂「菸酒稅」，是指對於國內產製或自國外進口之菸酒所課徵的稅負而言。

（一）菸

依菸酒稅法規定，所謂「菸」是指全部或一部以菸草或其代用品作為原料，製成可供吸用、嚼用、含用或聞用之製成品而言。其分類如下：

紙菸

指將菸草切絲調理後，以捲菸紙捲製，加接或不接濾嘴之菸品。紙菸依法每千支徵收新台幣五百九十元之菸酒稅。

菸絲

指將菸草切絲，經調製後可供吸用之菸品。菸絲依法每公斤徵收新台幣五百九十元之菸酒稅。

雪茄

指以雪茄種菸草，經調理後以填充葉為蕊，中包葉包裹，再以外包葉捲包成長條狀之菸品，或以雪茄種菸葉為主要原料製成，菸氣中具有明顯雪茄菸香氣之非葉捲雪茄菸。雪茄依法每公斤徵收新台幣五百九十元之菸酒稅。

其他菸品

指紙菸、菸絲、雪茄以外之菸品。其他菸品依法每公斤徵收新台幣五百九十元之菸酒稅。

除此之外，菸品另外必須徵收健康福利捐，現行法除了紙菸係以每千支徵收新台幣二百五十元計算外，其餘菸品均以每公斤徵收新台幣二百五十元計算。

（二）酒

至於「酒」則指含酒精成分以容量計算超過0.5％之飲料、其他可供製造或調製上項飲料之未變性酒精及其他製品，但不包括

菸酒管理法第四條得不以酒類管理之酒類製劑。其分類如下：

◊ 釀造酒類

指以穀類、水果類及其他含澱粉或糖分之植物爲原料，經糖化或不經糖化釀製之下列含酒精飲料：

1. **啤酒**：指以麥芽、啤酒花爲主要原料，添加或不添加其他穀類或澱粉爲副原料，經糖化發酵製成之含碳酸氣酒精飲料，可添加或不添加植物性輔料。啤酒依法每公升徵收新台幣二十六元之菸酒稅。

2. **其他釀造酒**：指啤酒以外之釀造酒類，包括各種水果釀造酒、穀類釀造酒及其他經釀造方法製成之酒類。其他釀造酒依法每公升按酒精成分每度徵收新台幣七元之菸酒稅。

◊ 蒸餾酒類

指以穀類、水果類及其他含澱粉或糖分之植物爲原料，經糖化或不經糖化，發酵後，再經蒸餾而得之含酒精飲料。蒸餾酒類依法每公升徵收新台幣一百八十五元之菸酒稅。

◊ 再製酒類

指以酒精、蒸餾酒或釀造酒爲基酒，加入動植物性輔料、藥材或礦物或其他食品添加物，調製而成之酒類，其抽出物含量不低於2%者。再製酒類依法酒精成分以容量計算超過20%者，每公升徵收新台幣一百八十五元之菸酒稅；酒精成分以容量計算在20%以下者，每公升按酒精成分每度徵收新台幣七元之菸酒稅。

◊ 米酒

指以米類爲原料，採用阿米諾法製造，經蒸煮、糖化發酵、蒸餾、調合酒精而製得之酒，其成品酒之酒精成分以容量計算不超過20%，在包裝上標示專供烹調用酒之字樣者。米酒依法每公

升稅額自民國九十二年起為新台幣一百八十五元。

♀ 料理酒

以穀類或其他含澱粉之植物性原料經糖化後加入酒精製得產品為基酒；或直接以釀造酒、蒸餾酒、酒精為基酒，加入0.5%以上之鹽，添加或不添加其他調味料，調製而成供烹調用之酒。料理酒依法每公升徵收新台幣二十二元之菸酒稅。

♀ 其他酒類

指前五目以外之酒類，包括粉末酒、膠狀酒、含酒香精、蜂蜜酒及其他未列名之酒類。其他酒類依法每公升按酒精成分每度徵收新台幣七元之菸酒稅。

♀ 酒精

凡含酒精成分以容量計算超過80%之未變性酒精。酒精依法每公升徵收新台幣十一元之菸酒稅。

(三) 菸酒稅之納稅義務人

1. 國內產製之菸酒，為產製廠商。
2. 委託代製之菸酒，為受託之產製廠商。不過如果委託廠商為產製應稅菸酒之廠商者，得向主管稽徵機關申請以委託廠商為納稅義務人。
3. 國外進口之菸酒，為收貨人、提貨單或貨物持有人。
4. 法院及其他機關拍賣尚未完稅之菸酒，為拍定人。
5. 免稅菸酒因轉讓或移作他用而不符免稅規定者，為轉讓或移作他用之人或貨物持有人。

十一、娛樂稅

所謂娛樂稅，是依據下列娛樂場所、娛樂設施或娛樂活動所收票價或收費額來向出價娛樂之人徵收的稅捐，舉例而言，如果是電影即係向看電影之人徵收娛樂稅。其法定稅率如下：

1. 電影。依法其娛樂稅率最高不得超過60%。本國語言片最高不得超過30%。
2. 職業性歌唱、說書、舞蹈、馬戲、魔術、技藝表演及夜總會之各種表演。依法其娛樂稅率最高不得超過30%。
3. 戲劇、音樂演奏及非職業性歌唱、舞蹈等表演。依法其娛樂稅率最高不得超過5%。
4. 各種競技比賽。依法其娛樂稅率最高不得超過10%。
5. 舞廳或舞場。依法其娛樂稅率最高不得超過100%。
6. 撞球場，依法其娛樂稅率最高不得超過50%；保齡球館，依法其娛樂稅率最高不得超過30%；高爾夫球場，依法其娛樂稅率最高不得超過20%；其他提供娛樂設施供人娛樂者，依法其娛樂稅率最高不得超過50%。

前述各種娛樂場所、娛樂設施或娛樂活動如果不出售票券，而係以其他飲料品或娛樂設施供應娛樂人時，依法則按其收費額課徵娛樂稅。

十二、證券交易稅

證券交易稅是針對買賣有價證券，除了各級政府發行之債券

外，對於出賣證券之人所依法課徵的稅捐而言。所謂的有價證券，包括公司發行之股票、公司債及經政府核准得公開募銷之其他有價證券。凡是賣出公司發行之股票及表明股票權利之證書或憑證時，出賣人依法均應負擔千分之六的證券交易稅；如果是賣出公司債及其他經政府核准之有價證券時，則出賣人依法應負擔千分之一的證券交易稅。

十三、期貨交易稅

期貨交易稅是針對在中華民國境內從事股價指數期貨、股價指數期貨選擇權或股價選擇權之交易對於買賣雙方所課徵的稅捐而言。依法期貨交易稅向買賣雙方交易人各依下列規定課徵之：

1. 股價指數期貨契約：按每次交易之契約金額課徵，稅率最低不得少於千分之零點二五，最高不得超過千分之一點五：其徵收率，由財政部擬訂，報請行政院核定之。
2. 股價指數期貨選擇權契約或股價選擇權契約：按每次交易之權利金金額課徵，稅率最低不得少於千分之一點二五，最高不得超過千分之七點五；其徵收率，由財政部擬訂，報請行政院核定之。

十四、遺產及贈與稅

（一）遺產稅

遺產稅是針對死亡時所遺留之財產所課徵的稅捐而言。依法

凡經常居住中華民國境內之中華民國國民死亡時遺有財產者，應就其在中華民國境內境外全部遺產課徵遺產稅；至於如果是經常居住中華民國境外之中華民國國民，及非中華民國國民，則僅限死亡時在中華民國境內遺有財產者，始需就其在中華民國境內之遺產依法課徵遺產稅。遺產稅之納稅義務人在有遺囑執行人時，為遺囑執行人；無遺囑執行人時，則為繼承人及受遺贈人；無遺囑執行人及繼承人者，為依法選定遺產管理人。凡是被繼承人死亡時所遺留之財產，依法於扣除下列數額後計算其遺產稅：

1. 被繼承人如為經常居住中華民國境內之中華民國國民，自遺產總額中減除免稅額七百萬元；其為軍警公教人員因執行職務死亡者，加倍計算。

2. 其他扣除額：

   (1) 被繼承人遺有配偶者，自遺產總額中扣除四百萬元。

   (2) 繼承人為直系血親卑親屬者，每人得自遺產總額中扣除四十萬元。其有未滿二十歲者，並得按其年齡距屆滿二十歲之年數，每年加扣四十萬元。但親等近者拋棄繼承由次親等卑親屬繼承者，扣除之數額以拋棄繼承前原得扣除之數額為限。

   (3) 被繼承人遺有父母，每人得自遺產總額扣除一百萬元。

   (4) 第一至第三款所定之人如為身心障礙者保護法第三條規定之重度以上身心障礙者，或精神衛生法規定之病人，每人得再加扣五百萬元。

   (5) 被繼承人遺有受其扶養之兄弟姊妹、祖父母者，每人得自遺產總額扣除四十萬元；其兄弟姊妹有未滿二十歲者，並得按其年齡距屆滿二十歲之年數，每年加扣四十

萬元。

(6)遺產中作農業使用之農業用地及其地上農作物,由繼承人或受遺贈人承受者,扣除其土地及地上農作物價值之全數。承受人自承受之日起五年內,未將該土地繼續作農業使用且未在有關機關所令期限內恢復作農業使用,或雖在有關機關所令期限內已恢復作農業使用而再有未作農業使用情事者,應追繳應納稅賦。但如因該承受人死亡、該承受土地被徵收或依法變更為非農業用地者,不在此限。

(7)被繼承人死亡前六年至九年內,繼承之財產已納遺產稅者,按年遞減扣除80%、60%、40%及20%。

(8)被繼承人死亡前,依法應納之各項稅捐、罰鍰及罰金。

(9)被繼承人死亡前,未償之債務,具有確實之證明者。

(10)被繼承人之喪葬費用,以一百萬元計算。

(11)執行遺囑及管理遺產之直接必要費用。

(二)贈與稅

贈與稅是針對將自己的財產贈送他人之行為所課徵的稅捐而言。依法凡經常居住中華民國境內之中華民國國民,就其在中華民國境內或境外之財產為贈與者;或是經常居住中華民國境外之中華民國國民,及非中華民國國民,就其在中華民國境內之財產為贈與者,依法均應課徵贈與稅。贈與稅之納稅義務人為贈與人,依法贈與人每年得自贈與總額中減除免稅額一百萬元,其餘的贈與金額則在扣除下列數額後依法繳交贈與稅:

1.捐贈各級政府及公立教育、文化、公益、慈善機關之財

產。

2.捐贈公有事業機構或全部公股之公營事業之財產。

3.捐贈依法登記為財團法人組織且符合行政院規定標準之教
　育、文化、公益、慈善、宗教團體及祭祀公業之財產。

4.扶養義務人為受扶養人支付之生活費、教育費及醫藥費。

5.作農業使用之農業用地及其地上農作物，贈與民法第一千
　一百三十八條所定繼承人者，不計入其土地及地上農作物
　價值之全數。受贈人自受贈之日起五年內，未將該土地繼
　續作農業使用且未在有關機關所令期限內恢復作農業使
　用，或雖在有關機關所令期限內已恢復作農業使用而再有
　未作農業使用情事者，應追繳應納稅賦。但如因該受贈人
　死亡、該受贈土地被徵收或依法變更為非農業用地者，不
　在此限。

6.配偶相互贈與之財產。

7.父母於子女婚嫁時贈與之財物，總金額不超過一百萬元。

生活實例演習

☛ 案例：

　　陳六死亡後，遺產總值新台幣一千一百萬元，身後遺有配偶
及二十歲之兒子一人。問陳六需不需要繳納遺產稅？

📝 解析：

　　依法被繼承人死亡時，有免稅額新台幣七百萬元；被繼承人
遺有配偶者，自遺產總額中有扣除額四百萬元；繼承人為直系血
親卑親屬者，每人得自遺產總額中扣除四十萬元；除此之外被繼
承人尚可扣除一百萬元之喪葬費用，因此陳六之遺產只要未超過

新台幣一千二百四十萬元時即不用繳納遺產稅，然而陳六遺產僅值新台幣一千一百萬元，因此其遺產當然不用繳納遺產稅。

第十一章

勞工法及勞工權利的保障

在今日的社會中，不論是當老闆或是當員工都必須知道勞工法上的相關規定。在員工方面，唯有知道勞工法上的相關規定，才能知道如何保障自我權益，避免被無端解職或遭受到違法的待遇，以及在權益受損時尋求救濟；在老闆方面，為因應政府落實照顧勞工的政策，所以制定了許多相關的勞工法規，然而在許多的勞工法規中，卻不乏有刑事責任及其他處罰規定的情形存在，而且在許多情形下跟一般人的想法有些不同，因此可能會對當老闆的人造成不少困擾，為避免莫名其妙被關或被罰，所以也應特別注意勞工法之相關規定。

第一節　勞動基準法及附屬法規

所謂勞動基準法，就是規範勞工所有主要權益的法律，舉凡員工與雇主間之勞動契約、工資、工作時間、休假、退休以及工作規則等都在勞動基準法上有明確規範，凡是法律上所明定的相關權益，老闆都必須遵守，否則員工可以依法向行政院勞工委員會提出申訴，請其代為出面處理，嚴重時雇主甚至會有遭到刑罰處罰的可能。至於其他保護勞工的相關法規，主要的是勞動檢查法及勞工安全衛生法等，這裡面也規定了許多對於勞工工作場所之安全衛生規定，以及保護員工工作權及健康的相關規定，所以需綜合研究始能一窺全貌。

一、勞動條件之限制

（一）勞工的工作時間之限制

♂ 一般勞工的工作時間之限制

所謂「一般勞工」，是指所有勞工均可適用之規定，以有別於童工及女工等特別限制規定的情形而言。一般勞工之工作時間有下列之限制：

1. **每兩週工作時數不得超過八十四小時**：至於每日工作時間，原則上不得超過八小時，不過如經工會或勞工過半數同意時，可延長至十小時，但每週總工作時數仍不能超過四十八小時。（勞動基準法第三十條）

2. **例假休息**：依勞動基準法規定，勞工每工作七天至少應休息一天。（勞動基準法第三十六條）

3. **國定假日休息**：依勞動基準法規定，國定紀念日、勞動節日，及其他由中央主管機關規定放假之日，均應使勞工休假。（勞動基準法第三十七條）

4. **特別休假**：依勞動基準法第三十八條規定，勞工在同一雇主或事業單位，繼續工作滿一定期間者，每年應依下列規定給予特別休假：

   (1)一年以上三年未滿者七日。

   (2)三年以上五年未滿者十日。

   (3)五年以上十年未滿者十四日。

   (4)十年以上者，每一年加給一日，加至三十日為止。

違反前述工作時間的限制，依法雇主就會受到新台幣六千元以上，六萬元以下的行政罰鍰的處罰。除此之外，第三十六條所定之例假、第三十七條所定之休假及第三十八條所定之特別休假，工資應由雇主照給。如果雇主經徵得勞工同意於休假日工作，或因季節性關係有趕工必要，經勞工或工會同意照常工作時，工資應加倍發給。

♀ 女性員工工作時間的特別限制

雖然女性工作人員原則上亦適用與男性工作人員相同之工作時間的規定，不過，在勞工政策上尚考慮到女性於夜間工作恐有危險存在，故特別於勞動基準法設一「夜間工作禁止」的規定。詳言之，即女性員工原則上不能在午後十時至翌日凌晨六時之間工作，但是如果同時符合下列各規定時，則可不受此限制（勞動基準法第四十九條）：

1.取得工會或如事業單位無工會者、經勞資會議同意。
2.提供符合主管機關所訂標準之必要安全衛生設施。
3.無大眾運輸工具可資運用時，提供交通工具或安排女工宿舍。

換言之，即必須同時符合前述三項規定，始能不受夜間工作禁止之限制。不過如果是因為天災、事變或突發事件，雇主必須使女性員工於午後十時至翌晨六時之時間內工作時，由於屬於突發事故，因此勞動基準法特別設例外規定，使女性員工也可以協助處理相關事宜。不過，如果女性員工係於懷孕或哺乳期間時，均不適用前述例外的規定，而完全不准在午後十時至翌晨六時之間工作。違反前述女性員工夜間工作禁止之規定時，依勞動基準法第七十七條規定，雇主將被處六個月以下之有期徒刑、拘役，

或新台幣六萬元以下之罰金。

（二）女性勞工的其他特別保護規定

關於此處之規定主要牽涉到我國關於勞工的政策。按政府為達到其保護員工的政策需要，所以針對不同的員工做個別不同的保護規定，雖然一般勞工有一般的規定，但是女性員工基於其他方面的考量，對於一些特殊的工作或其他情形下必須做不同的處置，因此特別明列了以下之特別保護規定。

♀危險或有害性工作之禁止

依勞工安全衛生法規定，雇主不能使女性勞工從事下列危險或有害性的工作：

1. 坑內工作：所謂坑內工作，當然指在一般礦坑或坑道等之內部作業而言。不過有一個例外，就是如果該女性勞工只是單純從事管理、研究或搶救災害的工作時，依法即可不受此限制，而可以由女性勞工擔任。
2. 從事鉛、汞、鉻、砷、黃磷、氯氣、氰化氫、苯胺等有害物散布場所之工作。
3. 鑿岩機及其他有顯著振動之工作。
4. 一定重量以上之重物處理工作。
5. 散布有害輻射線場所之工作。但是如果該女性勞工不具生育能力時，依法可不受此限制。
6. 其他經中央主管機關規定之危險性或有害性之工作。

如果雇主違反前述限制，而使女性勞工從事前述工作時，不論是否得到該女性勞工的同意，依勞工安全衛生法第三十二條規定，雇主都將會被處一年以下有期徒刑、拘役或科或併科新台幣

九萬元以下罰金。

♀ 懷孕之女性勞工請求改調較輕易工作之規定

依勞動基準法規定，女性勞工在懷孕期間，如果有其他較輕易的工作存在時，可以請求老闆將其改調該較輕易之工作，老闆不能拒絕，也不能因此而減少其工資。如果雇主違反前述規定時，依勞動基準法規定，將被處以三萬元以下罰金之刑事制裁。

♀ 產假的給予

此規定是針對剛生產完之女性員工的特別規定。由於產後不久之婦女，其身體狀況通常較為虛弱，因此為切實達到照顧勞工的政策目的，所以政府在法律上對此產後的婦女特別規定了雇主應給予產假的規定。依勞動基準法規定，女性員工在分娩前後應停止工作，並應給予產假八星期，以使女性員工能有更健康的身體並恢復體力。違反前述規定時，依法雇主將被處以新台幣九萬元以下之罰金。

（三）強制勞動的禁止

依勞動基準法規定，雇主不得以強暴、脅迫、拘禁或其他非法方法強迫勞工從事勞動，換言之，也就是當勞工不想工作時，雇主只能依法對其為解雇等動作，但是不能以強制的方式強迫員工來勞動。如果違反前述規定時，雇主最重將會被依法判處五年有期徒刑。

二、勞動契約終止之事由及預告期間

所謂勞動契約的終止，是指雇主及員工方面如果有任何一方因為自身的因素而需要終止雙方之間的勞動契約時，應如何處理

的情形。依法如果雙方合意終止當然沒有問題，但是如果單方面提出時，就需視雇主還是員工方面提出而有不同的規定。

（一）雇主單方面終止勞動契約

♀雇主無須預告即可終止勞動契約的情形

詳言之，只要員工有下列情形存在時，依法雇主就有直接解僱該員工的權力，不用事先通知該員工：

1. 於訂立勞動契約時為虛偽意思表示，使雇主誤信而有受損害之虞者。
2. 對於雇主、雇主家屬、雇主代理人或其他共同工作之勞工，實施暴行或有重大侮辱之行為者。
3. 受有期徒刑以上刑之宣告確定，而未諭知緩刑或未准易科罰金者。
4. 違反勞動契約或工作規則，情節重大者。
5. 故意損耗機器、工具、原料、產品，或其他雇主所有物品，或故意洩漏雇主技術上、營業上之秘密，致雇主受有損害者。
6. 無正當理由繼續曠工三日，或一個月內曠工達六日者。

雇主除了以第三種原因解僱員工外，以其他原因解僱時，必須自知悉該情形之日起，三十日內為終止勞動契約之行為，否則事後即不能再就該原因來解僱員工。

♀雇主需先預告始能終止勞動契約的情形

雇主需要有下列情事之一時，才可以經預告的方式與勞工終止勞動契約：

1.歇業或轉讓時。

2.虧損或業務緊縮時。

3.不可抗力暫停工作在一個月以上時。

4.業務性質變更，有減少勞工之必要，又無適當工作可供安置時。

5.勞工對於所擔任之工作確不能勝任時。

前述所謂經預告的方式，是指雇主至少應該在下列期間之前先期通知員工準備終止勞動契約的事實：

1.員工繼續工作三個月以上一年未滿者，於十日前預告之。

2.員工繼續工作一年以上三年未滿者，於二十日前預告之。

3.員工繼續工作三年以上者，於三十日前預告之。

勞工於接到前項預告後，為另謀工作可以於工作時間請假外出。其請假時數，每星期不得超過二日之工作時間，請假期間之工資依法雇主必須照付。如果雇主沒有依前述規定期間預告即終止契約者，依法雇主必須補償員工相當於預告期間之工資。

（二）員工單方面終止勞動契約

♀員工無須預告即可終止勞動契約的情形

1.雇主於訂立勞動契約時為虛偽之意思表示，使勞工誤信而有受損害之虞者。

2.雇主、雇主家屬、雇主代理人對於勞工，實行暴行或有重大侮辱之行為者。

3.契約所訂之工作，對於勞工健康有危害之虞，經通知雇主改善而無效果者。

4.雇主、雇主代理人或其他勞工患有惡性傳染病，有傳染之虞者。不過如果雇主已將該代理人解僱或已將患有惡性傳染病者送醫或解僱時，勞工就不能逕行終止契約。

5.雇主不依勞動契約給付工作報酬，或對於按件計酬之勞工不供給充分之工作者。

6.雇主違反勞動契約或勞工法令，致有損害勞工權益之虞者。

　　勞工依前述第一或第六種原因而終止契約者，必須自知悉其情形之日起，三十日內為之，否則就喪失終止權。

ᗅ員工先經預告終止勞動契約的情形

　　在勞動基準法上，原則上允許勞工可以在無任何原因的情形下以先經預告的方式離職，以維護勞工的工作自由，不過如果是特定性的定期契約，必須該契約期限超過三年以上時，勞工才可以在屆滿三年後以預告方式終止契約，但仍須於三十日前預告雇主，其餘情形下，如果是定期契約則不能逕行為終止契約的行為。至於如果勞動契約是不定期契約時，勞工依法也可以經預告的方式終止契約，其預告期間依下列之規定：

1.繼續工作三個月以上一年未滿者，於十日前預告之。

2.繼續工作一年以上三年未滿者，於二十日前預告之。

3.繼續工作三年以上者，於三十日前預告之。

三、資遣費的發給

　　資遣費是對於員工工作補償的規定，因為員工在公司或工廠工作期間對雇主具有相當的貢獻，所以法律上乃對於員工非自願

離職時特別明定雇主有發給資遣費的義務。不過並不是員工在所有離職的情形下都可以領取資遣費，例如員工是因為偷懶連續曠工三天以上而被開除，或是員工因為另謀高就而自行辭職時，由於此時均為員工自身的因素導致離職，自然不能要求雇主負擔，所以依法此時即不能請求資遣費。

可請求資遣費的原因只有兩種，一種是前述的雇主經預告後終止契約的情形，一種是前述的員工可不經預告終止契約的情形，由於此兩種狀況一種是因為雇主本身的困難所造成，另一種則是因為雇主本身的不當行為或未提供合法的勞動條件導致員工不得不離職，其原因均出在雇主本身，因此依法雇主必須給付資遣費。

至於資遣費的發給，應依下列規定計算：

1. 在同一雇主之事業單位繼續工作，每滿一年發給相當於一個月平均工資之資遣費。
2. 依前款計算之剩餘月數，或工作未滿一年者，以比例計給之。未滿一個月者以一個月計。

舉例來說，甲在乙公司工作滿五年而被資遣時，依每滿一年發給相當於一個月平均工資來計算，甲可以領取相當於五個月平均工資的資遣費。

四、退休

退休，就是當員工工作到達一定年紀或做滿一定年限之後，有權可以向雇主請求退休金而離職之情形。此制度之主要目的為要保障員工老年的生活，按員工自年輕時起工作，原則上為雇主

獲取了不少利益，此時當員工年老時，自然應予員工一些適度的保障，以免生活無依。依法勞工有下列情形之一者，可以申請自請退休：

1.工作十五年以上年滿五十五歲者。
2.工作二十五年以上者。

除了前述勞工自行申請退休的情形外，有下列情形之一時，雇主也可以強制勞工辦理退休：

1.年滿六十歲者。不過對於擔任具有危險、需要堅強體力等特殊性質之工作時，可以由事業單位報請中央主管機關予以調整強制退休的年齡，但不得少於五十五歲。
2.心神喪失或身體殘廢不堪勝任工作者。

符合前述規定而辦理退休時，依法可以向雇主請領退休金，至於退休金之給與標準依下列規定：

1.按其工作年資，每滿一年給與兩個基數。但超過十五年之工作年資，每滿一年給與一個基數，最高總數以四十五個基數爲限。未滿半年者以半年計，滿半年者以一年計。
2.因爲心神喪失或身體殘廢不堪勝任工作而強制退休之勞工，其心神喪失或身體殘廢係因執行職務所致者，依前款規定加給20％。

以上退休金是以一次發給爲原則，但是雇主如果無法一次發給時，可以報經主管機關核定後，分期給付。

☛ **案例一：**

曾博士在無品公司任職達三年，月薪新台幣三萬元整，某日公司突然宣布因為業務緊縮，所以要資遣曾博士並立即生效。問曾博士可以請求給付多少資遣費？

✐ **解析：**

此問題可分為兩部分：

1. 曾博士在無品公司任職三年，依勞動基準法規定每年應給付相當於一個月薪資的資遣費，因此曾博士可領得相當於三個月的薪資，即新台幣九萬元的資遣費。

2. 不過依勞動基準法規定，員工工作達三年以上時，必須於三十日前預告始能終止勞動契約，然而無品公司卻根本未進行此項預告行為，所以依法尚需給付相當於三十日之工資給曾博士始為合法。

☛ **案例二：**

廖大奇在神奇公司工作合計達十五年四個月，今廖大奇以屆滿五十五歲而申請退休，問共可領得多少退休金？

✐ **解析：**

廖大奇在神奇公司工作十五年四個月，此時依法十五年以內按其工作年資，每滿一年給與兩個基數，所以十五年是三十個基數，又最後剩餘四個月，依法未滿半年以半年計，而超過十五年以一個基數計算，所以合計廖大奇可以領取相當於三十點五個月平均工資的退休金。

第二節　勞工保險

　　勞工保險屬於廣義的社會保險之一種，其主要的目的在於保障勞工的生活，使勞工不至於因爲一時的意外事故或其他原因的發生，而導致生活上之困窘，以及保障勞工退休後的生活等情形。在以往勞工保險未開辦之前，一旦勞工發生疾病、受傷，或是有其他特殊事故發生，除非雇主肯負擔相關花費，否則常常就會造成勞工家境的困難，甚至因此導致無法就醫或使家境無以爲繼。爲解決前述問題，政府乃開辦勞工保險，以政府、雇主、勞工共同負擔保費的方式，透過勞工保險的制度來分散風險，以使眞正需要的人能獲得合理的保障。

　　在一般勞工保險制度下，原則上應該包含生育給付、傷病給付、殘廢給付、失業給付、老年給付及死亡給付等六種給付，不過由於全民健保已經開辦，所以目前一般的醫療給付已經併入全民健保的範圍，只剩下因公所產生的醫療給付仍然可以向勞保局提出申請。

　　在發生保險事故而可以請求時，必須注意一點，就是爲了避免長期處於不明確的狀況，所以勞工保險條例明定，要申請前述任何一項給付，都必須於可以提出請求之日起兩年之內提出申請，否則其請求權就歸於消滅。

一、被保險人保險費之計算

（一）普通事故保險費計算

勞工保險之普通事故保險費率，依法由中央主管機關按被保險人當月月投保薪資的6.5％至11％來擬訂，現行費率為6.5％。普通事故保險費需視勞工的工作而有不同之規定：

♀ 一般勞工

所謂一般勞工，是指適用於大多數勞工的情形，舉凡所有產業的勞工及交通、公用事業之員工，公司、行號之員工，新聞、文化、公益、合作事業之員工，政府機關及公、私立學校之員工，受僱從事漁業生產者，以及職訓機構受訓技工等都可以適用。在一般勞工的情形下，勞工、雇主及政府負擔比率現行為2：7：1。計算方式如下：

1.月投保薪資×6.5％×70％＝雇主部分應負擔之費用。

2.月投保薪資×6.5％×20％＝勞工部分應負擔之費用。

3.月投保薪資×6.5％×10％＝政府部分應負擔之費用。

♀ 無一定雇主之職業工人

所謂無一定雇主之職業工人，是指該員工並沒有受僱於一定的老闆，而是視工作的性質來進行工作者，例如建築工人等，由於此時其雇主並不確定，無法要求雇主負擔費用，此種勞工就可以在其所屬的公會辦理投保手續，至於費用方面，則由該勞工及政府分別負擔六成及四成。計算方式如下：

1.月投保薪資×6.5%×60%＝勞工部分應負擔之費用。

2.月投保薪資×6.5%×40%＝政府部分應負擔之費用。

♀ 無一定雇主之漁會甲類會員

關於無一定雇主之漁會甲類會員，依規定其保費由政府負擔80%，因此其計算方式如下：

1.月投保薪資×6.5%×20%＝勞工部分應負擔之費用。

2.月投保薪資×6.5%×80%＝政府部分應負擔之費用。

（二）職業災害保險費計算

勞工保險之職業災害保險費率，以被保險人當月月投保薪資，依職業災害保險適用行業別及費率表之規定辦理。因為有職業災害保險，所以雖然全民健保已實施，但是如果員工因為職業災害或職業病就醫時，仍然可以不受全民健保的轉診和負擔部分費用的限制。

♀ 一般情形

這是如同前述之適用於大部分勞工之情形而言。在一般情形下，職業災害保險費依法完全由雇主來負擔。

♀ 無一定雇主之職業工人

所謂無一定雇主之職業工人，也如同前述之沒有受僱於一定老闆的勞工。依法在費用方面，由該勞工及政府分別各負擔六成及四成。

♀ 無一定雇主之漁會甲類會員

關於無一定雇主之漁會甲類會員，依規定其保費由勞工及政府各負擔20%及80%。

二、勞工保險給付項目及內容

（一）生育給付

♀ 給付對象

　　凡被保險人在參加保險滿二百八十日後分娩（即生產），或是被保險人在參加保險滿一百八十一日後早產者，可以請求生育給付。至於所謂「早產」是指妊娠大於二十週（一四○日），小於三十七週（二五九日）即生產者；或是胎兒出生時體重大於五百公克，少於二千五百公克之情形。凡是有以上情形的女性被保險人即可以依規定請領生育給付。

♀ 給付標準

　　女性被保險人分娩或早產者，按被保險人分娩或早產當月（包括當月）起，前六個月之平均月投保薪資一次給與生育給付三十日。

（二）傷病給付

♀ 給付對象

1.被保險人遭遇普通傷害或普通疾病住院診療，不能工作，以致未能取得原有薪資，正在治療中者，自不能工作之第四日起，得請領普通傷病補助費。
2.被保險人因執行職務而致傷害或職業病不能工作，以致未能取得原有薪資，正在治療中者，自不能工作之第四日起，得請領職業傷病補償費。

3.勞工保險被保險人分娩，於產後一個月期間，另發生其他
普通傷病事故再次住院，仍得依規定請領傷病給付。

給付標準

1.普通傷害補助費及普通疾病補助費，均按被保險人遭受傷
害或罹患疾病住院診療之當月起前六個月平均月投保薪資
之半數，自住院不能工作之第四日起發給，每半個月給付
一次。

2.職業傷害補償費及職業病補償費，均按被保險人遭受傷害
或罹患職業病之當月起前六個月平均月投保薪資之70%，
自不能工作之第四日起發給，每半個月給付一次；如經過
一年尚未痊癒者，減為平均月投保薪資半數。

給付期限

1.普通傷害補助費及普通疾病補助費，其給付原則上以六個
月為限。但傷病事故前參加保險已滿一年者，增加給付六
個月，前後合計共為一年。

2.職業傷害補償費及職業病補償費，原則上給付一年，如經
過一年尚未痊癒者，減為平均月投保薪資半數，但以一年
為限，前後合計共發給二年。

（三）殘廢給付

給付對象

1.被保險人遭遇普通傷害、罹患普通疾病、遭遇職業傷害或
罹患職業病，經治療終止後，如身體遺存障礙及傷害適合

殘廢給付標準表規定之項目，並經全民健康保險特約醫院
　　或診所診斷審定為永久殘廢者，得請領殘廢補助費或殘廢
　　補償費。

2.被保險人領取普通傷病或職業傷病給付期滿，或所患普通
　傷病經治療一年以上尚未痊癒，如身體遺存障礙及傷害，
　適合殘廢給付標準表規定之項目，並經全民健康保險特約
　醫院或診所診斷審定為永久不能復原者，得比照前項規定
　辦理。

給付標準

1.殘廢給付就被保險人身體各部分之殘廢程度，依勞工保險
　殘廢給付標準表所定之一百六十項障害項目，核定其殘廢
　等級及給付標準。

2.殘廢等級及給付標準普通事故為最低第十五級給付三十
　日，最高第一級給付一千二百日。

3.被保險人身體各部分殘廢，同時適合兩個以上之障害項
　目、兩個以上之殘廢等級者，分別按其最高等級或其中最
　高等級升一級至三級或其各等級合計額之給付標準給付。

4.被保險人因職業傷害或職業病殘廢者，增加給付50％，即
　最低發給四十五日，最高發給一千八百日。

（四）失業給付

給付對象

　　失業給付，其適用對象是指於失業給付辦法施行後非因自願
離職而辦理勞工保險退保，並有下列各款情形者，可以請領失業
給付：

1.具有工作能力及繼續工作意願。

2.至離職辦理勞工保險退保當日止已參加勞工保險滿二年。

3.向公立就業服務機構辦理求職登記，十四日內仍無法接受推介就業或安排職業訓練。

至於所謂「非自願離職」，是指下列各款情事之一：

1.投保單位關廠、遷廠、休業、解散、受破產宣告而離職。

2.因勞動基準法第十一條規定各款情事之一而離職。

3.因勞動基準法第十四條第一項規定各款情事之一而離職。

♀給付標準

按被保險人平均月投保薪資60％計算，每個月發給一次。但受領失業給付期間另有工作者，其每月工作收入加上失業給付之總額超過平均月投保薪資80％部分，應自失業給付中扣除。

♀給付期限

1.中華民國八十八年一月一日起繳納失業給付保險費合計未滿五年者，五年內合計以發給六個月為限。

2.中華民國八十八年一月一日起繳納失業給付保險費合計滿五年以上未滿十年者，十年內合計以發給十二個月為限。

3.中華民國八十八年一月一日起繳納失業給付保險費合計滿十年以上者，合計以發給十六個月為限。

♀不能請求失業給付的情形

1.被保險人非失業給付適用對象者。

2.無正當理由不接受推介就業或安排職業訓練者。

3.失業期間另有工作，其每月工作收入超過基本工資者。

4.正在請領傷病給付期間者。

5.領取重度殘廢給付，不能繼續從事工作者，依照勞工保險條例第五十七條規定，其保險效力已終止，所以不能請領失業給付。

6.已領取勞工保險老年給付者。

7.未滿十五歲或已滿六十歲。

8.申請人為單位負責人或外國籍勞工，非失業給付適用對象，不能申請失業給付。

9.另在其他單位加保生效中者，但在職業工會或漁會加保者，不在此限。

（五）老年給付

♀ 給付對象

1.被保險人參加保險之年資合計滿一年，男性年滿六十歲或女性年滿五十五歲退職者。

2.被保險人參加保險之年資合計滿十五年，年滿五十五歲退職者。

3.被保險人在同一投保單位參加保險之年資合計滿二十五年退職者。

4.被保險人擔任經中央主管機關核定具有危險、需堅強體力等特殊性質之工作合計滿五年，年滿五十五歲退職者。

♀ 給付標準

1.老年給付按被保險人退休之當月（包括當月）起前三年之平均月投保薪資計算；參加保險未滿三年者，按其實際投

保年資之平均月投保薪資計算。

2.保險年資合計每滿一年按其平均月投保薪資，發給一個月老年給付；其保險年資合計超過十五年者，其超過部分，每滿一年發給二個月老年給付。但最高以四十五個月為限，滿半年者以一年計。

3.被保險人年逾六十歲繼續工作者，其逾六十歲以後之保險年資最多以五年計，於退職時依上述規定核給老年給付。但合併六十歲以前之老年給付，最高以五十個月為限。

（六）死亡給付

♀ 給付對象

1.被保險人本人死亡，其遺屬或負責埋葬者得請領喪葬津貼。

2.被保險人本人死亡，遺有配偶、子女及父母、祖父母或專受其扶養之孫子女及兄弟、姐妹者得請領遺屬津貼。前述所稱父母、子女係指親生父母、養父母、婚生子女（包括依民法規定視為婚生子女者），或已依法收養並辦妥戶籍登記滿六個月之養子女而言。被他人收為養子女者，不得請領親生父母之遺屬津貼。

3.受領遺屬津貼之順序如下：

(1)配偶及子女。

(2)父母。

(3)祖父母。

(4)專受被保險人生前扶養之孫子女。

(5)專受被保險人生前扶養之兄弟、姐妹。

4.被保險人之父母、配偶或子女死亡時，被保險人仍可請領喪葬津貼。至於所稱父母、子女係指親生父母、養父母、婚生子女（包括依民法規定視為婚生子女者），或已依法收養並於死亡之日止辦妥戶籍登記滿六個月之養子女而言。

♀ 給付標準

1.喪葬津貼：

(1)被保險人本人死亡時，按其死亡當月起前六個月（含事故當月）平均月投保薪資發給五個月喪葬津貼。

(2)被保險人之父母或配偶死亡時，按家屬死亡之當月起前六個月（含事故當月）被保險人平均月投保薪資發給三個月喪葬津貼。

(3)被保險人之年滿十二歲之子女死亡時，按家屬死亡之當月起前六個月（含事故當月）被保險人平均月投保薪資發給二個半月喪葬津貼。

(4)被保險人之未滿十二歲之子女死亡時，按家屬死亡之當月起前六個月（含事故當月）被保險人平均月投保薪資發給一個半月喪葬津貼。

2.遺屬津貼：

(1)被保險人因普通傷病死亡，按其死亡當月起前六個月（含事故當月）平均月投保薪資發給遺屬津貼，其給付標準如下：

A.參加保險年資合計未滿一年者發給十個月。

B.參加保險年資計滿一年未滿二年者，發給二十個月。

C.參加保險年資合計已滿二年者，發給三十個月。

(2)被保險人因職業傷害或職業病死亡者，不論其保險年

資，一律發給四十個月遺屬津貼。

生活實例演習

☞ 案例：

孫無忌在阿同公司任職達三年，月薪新台幣三萬元整，某日因為公司發生意外事故造成毒氣外洩而死亡。問孫無忌的遺屬可以請求多少金額之勞保給付？

🔧 解析：

依勞工保險條例規定，勞工本人死亡時依法需發給五個月之喪葬津貼，此外孫無忌之死亡原因係由於職業災害而死亡，此時依法不論其保險年資一律發給四十個月的遺屬津貼，因此總計孫無忌的遺屬共可領得相當於四十五個月的勞保給付，也就是新台幣一百三十五萬元。

第三節　工會

所謂工會，是以保障勞工權益、增進勞工知能、發展生產事業，以及改善勞工生活為宗旨，而由員工所共同成立的組織而言。由於在以往早期時代，員工通常無法取得和老闆之間溝通的管道，兩者無法取得一較平等的地位，因此造成員工被剝削的情形時有發生，為了解決此問題，所以歐美各國乃採用法律保障以及設立工會之方式，讓員工能與老闆有較平等的地位，也就是透過工會集體的組織來協助員工避免遭受不平等的對待。我國也引

進此類制度，除了以勞動基準法等法律保障工作權益外，也特別訂立了工會法，除了各級政府行政及教育事業、軍火工業之員工，不得組織工會外，均合法保障其他職業的員工組織工會的權利，以便能使員工擁有較完善的工作環境。

工會一般還可以區分為「職業工會」及「產業工會」兩種。所謂「職業工會」，是指由同一區域、同一職業之工人組成的工會而言，例如美容業的員工組織成立美容美髮業職業工會等。至於「產業工會」則是由同一區域、同一廠場之同一產業內不同職業的工人所組織成立的工會而言，例如台灣塑膠公司的員工，其所擔任的職務可能並不相同，但是也可以由這些不同職業的員工共同組成台灣塑膠產業工會。

一、工會的任務

依我國工會法規定，工會之任務主要有下列事項：

1.團體協約之締結、修改或廢止。

2.會員就業之輔導。

3.會員儲蓄之舉辦。

4.生產、消費、信用等合作社之組織。

5.會員醫藥衛生事業之舉辦。

6.勞工教育及托兒所之舉辦。

7.圖書館、書報社之設置及出版物之印行。

8.會員康樂事項之舉辦。

9.勞資間糾紛事件之調處。

10.工會或會員糾紛事件之調處。

11.工人家庭生計之調查及勞工統計之編製。

12.關於勞工法規制定與修改、廢止事項之建議。

13.有關改善勞動條件及會員福利事項之促進。

14.合於第一條宗旨及其他法律規定之事項。

二、工會的設立

工會的成立，原則上除了前述的各級政府行政及教育事業、軍火工業之員工，不得組織工會外，其他員工只要符合下述兩種情形之一時，都應該要組成工會：

1.同一區域同一廠場年滿二十歲之同一產業工人，人數在三十人以上時，應組織成立產業工會。

2.同一區域、同一職業之工人，人數在三十人以上時，應組織成立職業工會。

只要有前述的人數存在時，員工就可以依法組成工會，不過工會之區域原則上是以行政區域或同一廠場為其組織區域，依法為了避免多頭馬車的情形，因此工會法明定在同一區域、同一廠場內之員工，以設立一個工會為限，以免造成困擾。至於員工方面，只要年滿十六歲，就有加入工會的義務及權利，但是如果同一區域同時有「產業工會」及「職業工會」存在時，員工可以自行決定是否加入職業工會，法律上並不會強制要求。

如果員工在任職時發現並無工會存在時，可以發起組織工會，只要有前述同一區域三十人以上的員工的連署，就可以向主管機關辦理登記，並組織籌備會，以辦理徵求會員、召開成立大會等籌備工作。不過要注意一點，雖然同一產業中，被僱人員依

法都有會員資格而可以加入成為會員，但是代表雇主方面行使管理權之各級業務行政主管人員，由於情況特殊，與雇主關係較為密切，因此依法並不具會員資格，而不能成為會員。會員徵求完成後，應訂立組織章程，並載明下列事項：

1. 名稱。
2. 宗旨。
3. 區域。
4. 會址。
5. 任務或事業。
6. 組織。
7. 會員入會、出會及除名。
8. 會員之權利與義務。
9. 職員名額、權限、任期及其選任、解任。
10. 會議。
11. 經費及會計。
12. 章程之修改。

前述章程之內容，需經過出席成立大會之會員或代表三分之二以上之同意始為通過。在成立大會議定章程完成並選舉理事、監事後，工會組織即屬完成，其後籌備處人員只要將籌備經過、會員名冊、職員略歷冊，連同章程各一份，函送主管機關備案後，除非有違法之處，否則主管機關就會依法發給登記證書，工會即依法完成設立程序。

三、工會的職員

此處所謂的工會之職員，是指經常代表員工執行工會日常業務的理事及監事而言。依工會法規定，工會之理事、監事，由會員中選任之，工會會員只要具有中華民國國籍，而且年滿二十歲者，都具有被選爲工會之理事、監事的權利。工會理事監事之任期均爲三年。其連選連任者，不得超過三分之二。理事長之連任，以一次爲限。至於理事、監事的名額依下列之規定：

1.縣以下工會之理事，五人至九人。

2.跨越縣市以上工會之理事，七人至十五人。

3.縣及省轄市總工會之理事，七人至十五人。

4.省及院轄市總工會與跨越省以上工會及省市分業工業聯合會之理事，十五人至二十七人。

5.全國性工會、各業全國聯合會之理事，二十一人至三十三人。

6.全國總工會之理事，三十一人至五十一人。

7.各級工會之監事名額不得超過該工會理事名額三分之一。

8.各級工會得置候補理事、候補監事；其名額不得超過該工會理事、監事名額二分之一。

前述各項理、監事名額在三人以上時，得按名額多寡互選常務理事、常務監事一人至十七人，常務理事名額在五人以上時並得互選一人爲理事長。

四、工會之運作

在工會整體運作之中，最高的決定機關是會員大會或會員代表大會。工會會員大會或代表大會，分定期會議及臨時會議兩種，由理事長召集之。其中定期會議，除了全國性工會每三年舉行一次外，省（市）以下各級工會每年應召開一次；至於臨時會議，只要經會員十分之一以上之提出請求，或理事會認為必要時都可以召集之。但有時可能因為理事會的問題而未召開時，要如何處理呢？此時需視何種情形而定。如果是定期會議不能依法召開時，得由主管機關指定理事一人來召集之。如果是請求召開臨時會議，結果理事長不在十日內召開時，原請求人可以申請主管機關核准後自行召集之。

一般而言，只要是關於工會的所有事項，都可以提請會員大會或代表大會決定，也可以授權理事會自行決定即可，不過為了保障全體會員的權益，因此以下的事項，依法必須經過會員大會或代表大會之議決始為合法：

1. 工會章程之修改。
2. 經費之收支預算。
3. 事業報告及收支決算之承認。
4. 勞動條件之維持或變更。
5. 基金之設立、管理及處分。
6. 會內公共事業之創辦。
7. 總工會或工會聯合會之組織。
8. 工會之合併或分立。

9.理事、監事違法或失職時之解職。

　　至於會員大會或代表大會，必須有會員或代表過半數之出席才可以開會，但是如果要作成決議，除前述第一款及第七款之決議，應經出席會員或代表三分之二以上之同意外，其餘議案也必須要出席會員或代表過半數之同意始可。如果不符合前述出席人數及決議比例的規定所作成的議案時，依法當然無效。

　　不過，由於會員大會或代表大會定期會議一年只召開一次，對於日常會務的執行可能有所影響，因此工會事務的處理，主要仍是由理事會來負責，換言之，理事會除了受到法律、章程或會員大會的限制外，依法有權處理工會的一切事務，並且對外代表工會。至於監事或監事會則是負責審核工會簿記帳目、稽查各種事業進行狀況的工作。

五、工會的經費

　　工會經費來源主要是下列各種：

1.**會員入會費及經常會費**：依工會法規定，會員入會費每人不得超過其入會時兩日工資之所得，經常會費不得超過各該會員一月收入之2％，違反時，其超額部分會員即沒有繳納之義務。

2.**特別基金及臨時募集金**：工會要徵收特別基金或臨時募集金時，必須先經會員大會或代表大會之議決，並報請主管機關備查後始可收取。

3.**政府補助金**：不過政府補助金是以補助縣市以上總工會為限，因此一般地區工會可能無法獲得任何補助。

關於工會經費之使用及財產方面，除了監事或監事會可以進行審核帳目外，依法工會理事會每年也必須將財產狀況報告會員。如果會員覺得有疑問時，可以在有十分之一以上會員連署的情形下，選派代表來查核工會之財產狀況，以避免弊端的產生。

六、工會及會員之保護

（一）員工加入工會的保護

為了避免公司老闆或主管級人員的干擾，致使員工不敢加入工會或擔任工會職務，導致工會的功能不彰，因此工會法乃特別設立以下的保護規定：

1. 雇主或其代理人，不得因工人擔任工會職務，拒絕僱用或解僱及為其他不利之待遇。
2. 雇主或其代理人，對於工人，不得以不任工會職務為僱用條件。

違反前述規定時，主管機關得逕行為相關的處理，並科處雇主罰鍰，以維護員工的權益。

（二）理、監事請假的保護

工會理、監事由於需辦理工會業務，因此常會有需請假的情形產生，為了解決此類問題，工會法乃明定，工會理、監事因辦理會務依法可以請公假，至於請假的時間，常務理事得以半日或全日辦理會務，其他理、監事每人每月不得超過五十小時。其他有特殊情形存在時，得由勞資雙方協商或於締結協約中訂定之。

違反前述規定時，主管機關得逕行為相關的處理，並科處雇主罰鍰，以維護員工的權益。

（三）發生爭議之保護

在工作關係中，有時可能因加班、工作條件的改變，或是因為工作環境的問題而產生勞資爭議，在這種情形下，員工可能會受到不利的待遇，而工會所派出參與協議的人員也有可能受到相同的影響，為了避免此種不當的結果發生，所以工會法明定，在勞資爭議期間，雇主或其代理人，不能以工人參加勞資爭議為理由而加以解僱，違反時就必須受到相關規定的懲處。

（四）罷工

在勞資發生爭議的情形下，例如工資長期不發、工作時間不當增加等問題發生時，常會發現有員工會主張要罷工以爭取自身權益，此種情形常常會造成雇主及員工的困擾。為了有依循之依據，因此工會法明定，必須在符合下列所有條件的情形下，員工才可以宣告罷工：

1. 勞資或僱用之爭議，已經過調解程序，卻仍未能達成協議時。

2. 會員大會以無記名投票，經全體會員過半數之同意罷工時。

在符合以上兩點的規定之情形下，工會可以依法宣告罷工；但是法律上有特別限制，也就是如果勞資爭議的原因是因為要求超過法定標準工資之加薪時，由於此時並非老闆有任何非法情形存在，該工會即不能宣告罷工，否則該罷工行為當然不合法。如

果違反法律規定而為罷工行為時，所有參與人員都可能因此而被認定為曠職而有遭合法開除的問題以及違反集會遊行法等結果產生，反而造成員工本身權益的影響。

除此之外，關於工會於罷工時所為的任何行為，依法都必須不能妨害公共秩序之安寧，或加危害於他人之生命、財產及身體自由始可，否則仍然必須負起相關的妨害自由、傷害、毀損等刑責。

（五）工會財產的保護

如前所述，工會可能因為相關費用的收入而取得一些財產，但是這些財產如果發生糾紛時，對於全體會員的權益就可能造成相當程度的影響，因此工會法乃明定，對於工會的財產採取以下兩種保護：

♀ 不得沒收權

這是指只要是屬於工會的公有財產，依法任何政府單位或機關都不可以加以沒收，以免造成工會會員不當的損失。

♀ 優先受償權

此權利是使用於工會擔任債權人時，例如借款給他人或是買東西而對方尚未交付等情形時，此時如果債務人破產，則在一般情形下就可能必須要跟所有債權人一起分配破產人的財產，結果可能所收回的金額與欠款金額有相當大的差距，而造成工會運作上的問題。因此，工會法乃明定，工會在其債務人破產時，對於債務人的財產有優先受清償之權，此時工會便可以優先於普通債權人而受分配，對於工會全體會員的權益也較有保障。

七、工會的解散

(一) 工會的解散方式

　　工會在成立後，可能因為運作上不良的問題或是因為違法等情況而有解散的結果發生，為了確實規範此類情形，工會法也明定工會有以下兩種解散的方式：

♀命令解散

　　這是指工會有違反法律的情形下，由主管機關逕行解散該工會的情形而言，其原因又可分為以下兩種：

1. 成立之基本條件不具備者。
2. 破壞安寧秩序者。

　　在發生命令解散的情形時，如果工會對於解散處分有不服時，可以在處分決定公文送達之日起三十日內依法提起訴願來進行救濟。

♀自行宣告解散

　　這種情形是指工會因為自身的原因而造成無法繼續，因而自行宣告解散的情形而言，依法有以下的情形之一時始可以自行宣告解散：

1. 工會之破產。
2. 會員人數之不足。
3. 工會之合併或分立。

　　在以上解散的情形下，除了工會合併時，可以由合併後繼續

存在或新成立之工會，來承繼因合併而消滅之工會之權利、義務；以及因為工會分立而分別成立之工會，可以承繼因分立而消滅之工會或分立後繼續存在之工會之權利義務外，其他的解散原因都可能造成工會的消滅之問題，造成原工會會員權益的影響。因此依法在有其他解散原因存在時，其他工會會員可以依法重新組織工會，以維護自身權益。

（二）工會解散後的財產歸屬

除了重新設立工會的問題外，由於原來的工會本身擁有財產，對於這些財產究竟應該如何處理，法律上也不能不加以規定。因此工會法明定，工會之解散，除了因為合併、分立或破產而解散外，其他情形其財產都必須儘速依民法法人清算之規定來加以清算。至於清算在清償相關債務後，其剩餘的財產應歸屬何方，依下列規定處理：

1.因人數不足而解散者，歸屬於該會所加入之總工會；未加入總工會者，歸屬於工會聯合會；未加入總工會及工會聯合會者，歸屬於工會會址所在地方的自治團體。
2.其他情形下，原工會的剩餘財產應歸屬於重行組織之工會。

生活實例演習

☛ 案例：

張山在無良公司任職，某日公司突然宣布薪資將延後一個月發放，張山遂心生不滿，與其他員工一起拒絕工作以示抗議達一星期，結果被公司解僱，問公司的解僱行為是否合法？

解析：

　　公司的解僱行為合法。雖然公司延後發給薪資確屬不當，然而員工如果要表達不滿仍然必須符合法律之規定，也就是要罷工前必須先申請調解，並在無效後經工會會員大會以無記名投票方式，在全體會員過半數之同意罷工時始能進行罷工行為，否則其罷工行為將無法獲得法律上之保障，而會被視為無正當理由之曠職行為，只要超過三天，雇主就可依法解僱該名員工。所以要進行任何行為前最好先注意法律上之相關規定，以免反而遭到不利。

第四節　勞資爭議處理法

　　在今日社會生活中，勞資爭議時有所見，舉凡公司或工廠積欠勞工薪資、勞工被不當調職、調整職務或解職等，常常造成社會上許多的爭議。為了解決這類問題，政府特別制定了勞資爭議處理法，以解決這類勞方及資方因為工作權等問題所發生之爭執。

　　依勞資爭議處理法規定，所謂勞資爭議，是指勞資雙方因為權利事項或調整事項所發生之爭議。所謂「權利事項」，是指勞資雙方當事人基於法令、團體協約、勞動契約之規定所為的權利義務所發生之爭議而言；至於「調整事項」之勞資爭議，則係指勞資雙方當事人對於勞動條件主張繼續維持或變更所產生之爭議。只要有以上的情形存在時，原則上都可以依勞資爭議處理法相關的規定加以處理，不過為了避免勞資雙方有任何不理性的行為，

所以法律上也明定勞資爭議在調解或仲裁期間，資方不可以因有該勞資爭議事件存在而歇業、停工、終止勞動契約或為其他不利於勞工之行為；而勞方也不能在該勞資爭議事件期間罷工、怠工或為其他影響工作秩序之行為，違反時都會被主管機關科處罰鍰，以維護勞資爭議處理程序進行的順利。

一、調解

　　調解，即由調解委員以中間人的地位，為當事人勞資雙方進行協調，以求能達成一雙方均能滿意的調解方案之程序而言。關於勞資爭議方面，依法法人或雇主都可以申請進行調解。至於勞工方面，如果是權利事項之勞資爭議，也可以由發生爭議的勞工來申請調解；但是如果是調整事項之勞資爭議，勞方當事人必須是勞工團體或勞工十人以上，但事業單位勞工未滿十人者，經三分之二以上勞工同意，也可以成為勞方當事人，如果人數不足以上之規定時，依法就不能申請。

(一) 調解之申請

　　勞資爭議當事人申請調解時，除了權利事項勞資爭議之當事人為個別勞工時，可以委任其所屬工會申請調解外，應直接向直轄市或縣（市）主管機關提出調解申請書，載明下列事項：

1.當事人姓名、性別、年齡、職業及住所或居所；如為法人、雇主團體、勞工團體或其他行號時，其名稱及事務所或營業所。
2.有代理人者，其姓名及住所或居所。

3.與爭議事件有關之勞工人數及名冊。

4.爭議之要點。

5.選定調解委員者，其姓名、性別、年齡、職業及住所或居
　所。

　　除了由勞資雙方自行提出申請的情形外，如果主管機關對於
勞資爭議認為必要時，也可以依職權交付調解，並通知勞資爭議
當事人，以求儘早解決紛爭。在當事人提出申請或由主管機關依
職權交付調解時，如果當事人並未先行選定調解人時，主管機關
可以通知未選定調解委員的爭議當事人，請其於通知到達之日起
三日內選定調解委員，並將調解委員之姓名、性別、年齡、職業
及住所或居所具報，主管機關認有必要時，也可以將前項期限酌
量延長，但是如果該當事人逾期仍不為具報者，主管機關就可以
依職權逕行代為指定之。

(二) 調解委員會

　　由於調解著重在迅速以及便利，因此調解委員會的組成當然
不宜過久，所以依法直轄市或縣（市）主管機關在收到當事人申
請調解或依職權交付調解之日起七日內，就必須組成勞資爭議調
解委員會來進行處理。不過如果勞資爭議跨越縣（市）範圍時應
如何處理呢？依法如果該勞資爭議事件，同時跨越二縣（市）管
轄時，即由省政府來指定主管機關；如果跨越二省（市）管轄
時，則由行政院勞工委員來指定主管機關，並由被指定的主管機
關來組成調解委員會。

　　至於調解委員會的組成，除了發生爭議的勞方、資方各選定
一人以外，另外並由主管機關指定一人到三人來組成，並且由主

管機關代表中的一人來擔任主席，其目的就在主管機關指派的代表比較不至於會有偏袒的可能，在協調會的主持上也較能獲得雙方的支持。

　　勞資爭議調解委員會在組成之後，雖然已經有申請人所陳述的事實，但是為了避免有偏頗的問題，所以勞資爭議處理法上遂明文規定，勞資爭議調解委員會應立即召開會議，並且指派委員調查事實，以明事實真相。在委員被指派調查事實時，依法可以通知雙方當事人或有關人員到會說明或提出書面說明，或是向爭議事件有關之事業單位來進行調查行為，在調查完畢後，調查委員必須將他所調查的結果以及他所認為合理的解決方案提出委員會來進行討論。勞資爭議調解委員會在收到前述調查結果以及解決方案後，依法必須在七日內開會以討論合適的調解方案，不過如果有必要時或經爭議當事人雙方同意者，前述開會期間可以延長至十五日；在討論調解方案時，依法必須有調解委員過半數的出席始得開會，經出席委員過半數同意，始可以決議作出調解方案。

（三）調解之成立、不成立

　　調解委員會做出調解方案後，原則上當然要徵詢雙方當事人的意見，如果雙方爭議當事人對於調解委員會所做出的調解方案都表示同意，並且在調解紀錄簽名時，依法調解就稱為成立，也就是調解成功的意思。勞資爭議在經過調解成立後，該調解方案依法就會被視為是爭議當事人間之契約，也就是對雙方都有約束力，必須依該調解方案履行其義務；如果當事人一方為勞工團體時，則視為當事人間之團體協約，依團體協約法的規定，視為雙方勞資條件的一部分。

不過，在調解中也往往會發生一些問題，而導致調解失敗的情形，此種狀況稱為調解不成立。依法有下列情形之一存在時，調解就視為不成立：

1. 經調解委員會主席召集調解委員會議二次，均不足法定人數者。
2. 調解委員會無法決議作成調解方案者。
3. 爭議當事人對勞資爭議調解委員會之調解方案不同意時。

在調解不成立的情形下，如果是「調整事項」的爭議時，爭議雙方還可以依雙方的合意來申請進行勞資爭議仲裁的程序，否則依法勞資爭議雙方可以逕行向法院起訴或採行其他法定救濟程序，不再受到勞資爭議處理法的限制。

二、仲裁

所謂仲裁，是指由勞資爭議仲裁委員會以裁決的方式，對雙方的爭議事項做出決定，以解決紛爭的一種制度。此項制度與調解的最大不同點即在調解乃屬於協調的性質較重，所以就算調解委員會作出調解方案，仍然必須得到爭議雙方的同意才可以發生效力；至於仲裁，則比較類似法院判決的方式，也就是仲裁委員會作出決定，就有拘束爭議雙方當事人的效力，不必考慮雙方當事人是否同意，爭議雙方也不可以主張他不同意而再進行其他的爭執。依勞資爭議處理法規定，關於勞資爭議事項，原則上只有「調整事項」之勞資爭議可以申請仲裁，其提起的方式有以下三種：

1.在調解不成立時，經爭議當事人雙方之申請，交付勞資爭議仲裁委員會仲裁。

2.主管機關認為情節重大有交付仲裁之必要時，得依職權交付仲裁，並通知勞資爭議當事人。

3.調整事項之勞資爭議，經當事人雙方同意，也可不經前述的調解程序而逕行交付仲裁。

有以上三種情形之一存在時，才可以適用勞資爭議仲裁程序，否則一般情形下，勞資爭議處理程序在經過調解程序而不成立之後就屬終結，爭議雙方可以另依其他法定方式，例如起訴等程序來主張其權利。

（一）仲裁之申請

如前所述，當事人要申請勞資爭議仲裁時只有「調整事項」才可以提出申請，因此要申請仲裁時，在雇主方面當然可以為同意的行為，但是由於是調整事項之勞資爭議，所以勞方當事人必須是勞工團體或勞工十人以上，只有在事業單位勞工未滿十人者，經三分之二以上勞工同意，才可以成為勞方當事人，因此要符合申請仲裁之「經爭議雙方同意」的要件時，就必須獲得雇主及勞工團體雙方的同意，而不能僅以勞工少數人的同意來提出申請，否則依法不生效力。

其次要提出申請時，需由爭議雙方同意，共同向直轄市、縣（市）主管機關提出仲裁申請書。至於申請書應記載事項可分為兩種：

1.因調解不成立申請仲裁時，其申請書應載明下列事項：

(1)當事人之姓名、性別、年齡、職業及住所或居所；如為

　　　　法人、雇主團體、勞工團體或其他行號時，其名稱及事
　　　　務所或營業所。

　　(2)有代理人者，其姓名及住所或居所。

　　(3)調解不成立之事由。

　　(4)請求仲裁之事項。

　　(5)選定之仲裁委員姓名。

2.當事人雙方申請不經調解而直接逕付仲裁時，其申請書應
　載明下列事項：

　　(1)當事人之姓名、性別、年齡、職業及住所或居所；如爲
　　　　法人、雇主團體、勞工團體或其他行號時，其名稱及事
　　　　務所或營業所。

　　(2)有代理人者，其姓名及住所或居所。

　　(3)與爭議事件有關之事業單位、勞工人數及名冊。

　　(4)爭議之要點。

　　(5)請求仲裁之事項。

　　(6)選定之仲裁委員姓名。

　　除了前述的當事人申請程序外，如果主管機關對於勞資爭議
認爲必要時，也可以依職權交付仲裁，並通知勞資爭議當事人，
以求儘早解決紛爭。在當事人提出申請或由主管機關依職權交付
仲裁時，依法爭議雙方可以就主管機關的勞資爭議仲裁委員名單
中選定所信任之三人至四人來擔任仲裁委員；如果當事人並未先
行選定仲裁委員時，主管機關可以通知未選定的爭議當事人，請
其於通知到達之日起三日內選定調解委員，如果該當事人逾期仍
不爲選定時，主管機關就可以依職權逕行代爲指定之。

（二）仲裁委員會

　　所謂仲裁委員會，是由被選定或指定的勞資爭議仲裁委員所共同組成之委員會而言。由於仲裁必須涉及判斷以及裁決的事項，與調解之著重協調不同，因此對於委員的資格要求當然較為嚴格。依勞資爭議處理法規定，可以被當事人選任的勞資爭議仲裁委員，是由直轄市或縣（市）主管機關每二年通知勞工團體及雇主團體各推薦公正並富學識經驗者十二人至四十八人，並報請上級主管機關核備後始能擔任，與調解委員之並無限制的情形有所不同。其次，雖然在主管機關名冊上具有仲裁委員資格，但是有下列情形之一者，由於立場可能受人質疑或有所偏頗，所以依法不得擔任該勞資爭議事件之仲裁委員：

1. 曾為該爭議事件之調解委員者。
2. 本人或其配偶、前配偶或與其訂有婚約之人為該爭議事件當事人者。
3. 為該爭議事件當事人八親等內之血親或五親等內之姻親，或曾有此親屬關係者。
4. 本人或其配偶、前配偶或與其訂有婚約之人，就該爭議事件與當事人有共同權利人、共同義務人或償還義務人之關係者。
5. 現為或曾為該爭議事件當事人之法定代理人或家長、家屬者。
6. 於該爭議事件，現為或曾為當事人之代理人者。

　　勞資爭議仲裁委員會的組成，原則上是由委員九人至十三人組成，除了前述的由爭議雙方當事人各選定三至四人外，直轄市

或縣（市）的主管機關以及其他有關機關也派遣代表三人至五人來共同組成，並且以直轄市或縣（市）主管機關代表中一人來擔任主席。不過如果仲裁委員連續兩次不參加會議，致使會議不足法定人數時，主管機關可以另行指定仲裁委員代替，以免造成勞資爭議仲裁程序的延誤。

仲裁委員會組成後，依法可以準用調解程序的規定來指派委員進行調查事實的程序，以明事實真相。在程序完成後，仲裁委員會就可以依據所得的全部資料，進行相關的討論然後作出決定，也就是仲裁判斷。依法勞資爭議仲裁委員會之仲裁，必須有三分之二以上委員出席，並經出席委員四分之三以上決議才能做成決議。但是如果經過二次會議，仍然無法作成決議時，第三次會議時可以取決於多數（即過半數）的決議來做成仲裁判斷。一旦決議後，勞資爭議仲裁委員會需於五日內作成仲裁書，報由直轄市、縣（市）主管機關送達勞資爭議雙方當事人。勞資爭議雙方當事人對於勞資爭議仲裁委員會之仲裁，依法不得聲明不服，也就是不能再以任何方式來進行爭執，此後前述的仲裁依法就被視為爭議當事人間之契約，如果當事人之一方為勞工團體時，則視為當事人間之團體協約，也就是雙方當事人都必須依據仲裁判斷的決定來履行。

勞資爭議的雙方當事人，在仲裁程序進行中也有可能發生自行達成協議的情形，此時應如何處理呢？依勞資爭議處理法規定，只要在勞資爭議仲裁程序結束前雙方自行達成和解時，和解雙方應將和解書函報勞資爭議仲裁委員會及直轄市或縣（市）主管機關，在勞資爭議仲裁委員會及直轄市或縣（市）主管機關接到前項函報之日起，仲裁程序即告終結。和解成立者與依本法成立之調解有同一效力，也就是勞方如果是個人時，該和解書依法

就會被視為是爭議當事人間之契約，對雙方都有其約束力，必須依該和解書履行其義務；如果當事人一方為勞工團體時，則視為當事人間之團體協約，依團體協約法的規定，視為雙方勞資條件的一部分。

三、強制執行之裁定

在勞資爭議調解成立或仲裁後，雖然依法可以視為當事人之間的契約或團體協約，而具有相關的法律效力，但是當事人之一方如果不履行其義務時，假使要依正常民事訴訟程序來進行追討，則可能會有曠日廢時之感，而且也會造成爭議當事人如果是勞工時可能有繳納裁判費或訴訟費等費用上之困難，而造成權益受到影響。因此勞資爭議處理法乃明文規定，在勞資爭議處理時，已經調解成立或作出仲裁判斷者，當事人之一方如果不履行其義務時，他方當事人就可以向該管法院申請直接裁定強制執行並免繳裁判費，換言之，也就是不用再經過訴訟程序，直接就可以申請法院以裁定方式強制執行對方的財產，而且此項申請不用繳交任何裁判費，以便利爭議受害一方的請求。對於前項申請事件，法院依法應於七日內作出裁定，以方便受害方之追討。

不過，有時可能有些特殊原因，造成前述調解或仲裁本身的法律效力有所爭議或根本有違反法律的情形時，如果強制需依照其內容執行，則反而會造成不當的結果，因此勞資爭議處理法規定，在有下列情形之一時，法院可以為駁回強制執行申請之裁定：

1.調解或仲裁內容係使當事人為法律上所禁止之行為者。

2.調解或仲裁內容，與爭議標的顯屬無關或性質不適於強制
　執行者。

3.依其他法律不得為強制執行者。

4.違反本法調解、仲裁之規定者。

　　如果強制執行之申請因為有前述原因而被法院裁定駁回時，
如果是調解事件依法該調解就被視為不成立，當事人可以另外再
依其他法律程序進行救濟；如果是仲裁事件時，當事人可以再重
新申請仲裁，以利解決爭執。

　　在當事人申請法院裁定強制執行並且獲得許可後，依法該當
事人還必須向民事執行處申請強制執行，以便能進行拍賣取償等
法律救濟程序。雖然一般申請強制執行時必須依法繳納執行費
用，但是為了勞資爭議受害一方的便利，所以勞資爭議處理法也
明定，申請人在申請強制執行時不用繳執行費；換言之，只要是
依據勞資爭議處理法所作出的調解或仲裁，在申請准予強制執行
的裁定以及申請強制執行時依法均毋須繳納任何費用，對於經濟
困難的受害者確實是不錯的申請管道。

第十二章

公寓大廈住戶的實用法律

雖然標榜為「居家憲法」的公寓大廈管理條例已經通過，但仍始終無法有效地達到化干戈為玉帛的預期功效，究其原因乃是此一條例的運用尚有許多曖昧不明之處，因此讓許多人丈二金剛摸不著頭緒；加上單憑公寓大廈管理條例之內容，並無法完全且有效地解決公寓大廈日常生活中實際且直接的困難，究其原因乃是因為公寓大廈管理條例只是一個捍衛家園的表面母法，其中有許多施行的工具仍必須透過授權的行政機關加以釋明，則此法就好像船無水，難以行舟一樣，於是目前公寓大廈管理條例，只能作為紙上談兵的犧牲者，而難以發揮其全然真正的威力。

　　其次便是現代人的冷漠通病（看似交往密切，實則相互疏離），也讓今日公寓大廈及社區成為一個現代文明社會成長的絆腳石，幸虧近來「社區意識」的逐漸抬頭，使得群居的社會生活有了可供遵循的方向，而朝現代桃花源的理想境界邁出一大步。

　　不過筆者以為除此之外，另外必須依賴建商對公寓大廈及社區整體及周遭環境完善地規劃，例如：

1. 棟與棟間必須設法利用玻璃或花台隔離，以保持居住的私密性。
2. 防火巷道與一樓平台以間隔牆隔開，並栽植花草而防止占用。
3. 讓群居空間擁有能夠互動的交誼空間，以增添住戶間的和諧與熟悉。
4. 中庭與四周環境公園式的規劃設計，使環境不會因電線、電纜、污水（建議污水處理設備的同時配置）而破壞觀瞻。
5. 住戶管理與規約的設計務必要協助度過緩衝期，以便住戶

間休戚與共，而不再只是一種單調的平行線。

同時希望透過以下種種說明及社會現行實務疑難案例，配合公寓大廈管理條例施行細則、相關的規約及其他法令規則，以便更務實地協助讀者就現行公寓大廈居住及管理上實際的問題，讓讀者清楚分辨「橘過淮即為枳」的法律生活界線點，以及讓公寓、大廈或社區生活能夠真正豐富您的未來人生的品質追求。

第一節　公寓大廈及住戶的意義

公寓大廈管理條例是居住品質的新憲章，身為現代人為了追求更高的居住品質，便應該對公寓大廈相關專有名詞的定義予以深入了解，如此才能真正維護到自身的權益，不被無端的侵害。

一、公寓大廈的意義

依該法條之解釋係指構造上或使用上，或在建築執照設計圖樣標有明確界線得區分為數部分之建築物及其基地（為供建築物本身所占之地面及其所應留設之法定空地）。詳言之，其可由以下數種法規獲得一些適用上的資訊：

1.依建築法第十一條所稱一宗基地及其建築物為範圍：
　(1)連棟式平房（例如早期雙併公寓、多戶住宅）。
　(2)高層鋼骨構造的建築物（例如大廈）。
2.依山坡地開發建築管理辦法申請開發許可建築之基地：
　(1)社區（例如：台北小城、大千豪景）。

(2)集合式住宅（例如：花園新城）。

3.依不動產交易法草案所稱公寓大廈管理條例第三條以外之複合使用型住宅（即所謂住商合一）。

4.公寓大廈管理條例第二十六條規定：非封閉式之公寓大廈集居社區其地面層為各自獨立之數幢建築物，且區內屬住宅與辦公、商場混合使用，其辦公、商場之出入口各自獨立之公寓大廈，各該幢內之辦公、商場部分，得就該幢或結合他幢內之辦公、商場部分，經其區分所有權人過半數書面同意，及全體區分所有權人會議決議或規約明定下列各款事項後，以該辦公、商場部分召開區分所有權人會議，成立管理委員會，並向直轄市、縣（市）主管機關報備。（係指前開1.、2.兩項之地區）。

因而「指構造上或使用上或在建築執照設計圖樣標有明確界線，得區分為數部分之建築物及其基地。」這其中除了專有部分之外，並且能在使用上具有整體不可分性的共用部分，只要具備有這種性質的建築物和基地都應一律適用公寓大廈管理條例。

簡單地說，一棟建築物裡面住有兩戶以上的住戶，就要適用了。另外，各自獨立使用的建築物、公寓大廈，其共同設施的使用與管理具有整體不可分性的集居地區，在管理和組織上也可以準用本條例的規定。

二、住戶的意義

所謂住戶係指公寓大廈之區分所有權人（即指土地及建物登記之所有權人）、承租人或其他經區分所有權人同意，而為專有部

分之使用者或業經取得停車空間建築物所有權者而言。

至於區分所有，亦即指數人區分一建築物而各有其專有部分，並就其共有部分按其應有部分有所有權。按數人區分一建築物而各有其一部分者，謂之建築物之區分所有。

其區分之各部分為獨立之權利客體，成立單獨之所有權；而其區分方法或為縱的分割，或為橫的分割，或為二者交互運用，無論分間、分層抑分套，均在所不問；惟基於物權標的物獨立性之原則，必須在構造上及使用上均具有獨立性者，始足當之。同時依八十年台上字第八〇四號建物區分所有之客體，其區分方法：

1.或為縱的分割（或稱分間）。

2.或為橫的分割（或稱分層）。

3.或者兩者交互運用（或稱分套）。

以上必須在構造上、使用上均具備獨立性，始足為法律上的區分所有的定義。

三、公寓大廈公共基金之來源及管理

凡係在八十四年六月二十八日以後取得建造執照者，依該法第十八條有強制提撥公共基金（起造人就公寓大廈領得使用執照一年內之管理維護事項，應按工程造價一定比例或金額提列）的規定；而設置公共基金乃為落實公寓大廈之管理維護中有關共同利益及修繕維護事項，必須有此一經費來源以便統籌運用，因此公寓大廈管理條例第十條第二項及第十一條第二項明定：「共用部分、約定共用部分之修繕、管理、維護費用」以及「共用部分

及其相關設施之拆除、重大修繕或改良費用」由公共基金或區分所有權人按其應有部分比例分擔。

（一）公寓大廈設置公共基金之法定來源

1.起造人就公寓大廈領得使用執照一年內之管理維護事項，應按工程造價一定比例或金額提列。依公寓大廈管理條例施行細則第七條規定：

(1)新台幣一千萬元以下者為千分之二十。

(2)逾新台幣一千萬元至一億元者，超過一千萬元部分為千分之十五。

(3)逾新台幣一億元至十億元者，超過一億元部分為千分之五。

(4)逾新台幣十億元者，超過十億元部分為千分之三。政府興建之住宅公共基金亦比照辦理。

2.區分所有權人依區分所有權人會議決議繳納或按比例分攤。

3.本基金之孳息。

4.其他收入（例如縣市政府之補助或於本條例施行前建設公司所預收的管理費用）。

起造人依法律規定提列之公共基金，起造人於該公寓大廈使用執照申請時，應提出已於金融業者設立專戶儲存之證明；並於成立管理委員會或選任管理負責人後移交之。同款所稱比例或金額，由中央主管機關定之。本項所稱金融業者，準用票據法第四條第二項規定。

公共基金應設專戶儲存，並由管理負責人或管理委員會負責

管理。其運用應依區分所有權人會議之決議爲之。依法律所規定起造人應提列之公共基金，於本條例公布施行前，起造人已取得建造執照者，不適用之。

（二）保管、運用、公告及移轉方式

依公寓大廈管理條例第二十條規定：「管理負責人或管理委員會應定期將公共基金或區分所有權人、住戶應分擔或其他應負擔費用之收支、保管及運用情形公告，並於解職、離職或管理委員會改組時，將公共基金收支情形、會計憑證、會計帳簿、財務報表、印鑑及餘額移交新管理負責人或新管理委員會。管理負責人或管理委員會拒絕前項公告或移交，經催告於七日內仍不公告或移交時，得報請主管機關或訴請法院命其公告或移交。」由此可知係由管理負責人或管理委員會保管、運用並定期公告，以便讓區分所有之全體住戶了解。至於公告之時間，基本上並未強制規定，端視規約及區分所有權人會議決定。

管理負責人或管理委員會拒絕移交，經定相當期間催告仍不移交時，得報請主管機關或訴請法院命其移交。

（三）住戶費用給付之強制性

前開條例第二十一條規定區分所有權人或住戶積欠應繳納之公共基金或應分擔或其他應負擔之費用已逾二期或達相當金額，經定相當期間催告（所謂催告係指由管理委員會主任委員之名義以書面，例如存證信函或法院之認證函）仍不給付者，管理負責人或管理委員會得訴請法院命其給付應繳之金額及遲延利息。

四、未核發建造執照的公寓大廈房屋不得銷售

按公寓大廈管理條例第五十八條第一項規定：「公寓大廈起造人或建築業，非經領得建造執照，不得辦理銷售。」如果有建築業者有任何欺騙民眾已經領照可以建屋，而公開對外預售，但等到民眾查證發現建造執照尚未核發時：

1. 基本上原可依公寓大廈管理條例向主管機關請求其制止建築業者的預售行為。並由主管機關依第四十九條第一項第八款之規定，由直轄市、縣（市）主管機關處該起造人或建築業者新台幣四萬元以上二十萬元以下罰鍰，並得令其限期改善或履行義務；屆期不改善或不履行者，得連續處罰。
2. 承購戶的權利如果因此而受到損害，也可以訴請司法機關處理。

一般公寓大廈區分所有權的紛爭，大致上與建商之間有著密切關係的部分，原則上可分為四個階段：

1. 在公寓大廈建築初期，施工與附近居民的巷道出入的首度衝突；其次便是公寓大廈建築所產生的日照、通風、眺望等空間環境權的影響。
2. 公寓大廈買賣過程中的不實廣告（例如工業住宅、屋頂龜裂、漏水、出賣使用權利等等）；同時如建商以不確定准否前預行銷售的部分，另涉及六十六年十二月二十八日台內營字第七五三六一七號函得以命令禁止，不從者依行政

執行法第四條第二款處以罰鍰。

3. 公寓大廈完成後，住戶搬入後的保固；住戶管理的規劃及交接，均是公寓大廈管理條例施行後建築業必須重新加以省思的一項重要因素。

4. 建商不當限制預售屋轉售的情形：（如有影響交易秩序顯失公平者，即有公平交易法第二十四條之適用）

　(1)絕對禁止轉售。

　(2)經建設公司同意後可以轉售。

　(3)必須繳納若干手續費（過水費）後可以轉售（通常為房地總價之2％及5％）。

　　若以山坡地建築房屋，其建築前之整平土地，與整平後建築房屋，係兩個不同階段的行為，故申請政府核准整地，及開工整地，與申請建築執照及開工建築房屋，不能同一而論。

生活實例演習

☞ 案例一：

　　孫緯治於公寓大廈管理條例施行以前，購買宏邦生活廣場而與全體住戶約定使用頂樓之空間，試問孫緯治在公寓大廈管理條例施行以後，可不可以繼續行使約定專用的事項？

💡 解析：

　　孫緯治在公寓大廈管理條例施行以後，仍可繼續使用約定專用部分。按約定專用部分是指公寓大廈共用部分經約定供特定區域的特定之人使用，例如：

1. 臨接一樓之庭院或頂樓對屋頂的使用。

2. 地下或平面停車場。

3.廣告塔及外牆招牌。

4.地下室或社區中心外包設立俱樂部。

5.非經由其他區分所有人室內而無法進入的特定露台區域。

　　至於區分所有權人約定專用事項的方法有兩種：

　　第一種是公寓大廈建造期間或第一次區分所有權人會議召開前，出賣人（即建商）與買受人在買賣契約中約定共用部分或基地的特定部分，由某買受人專用。此種買賣契約之起造人應在住戶規約草約中記載清楚，以便利用公示性來拘束各買受人。

　　第二種是公寓大廈建築完成以後，經召集區分所有權人舉行會議，依照公寓大廈管理條例第三十一條的規定：「應有區分所有權人三分之二以上及其區分所有權比例合計三分之二以上出席，以出席人數四分之三以上及其區分所有權比例占出席人數區分所有權四分之三以上同意」，來做成的約定。

　　以上可經區分所有權人會議約定專用並收取使用費，藉此經費以改善整體居住生活品質。

☞ 案例二：

　　馬雷購買天惠綜合大樓之底樓店鋪並連帶有地下室，待搬進去後才查知該地下室是屬於法定防空避難設備，其是否會被該大廈住戶依法強制交出地下室所有權或使用權呢？

💡解析：

　　假設馬雷係在公寓大廈管理條例施行前購買。法定防空避難設備屬於公寓大廈的當然共用部分，這是公寓大廈管理條例第五十八條第二項的規定：公寓大廈之起造人或建築業者，不得將共用部分，包含法定空地、法定停車空間及法定防空避難設備，讓售於特定人或為區分所有權人以外之特定人設定專用使用權或為其他有損害區分所有權人權益之行為。但在本法施行以前，依當

時法令登記狀態已有辦理產權登記者，基於不溯既往原則的適用性，馬雷應可繼續使用該防空避難設備，但依法仍不應違反其設置的目的，此即依「台灣地區防空避難場所管理維護注意事項」第七點，申請利用防空地下室開設臨時對外營業場所之規定，必須符合如下的情形：

1.不得妨礙防空避難、不違反分區使用規定，暨建築法規定及各種法令。

2.倘已於核准之同時當作為停車空間者，其兼作停車空間的面積，不得申請開設臨時對外營業場所。

3.進入警戒戰備或宣布戒嚴時，凡是被使用或占用的防空避難設備，應在二十四小時內，騰出來供大眾防空避難使用。

第二節　住戶管理組織

　　住戶管理組織，係指住戶為執行區分所有權人會議決議事項暨公寓大廈管理維護工作，互選管理委員二十一人以下所設立之組織。

　　同時公寓大廈管理條例第二十九條規定公寓大廈應成立管理委員會或推選管理負責人（而同條例第二十八條規定：公寓大廈建築物所有權登記之區分所有權人達半數以上及其區分所有權比例合計半數以上時，起造人應於三個月內召集區分所有權召開區分所有權人會議，成立管理委員會或推選管理負責人，並向直轄市、縣（市）主管機關報備）。

一、管理委員會、管理負責人及管理服務人

（一）管理委員會

指住戶為執行區分所有權人會議決議事項暨公寓大廈管理維護工作，互選管理委員二十一人以下所設立之組織。同時公寓大廈管理條例第二十九條規定公寓大廈應成立管理委員會或推選管理負責人。又本條例施行前已取得建築執照之公寓大廈，仍應依本條例成立管理組織。

（二）管理負責人

指未成立管理委員會，由區分所有權人及住戶互推一人為負責管理公寓大廈事務者。

（三）管理服務人

指由區分所有權人會議決議或管理負責人或管理委員會僱傭或委任而執行建築物管理維護事務者；同時依該條例第四十一條授權由中央主管機關訂立管理人服務辦法以資管理。公寓大廈管理委員會、管理負責人或區分所有權人會議，得委任或僱傭領有中央主管機關核發之登記證或認可證之公寓大廈管理維護公司或管理服務人員執行管理維護事務。

二、如何組織住戶管理委員會

此涉及到由區分所有權人為共同事務及權利義務之有關事

項，因此應召集全體區分所有權人所舉行之會議；然後由住戶為執行區分所有權人會議決議事項暨公寓大廈管理維護工作，而互選管理委員若干人設立之管理組織。

同時在此依公寓大廈管理條例施行細則第十二條規定公寓大廈管理委員會係採用申請報備處理原則。

另外新建的公寓大廈，原則上應由建設公司在交屋後，保留一段緩衝期再將管理保全人員撤離，如此才能讓住戶有一段充裕的時間熟悉，以便能在未來迅速達成共識，因而此一輔導工作，則有賴建商的道德了。

住戶管理委員會基本籌組步驟如次：

1. 首先應建立區分所有權人名冊與公寓大廈相關資料。
2. 其次舉辦第一次區分所有權人會議前之說明會，詳細解說公寓大廈管理條例、公寓大廈管理條例施行細則、規約範本的內容，彙整全體區分所有權人的意見，以便擬訂適合全體住戶的住戶規約。
3. 應於開會前十五日發出召集會議之會議通知單（可由起造人及舊管理委員會召集）。
4. 同時依彙整之資料尋求法律專業人士擬訂正式的規約草案，以便在第一次區分所有權人會議時議決之。
5. 由於公寓大廈可能十分龐大，為便於聯絡及熟悉並凝聚共識起見，最好協調出各區之聯絡人，加上現代社會工作繁忙，亦應準備好因事無法出席者的委託書，以利會議決議的進行，避免流會的產生。
6. 第一次區分所有權人會議時，第一案應先通過基本規約，在選舉管理委員會成員後，再召開委員會準備交接事宜。

倘若召開而無法完成規約訂定者，依公寓大廈管理條例施行細則第十九條規定，應繼續適用規約草約之規定。

7.最後便是依公寓大廈管理組織申請報備處理原則，向所在地縣市政府辦理報備成立。

8.至於應備文件如次：（參公寓大廈管理條例施行細則第十一條）

(1)申請書。

(2)舉行第一次或最近一次區分所有權人會議之會議紀錄（其中必須載明成立管理委員會之決議）。

(3)住戶規約。

(4)全體區分所有權人名冊。

(5)公寓大廈或社區區分所有標的基本資料。

(6)建物使用執照謄本或影本。

9.另外亦可依法辦理社團法人登記。

三、公寓大廈區分所有權人會議之召開、通知及決議方法

按公寓大廈管理條例之有關規定如次：

（一）區分所有權人會議由全體區分所有權人組成

出席人數按公寓大廈管理條例施行細則第十五條規定，於數人共有一專有部分時，計區分所有權人一人。各專有部分之區分所有權人有一表決權者，係以建築物所有權登記為準。此所稱數人共有亦以建築物所有權登記之共有人為準。

1.定期會議：每年至少應召開一次。

2.臨時會議：有下列情形之一者，應召開臨時會議：

 (1)發生重大事故有及時處理之必要，經管理負責人或管理委員會請求者。

 (2)經區分所有權人五分之一以上及其區分所有權比例合計五分之一以上，以書面載明召集之目的及理由請求召集者。

區分所有權人會議由區分所有權人互推一人為召集人，召集人任期一年，連選得連任。

召集人無法依前項規定互推產生時，區分所有權人得申請地方主管機關指定臨時召集人，或依規約相互輪流擔任，其任期至新召集人選出為止。

（二）通知方式

區分所有權人會議，應由召集人於開會前十五日以書面載明開會內容，分別通知各區分所有權人。但有急迫情事須召開臨時會者，得以公告為之；公告期間不得少於二日。

（三）重新召集會議

區分所有權人會議依前條規定未獲致決議、出席區分所有權人之人數或其區分所有權比例合計未達前條定額者，召集人得就同一議案重新召集會議；其開議，應有區分所有權人四分之一以上及其區分所有權比例合計四分之一以上出席，以出席人數過半數及其區分所有權比例占出席人數區分所有權合計過半數之同意作成決議，並應於召集會議通知書上載明。

（四）決議方法

♀ 一般事項決議方法

1. 區分所有權人會議之決議，除本條例或規約另有規定外，應有區分所有權人過半數及其區分所有權比例合計過半數之出席，以出席人數過半數及其區分所有權比例占出席人數區分所有權合計過半數之同意行之。

2. 各專有部分之區分所有權人各有一表決權。數人共有一專有部分者，該表決權應推由一人行使。

3. 前開第一項任一區分所有權人之區分所有權占全部區分所有權五分之一以上者，其超過部分不予計算。

4. 區分所有權人因故無法出席區分所有權人會議時，得以書面委託他人代理出席，不過出席時應出具委任書。

♀ 重大事項之決議方法

區分所有權人會議之決議，關於下列各款事項，應有區分所有權人三分之二以上及其區分所有權比例合計三分之二以上出席，以出席人數四分之三以上及其區分所有權比例占出席人數區分所有權四分之三以上之同意行之：（**表12-1**）

表12-1　表決簡表

決議種類		區分所有權人數並其所占共同使用比例
普通決議	出席	二分之一（全部區分所有）
	重新召集	四分之一（全部區分所有）
	表決	二分之一（占出席）
特別決議	出席	三分之二（全部區分所有）
	表決	四分之三（占出席）

1.規約之訂定或變更。

2.公寓大廈之重大修繕或改良。

3.公寓大廈有第十三條第二款或第三款情形之一須重建者。

4.住戶之強制遷離或區分所有權之強制出讓。

5.約定專用或約定共用事項。

前項區分所有權比例之計算，準用第二十九條第三項及第四項之規定。其他可以規約規定之決議事項：

1.共用、約定共用部分之管理維護費用分擔方式。（第十條第三項）

2.限制住戶參與管委會或管理委員會主委之選舉權。（施行細則第十一條）

3.授權管理委員會對管理服務人員執行職務之範圍。（施行細則第十二條）

（五）決議之會議紀錄方法

1.開會時間、地點。

2.出席區分所有權之實質比例人數。

3.討論事項、決議事項及結果。

4.出席會議之簽名簿及代理出席委託書之存查。

5.主席及紀錄簽名；並應於十五日內送達各區分所有權人及公告。

四、公寓大廈管理委員會職務

（一）公寓大廈管理委員會的職權

一般社會通念在公寓大廈管理委員會的職權原則可分為以下四類：

⚷ 公共事務之管理

日常事務服務（代訂書報、代繳水電費、佣工）、安排定時收集垃圾、辦理住戶聯誼、社區巴士的規劃、管理委員會之選舉、會議、管理費之收取及財務控管。

⚷ 清潔維護之服務

一般日常公共空間的清理、垃圾清運處理。

⚷ 警衛勤務之服務

一般門禁、搬遷物件之管制、公共照明控制、中央監控、工程施工管理、防盜巡邏。

⚷ 機電維護之管理

電力、照明、監控、警報系統的定期維護，消防、給排水、污廢水及公共安全之保養維護。

（二）管理委員會或管理負責人的法定職權

管理委員會或管理負責人的法定職權，依公寓大廈管理條例第三十六條所定如下：

1.區分所有權人會議決議事項之執行。

2.共有及共用部分之清潔、維護、修繕及一般改良。

3.公寓大廈及其周圍之安全及環境維護事項。

4.住戶共同事務應興革事項之建議。

5.住戶違規情事之制止及相關資料之提供。

6.住戶違反第六條第一項規定之協調。

7.收益、公共基金及其他經費之收支、保管及運用。

8.規約、會議紀錄、使用執照謄本、竣工圖說、水電、消防、機械設施、管線圖說、會計憑證、會計帳簿、財務報表、公共安全檢查及消防安全設備檢修之申報文件、印鑑及有關文件之保管。

9.管理服務人之委任、僱傭及監督。

10.會計報告、結算報告及其他管理事項之提出及公告。

11.共用部分、約定共用部分及其附屬設施設備之點收及保管。

12.依規定應由管理委員會申報之公共安全檢查與消防安全設備檢修之申報及改善之執行。

13.其他依本條例或規約所定事項。

（三）其他職權

其他職權散見在公寓大廈管理條例各條條文中,現彙整如下:

1.依第六條所定住戶應遵守事項,住戶違反規定經協調仍不履行時,住戶、管理負責人或管理委員會得按其性質請求各該主管機關或訴請法院爲必要的處置。

2.住戶對於第八條所定公寓大廈周圍上下、外牆面、樓頂平台及不屬專有部分之防空避難設備,其變更構造、顏色、

設置廣告物、鐵鋁窗或其他類似之行為，管理負責人或管理委員會應予制止，並報請各該主管機關處罰。

3.住戶對於第九條所定共用部分及其基地的使用收益，不得違反本條例、區域計畫法、都市計畫法及建築法令之規定。未依照原設置目的及通常使用方法而使用，管理負責人或管理委員會應予制止，並得按其性質請求各該主管機關或訴請法院為必要的處置。

4.第十條的規定，專有、約定專有部分的修繕、管理、維護（包括清潔及一般改良），由管理負責人或管理委員會處理。

5.第十四條的規定，公寓大廈經區分所有權人會議依第三十一條規定決議重建時，區分所有權人不同意決議又不出讓區分所有權或同意後不依決議履行其義務者，管理負責人或管理委員會得訴請法院命區分所有權人出讓其區分所有權及其基地所有權應有部分。

6.第十五條的規定，住戶未依使用執照所載用途及規約使用專有部分、約定專有部分，或擅自變更使用，管理負責人或管理委員會應予制止，並報請直轄市、縣（市）主管機關處理。

7.第十六條的規定，住戶不得任意棄置垃圾、排放各種污染物、惡臭物質或發生喧囂、振動及其他與此相類似的行為；或於防火間隔、防火巷弄、樓梯間、共同走廊、防空避難設備等處所堆置雜物、設置柵欄、門扇或營業使用，或違規設置廣告物或私設路障及停車位侵占巷道妨礙出入；或飼養動物，妨礙公共衛生、公共安寧及公共安全，管理負責人或管理委員會應予制止或按規約處理，必要時

得報請地方主管機關處理。

8.第十七條的規定，住戶於公寓大廈內依法經營餐飲、瓦斯、電焊或其他危險營業或存放有爆炸性或易燃性物品，未依中央主管機關所定保險金額投保公共意外責任保險，經催告於七日內仍未辦理者，管理負責人或管理委員會應代為投保。

9.第十八條的規定，對於公共基金設專戶儲存，並由管理負責人或管理委員會負責管理（即對收益、基金、經費之收支、保管與運用）。

10.第二十二條所定住戶違反義務的情形，由管理負責人或管理委員會促請其改善，於三個月內仍未改善，管理負責人或管理委員會得依區分所有權人會議的決議，訴請法院強制住戶遷離。如住戶為區分所有權人時，管理負責人或管理委員會得依區分所有權人會議的決議，訴請法院命區分所有權人出讓其區分所有權及其基地所有權應有部分；於判決確定後三個月內不自行出讓並完成移轉登記手續者，管理負責人或管理委員會得聲請法院拍賣。

11.第三十六條規定管理委員會應向區分所有權人會議負責並執行會議決議事項，並向其報告會務。

12.第四十條亦同時規定第三十六條、三十八至三十九條之規定，於管理負責人準用之規定。

五、建築物區分所有權的定義、區分所有權之住 戶必須容忍及無需容忍居住隱私之事項

(一) 建築物區分所有權的定義

公寓大廈管理條例第三條第二款所為的定義:「數人區分一建築物而各有其專有部分,並就其共用部分按其應有部分有所有權。」在前述的意義下,區分所有權實際上包括專有部分和共用部分兩個所有權。

另外公寓大廈管理條例第四條第二項亦規定:「專有部分不得與其所屬建築物共用部分之應有部分及其基地所有權或地上權之應有部分分離而為移轉或設定負擔。」

所以說公寓大廈管理條例之區分所有權的建築物,與其基地之間有著一體化的特性;亦即與一般透天厝的所有權對其建物的權利一樣。

(二) 建築物區分所有權的住戶應忍受之居住隱私事項

1.受託管理業務之管理辦公室及機械房。

2.電力公司:台電所設置之受電室、變電室及電表。

3.自來水公司(或自來水事業處)之水表及配管。

4.瓦斯公司之管線及瓦斯表。

5.電信公司之電話配線箱及管線配置管。

（三）建築物區分所有權的住戶無需忍受之居住隱私事項

♀ 一般外來盜竊之違法行為

　　刑法第三百二十一條第一項第一款之夜間侵入住宅竊盜罪，此處所謂「住宅」，乃指人類日常居住之場所而言，公寓亦屬之。至於公寓樓下之「樓梯間」，雖僅供各住戶出入通行，然就公寓之整體而言，該樓梯間為該公寓之一部分，而與該公寓有密切不可分之關係，故外人於夜間侵入公寓樓下之樓梯間竊盜難謂無同時妨害居住安全之情形。而「夜間侵入」係指日出以前、日落以後及白天進入而藏匿到夜間而言。

　　住宅原屬建築物之一種，然因刑法第三百二十一條第一項第一款將住宅與建築物為併列之規定，故二者之概念仍有予以區別之必要。前者指人類日常居住生活作息之場所；後者指住宅以外上有屋面，周有門壁，足蔽風雨，供人出入，且定著於土地之工作物而言。是供人日常生活起居作息之「建築物」中，縱內部又配置供為蒔花養蘭、畜養寵物、健身休憩、晾曬衣物等「用途」不同之工作室、健身房、陽台等房間、處所，惟就整體觀察，均與生活起居之怡神養性、身心健全發展有密切關聯，自應認各該處所仍為住宅之一部分；屋頂之陽台，當亦包括在內。（參八十二年台上字第一八○九號判決）

♀ 住戶侵犯隱私之違法行為

　　1.倘以意圖竊盜為手段，越進他區分所有權人之窗門，使他人窗門安全之設備（而安全設備指籬笆、門鎖、防盜裝置）失其防閑之效用；而或謂毀越門扇牆垣係指毀越住宅、店鋪或其他建築物（包括公寓、大廈、社區內之各住戶或店

鋪）之門扇牆垣（指土石或磚砌的牆壁）而言，自應構成刑法第三百二十一條第一項第二款之毀越門扇侵入住宅之罪；此非告訴乃論而係公訴罪。

2.倘無故侵入他人住宅、建築物者，則涉及刑法第三百零六條之侵入住宅罪責；其無故隱匿其內，或受退去之要求而仍留滯者，亦同。此部分則為告訴乃論之罪，應分辨清楚。

生活實例演習

☞ 案例一：

　　曾喋仙所居住之風雨大樓係在公寓大廈管理條例施行前所購買，一直未成立任何管理組織，以維護全體住戶之權益。試問公寓大廈管理條例施行後，所有的建築物是不是必須在限期內都要強制成立管理委員會呢？其是否有法律上之權利能力呢？

✎ 解析：

　　曾喋仙所居住之風雨大樓仍必須在限期內強制成立管理委員會。

　　依公寓大廈管理條例第四十三條規定：「本條例施行前已取得建造執照之公寓大廈，應依本條例規定成立管理組織。」以觀，公寓大廈之管理不論其建於公寓大廈管理條例施行之前後，均需依法強制籌設公寓大廈管理委員會，並無任何例外。

　　同時公寓大廈管理條例施行細則第十八條規定，依前開規定成立之管理組織，區分所有權人應依公寓大廈管理條例第二十五條第二項之規定，互推召集人一人召開第一次區分所有權人會議訂定規約，並向主管機關報備。

依公寓大廈管理條例第三十八條規定：「管理委員會有當事人能力。」同時該條第二項亦明定「管理委員會為原告或被告時，應將訴訟事件要旨速告區分所有權人」。

☞ 案例二：

趙湧輕承租陳鶯剩的房屋，但是每次其所承租的白蘭公寓大廈管理委員會召集開會都未通知他，卻要他繳交一倍的管理費，試問是否合理？而管理委員會的成員究竟有哪些？所有權人以外的其他住戶是不是可以參加管理委員會？

🖐 解析：

趙湧輕所承租的白蘭公寓大廈管理委員會召集不合法，且其要求加倍的管理費用亦屬無據；至於所有權人以外的其他住戶是不是可以參加管理委員會，則端視住戶規約如何規定。

至於所稱住戶的定義，請參閱本文之說明；所以，趙湧輕雖係承租人之地位，但依法「等同於住戶」這點應當毫無疑問；同時依本條例第二十三、二十五條規定「管理委員會之組織及選任應於規約中定之」。

所以，除規約另有限制以外，承租人依法自可以參加管理委員會而成為組成的成員。及公寓大廈管理條例施行細則第十四條規定公寓大廈之住戶雖分專有部分之區分所有權人，除依本條例、區分所有權人會議之決議或規約另有規定外，仍得為選舉人、推選人或經選任為管理委員或推選為主任委員或管理負責人。

第三節　刑罰及其他重要規定

　　現行公寓大廈管理條例違約處罰的詳細規定可細分為行政責任、民、刑事責任等三個範疇。

一、行政責任部分

　　1.一般住戶：
　　　(1)住戶有以下行為者依該條例第四十七條處新台幣三千元以上一萬五千元以下罰金：
　　　　A.有第十六條第一項任意棄置垃圾、排放污染物、惡臭物質或發生喧囂、振動及其他與此相類之行為。
　　　　B.有第十六條第三項飼養動物妨害公共衛生、安寧及安全者。
　　　(2)住戶有以下行為者依該條例第四十九條處新台幣四萬元以上二十萬元以下罰金：
　　　　A.第五條規定區分所有權人對專有部分之利用，有妨害建築物之正常使用及違反區分所有權人共同利益之行為。
　　　　B.對於第八條所定公寓大廈周圍上下、外牆面、樓頂平台及防空避難設備未依規定而有變更構造、顏色、使用目的、設置廣告物或其他類似的行為。
　　　　C.住戶對於第九條所定共用部分的使用，未依照原設置目的及通常使用方法而使用者。

D.依第十五條的規定，住戶未依使用執照所載用途及規約使用專有部分、約定專有部分，擅自變更使用者。

　　E.依第十六條第二項規定，住戶於防火間隔、防火巷弄、樓梯間、共同走廊、防空避難設備等處所堆置雜物、設置柵欄、門扇或營業使用，或違規設置廣告物或私設路障及停車位侵占巷道妨礙出入。

　　F.依第十八條第一、二項規定，對於公共基金未設專戶儲存，並於成立管理委員會後移交者。

2.營業住戶：住戶有以下行為者依該條例第四十九條處新台幣四萬元以上二十萬元以下罰金：

　(1)依第十五條的規定，住戶未依使用執照所載用途及規約使用專有部分、約定專有部分，擅自變更使用者。

　(2)依第十六條第二項規定，住戶於防火間隔、防火巷弄、樓梯間、共同走廊、防空避難設備等處所堆置雜物、設置柵欄、門扇或營業使用，或違規設置廣告物或私設路障及停車位侵占巷道妨礙出入。

　(3)住戶違反第十七條投保責任保險義務者。

　(4)住戶對消防法所定公共危險物品及可燃性高壓氣體之製造、處理或儲存未符合設置標準及安全管理規定者，處其管理人或行為人新台幣二萬元以上十萬元以下罰鍰，並得連續處罰及予以三十日以下停業及停止其使用處分的罰責。

3.區分所有權人會議召集人、起造人或臨時召集人違反第二十五條、第二十六條召集會議者，依該條例第四十七條處新台幣三千元以上一萬五千元以下罰金。

4.管理負責人、主任委員或管理委員違反第十七條代為投保

責任保險義務，及管理負責人、主任委員無正當理由未執行第二十二條促請改善或訴請法院強制遷離或出讓該區分所有權之職務，及未執行第三十四條區分所有權人會議決議之事項者，依該條例第四十八條處新台幣一千元以上五千元以下罰金。

5.管理負責人、主任委員或管理委員違反第二十條之移交義務者，依該條例第四十九條處新台幣四萬元以上二十萬元以下罰金。

6.起造人或建築業者未領得建造執照而銷售者，依該條例第四十九條處新台幣四萬元以上二十萬元以下罰金。

二、刑事責任部分

（一）一般住戶

1.依第十五條的規定，住戶未依使用執照所載用途及規約使用專有部分、約定專有部分，擅自變更使用者。

2.依第十六條第二項規定，住戶於防火間隔、防火巷弄、樓梯間、共同走廊、防空避難設備等處所堆置雜物、設置柵欄、門扇或營業使用，或違規設置廣告物或私設路障及停車位侵占巷道妨礙出入。

因以上之行為而致人於死者則依刑法第二百七十六條處二年以下有期徒刑、拘役或二千元以下罰金；及二百八十四條致人重傷處一年以下有期徒刑、拘役或五百元以下罰金。

（二）營業住戶

1.住戶有以下行為者依該條例第四十九條第二項致人於死者
  處一年以上七年以下有期徒刑，得併科新台幣一百萬元以
  上五百萬元以下罰金；致重傷者，處六月以上五年以下有
  期徒刑，得併科新台幣五十萬元以上二百五十萬元以下罰
  金。
  (1)依第十五條的規定，住戶未依使用執照所載用途及規約
     使用專有部分、約定專有部分，擅自變更使用者。
  (2)依第十六條第二項規定，住戶於防火間隔、防火巷弄、
     樓梯間、共同走廊、防空避難設備等處所堆置雜物、設
     置柵欄、門扇或營業使用，或違規設置廣告物或私設路
     障及停車位侵占巷道妨礙出入者。
2.依消防法第六條設置安全設備之供營業場所，其管理人未
  依規定設置或維護，於發生火災致人於死者，處一年以上
  七年以下有期徒刑，得併科新台幣一百萬元以上五百萬元
  以下罰金。
3.依消防法第六條設置安全設備之供營業場所，其管理人未
  依規定設置或維護，於發生火災致人於重傷者，處六月以
  上五年以下有期徒刑，得併科新台幣五十萬元以上二百五
  十萬元以下罰金。

三、民事責任部分

1.住戶有以下三種情形，經管理負責人或管理委員會促請其
  改善，於三個月內仍未改善者，依同條例第二十二條規定

管理負責人或管理委員會得依區分所有權人會議之決議，
訴請法院強制其遷離者：

(1)積欠依本條例規定應分擔之費用，經強制執行後再度積
欠金額達其區分所有權總價1％者。

(2)違反本條例規定而有以下情形經處以罰鍰後，仍不改善
或續犯者：

A.區分所有權人對專有部分之利用，有妨害建築物之正
常使用及違反區分所有權人共同利益之行為者。

B.住戶對於公寓大廈周圍上下、外牆面、樓頂平台及防
空避難設備未依規定而有變更構造、顏色、使用目
的、設置廣告物或其他類似的行為；及住戶對於第九
條所定共用部分的使用，未依照原設置目的及通常使
用方法而使用；經制止而無效者。

C.未依本條例第十五條規定，即住戶未依使用執照所載
用途及規約使用專有部分、約定專有部分，而擅自變
更者。

D.住戶不得於防火間隔、防火巷弄、樓梯間、共同走
廊、防空避難設備等處所堆置雜物、設置柵欄、門扇
或營業使用，或違規設置廣告物或私設路障及停車位
侵占巷道妨礙出入。

(3)其他違反法令或規約情節重大者（例如規約禁止設立電
玩店或色情場所而違反者）。

2.管理負責人或管理委員會無正當理由未依規定促請住戶改
善及執行前開強制遷離與出讓其區分所有權者；由直轄
市、縣（市）主管機關依該條例第四十八條處新台幣一千
元以上五千元以下罰金。

生活實例演習

☞ 案例一：

辜博安所居住的國洸大廈，有許多住戶拒繳管理費用，以致大廈有許多問題無法解決，在過去管理委員會往往一籌莫展，試問公寓大廈管理條例通過後，是否有較好的處理辦法呢？

✒ 解析：

一般公寓大廈住戶拒繳管理費，為求住戶間的和諧，建議採行以下模式：

1.先行電話或訪問催繳。

2.公告未繳者於公布欄。

3.聲請發支付命令。

4.再依法訴請將所有權移轉。

過去倘若各區分所有權人在未辦妥交屋手續前，拒繳管理基金或管理費用時，或有採行建設公司配合管理委員會，依情況予以暫緩辦理過戶手續的情形。辜博安所居住的國洸大廈住戶如有下列情形之一者，可由管理負責人或管理委員會促請其改善，如該住戶於三個月內仍未改善者，管理負責人或管理委員會得依區分所有權人會議之決議，訴請法院強制其遷離：

1.積欠依本條例規定應分擔之費用，經強制執行後再度積欠金額達其區分所有權總價1％者。

2.違反本條例規定經依第四十八條第一項第一款至第四款處以罰鍰後仍不改善或續犯者。

3.其他違反法令或規約情節重大者。

前項之住戶如為區分所有權人時，管理負責人或管理委員會得依區分所有權人會議之決議，訴請法院命區分所有權人出讓其

區分所有權及其基地所有權應有部分；於判決確定後三個月內不自行出讓並完成移轉登記手續者，管理負責人或管理委員會得聲請法院拍賣之。另四十九條第六款規定：「區分所有權人或住戶違反第十八條第一項第二款未繳納公共基金者，由直轄市、縣（市）主管機關處新台幣四萬元以上二十萬元以下罰鍰。」

同時最近台北地院即針對過去的舊大樓採取總表收取水電費而承租人拒繳時，如由其他住戶按坪數比例代為墊付者，仍由原屋主負擔返還墊款，而不得主張其他住戶是替承租人代墊及大樓管理委員會有周轉金及停車場收入，而無庸替其代墊的抗辯。

☛ 案例二：

鄧承盛住處的天花板滴水，請水電工來看認為係樓上排水管漏水，因此要到樓上檢查，但樓上住戶蔡惠美不允許，試問此時樓下的住戶有什麼救濟方式？而此上下樓板及共同壁維修費用究竟應如何分攤呢？

💡 解析：

鄧承盛得依公寓大廈管理條例第十二條規定：「專有部分之共同壁及樓地板或其內之管線，其維修費用由該共同壁雙方或樓地板上下方之區分所有權人共同負擔。但修繕費係因可歸責於區分所有權人之事由所致者，由該區分所有權人負擔。」

例如：

1.天花板排水管漏水：

　(1)倘屬於樓板年久龜裂或管線失修，以致造成漏水現象，就要由樓地板上下方區分所有權人（即鄧承盛與蔡惠美）共同平均負擔維修費用。

　(2)如果漏水管線破損現象是因樓上住戶在自己住宅內施工不慎所造成的，那麼維修費用應由樓板上方（即蔡惠美）之區分

所有權人負擔。

2.共同壁及樓地板或其內之管線維修：

　(1)原則上無法判別時，則由該共同壁雙方或樓地板上下方之區
　　　分所有權人共同負擔。

　(2)但修繕費係因可歸責於一方者，則由該方單獨負責。

　　同時，進行修護作業時，無論費用是雙方分擔或僅由一方負擔，如有必要進入任何一方的專有部分或約定專有部分時，該住戶不得拒絕；這是第六條第一項第二款所明定。

第十三章
如何打官司

依據中國傳統的觀念，一般人均視打官司為畏途；因為在他們的觀念裡，認為只有作姦犯科者才會上法庭打官司，但是時代在改變，生活周遭的問題，無法避免地處處與法律扯上關係，如果要想不與法律牽扯上的話，在今日的社會狀況下似乎是十分困難，而且也是不可能的一件事。

　　過去我們上百貨公司買東西，常常看到「貨物出門，概不退換」，或者在商家公司門口摔跤受傷，常常自認倒霉，然而今日人們的知識水準愈來愈高的情況下，對於前開的問題，往往都知道應該訴諸於法律，如此一來，社會的公理正義獲得適度的伸張，人們也不再受到「啞巴吃黃連，有苦無處說」的封閉式老舊觀念的影響了！

　　其實談到打官司，這是一門非常有學問的科學，一般稍懂箇中奧妙者，大都會找律師去打官司或嘗試幫自己進行搜證、答辯；因為一般不懂法律的當事人，根本不會或不知該如何為自己主張權益，或是因為不懂法律程序及權利要件該如何陳述，所以一到法庭便只有挨打的份。

　　例如就像部分求償一元或者建築爭訟由其中一戶出面打官司的案例，為什麼這些人寧願花至少五萬元，甚至十多萬元請律師去打官司，而這其中涉及的便是訴訟技巧中的投石問路，明的看或許投資報酬率不高，但背後隱藏的關鍵，卻是非一語所可道破的權益保障呀！所以打官司的人腦筋一定要很清楚，而且必須明白箇中三昧（時、精、金），因此在首要任務上便是先釐清雙方權益的基本法律關係，試著自我練習掌握案情的重點，切莫只是把案件整個「丟」給律師就算了，就像筆者一位朋友，高價購買了一間嚴重龜裂滲水的中古屋，結果在根本無法修補的情況下，日益嚴重，依法他原本可以在六個月內行使解除契約的權利，並請

求還款；但結果因為律師不知是不熟法律規定，或者是因工作繁忙而疏忽，竟只是片面行使請求減少價金的權利，如此一場官司便因為延誤解除權的行使在先，最後便必須忍痛在無法修補而漏水的屋子中度過辛苦的生活。

因此我們必須明白畢竟打官司是自己的事，您才是決定官司勝負的唯一關鍵，否則您可能就像筆者的朋友一樣，用一生心血所換購的房屋，卻是自己未來生活苦難的開端。

不過未來司法訴訟制度將會偏向當事人進行主義，這將會使得當事人或被告能夠主動參與法庭證據調查的程序，同時透過交互詰問方式，獲得自我防禦的行使機會，因此未來訴訟當事人必須加重與辯護律師間的互動關係，如此才能真正獲取對己方有利的訴訟權益。

同時訴訟制度中，將法官還原為「聽訟」，也將法庭的天秤，真正落實在當事人訴訟權益的保障上；然而無資力的被告，也可能在這場資源分配不均的攻防間受到差別待遇，未來可預見的法庭訴訟官司，勢必只有強勢被告，才能和檢察官分庭抗衡。

由於絕大多數的訴訟當事人，或因對法律程序不熟悉，或不擅於調查相關證據、資料與舉證、言詞交互詰問等訴訟技巧，所以在打官司時通常都居於弱勢，因此需要專業律師從旁協助，換言之在未來司法訴訟制度改革後，律師的角色將被重新塑造，而更可以預見的是，日後不少當事人會開始感覺到，在面對司法訴訟時，考慮委任律師來進行必要的訴訟程序，以免權益受到剝奪或侵害，是一種必然的趨勢，但是更重要的是，言多必失、言不及義的訴苦，將會為自己的官司帶來威脅與不利狀況，因此訴訟技巧的提升及當事人與律師的互動關係，必然牽引著事前溝通與高費用訴訟的時代，更加快速地來臨，此點必須先行做好心理準

備，以免一時措手不及於「眞理愈辯愈明」的官司試煉中。

當然最重要的打官司必須注意七字訣「條文技巧互爲用，哪怕青天不漸朗」，因爲打官司最重要的兩件事，其一便是熟悉法條，知道條文的意義爲何，如此才能靈活運用；其二便是嫺熟技巧，這時便全靠經驗的累積，或者可以利用古代兵法上的一些謀略，如此才能眞正地掌握訴訟關鍵，反敗爲勝。畢竟法律條文是死的，而人的智慧是活的；如何利用活智慧去發揮死條文的功能，這些就全憑打官司的慧根了！

第一節　打官司的意義

人們到法院去打官司，官司打贏了的人，往往會認爲自己的權利受到了保護；然而打輸了官司的人，則會認爲沒有受到法律保護，甚至歸責法律只是保護壞人。

其實這樣的觀點未必正確，因爲法諺有云：「法律是不保護在權益上自行睡著的人」；而許多敗訴的官司，根本原因就在不懂法律，或者未及早作好因應防範的情況下，造成縱然興訟亦無補於事的窘境，此時要再去怪責法律的不公正，未必是一件公平的事。

事實上，社會上的每個人隨時都在法律的保護之下謀生。譬如今天當您戴了鑽錶、開著跑車在馬路上任意地暢遊，到我們看到銀行櫃台上放著大堆的鈔票、珠寶店裡擺著昂貴飾品而感覺到很放心，其實都是因爲有法律保護的關係；至於警察抓小偷、強盜，法官判刑或賠償，這也都是法律保護下具體的一種實現！

中國古人說得好，「事有先後，物有本末，知所先後才能知

所本末，如此則近道矣！」而這點與打官司的道理其實有些雷同，因為案件有輕重緩急的區分（譬如請求的時效期間），所以當事人要明白掌握這其中的重點，而律師只是協助您釐清整個案情的關鍵，並透過豐富的法律知識來設法幫助您，而不是代替您，所以打官司不要心存僥倖或幻想，更不要掩飾真相，而誤以為案件整個交給律師就一切沒問題了！

事實上今日生活在法治社會的當事人，應該要了解打官司的目的，並非只是評斷是非黑白；而是要釐清事實真相，所以打官司的意義便是在強調一個人該深切地明白掌握自己權益的基礎，而非只是一味地想到爭一口氣，或者毫無目的盲目地爭訟，如此一來不但只是增加法院的負擔，也替自己製造不必要的麻煩。

記得曾有一個個案，當事人跟律師只說明產品當中的瑕疵數量為兩公斤，因此他們主張拒絕給付全部貨款，但是對方要求的是整批產品一百公斤的貨款，結果律師對瑕疵部分的主張全部勝訴，但是兩相抵銷下還是必須支付九十八公斤的貨款；殊不知此處當事人的主張與跟律師溝通的方式錯誤，以致讓法官在弄不清楚一般貿易的習慣下作出判決，如此一來便失去打這場官司的真正意義；因為貿易上貨物是按照整批進出的方式進行，只要被檢出其中有一批貨有瑕疵，那是會被整批退貨而拒絕全部貨款的給付。

而自古以來法律的本質，就是訓練人類正確的邏輯思考模式的工具，因為人類彼此之間關係錯綜複雜，千頭萬緒，如何只運用簡單的法律條文來規範變化萬千的關係與權益互動，這點的確費思量，所以打官司必須化繁為簡，提綱挈領，掌握重心之所繫；所以，單是隨便一個爭執或犯罪型態，想要自行拿一、二則法條來加以檢視判別，而不被其中的字眼所混淆，實在不是非法

律人所想像的那麼簡單，因為任何案情要想與法律要件環環相扣，也並非如表面意義上那麼簡明易懂，這就是法律條文為何必須在簡短的法條中，同時應付不同的問題狀況下，不得不然的法律特性的考量。

所以打官司除了訓練人們邏輯思考的嚴謹外，也在訓練如何從紛擾的社會互動關係中，隨時藉由法律條文來釐清群我權益的重點分際，而這也是身為現代人不得不學習法律真實意義的一項課題。

但是如果當事人沒有以上最基本的認識，那麼打官司絕對會讓您感到這場官司將是您這一生唯一的刻骨之痛，因為官司沒有絕對的輸贏，所以這其中便存在一些重要省思的關鍵，而這也是當事人必須深入思考官司贏的意義為何了？如果純粹從法律的角度去評估官司，而忽略官司背後所欲表達的意義，無疑是緣木求魚，忽視司法制度本身另一層面的深意！譬如一件車禍案件，或許律師評估認為案件請求賠償的數額，依過去的經驗大約是二、三百萬，可是對於受害家屬來說，人命豈是只值這二、三百萬，因此家屬所思考的可能是要給肇事者一個教訓，所以金額的爭取往往會要求較高，而這較高的部分並非不可能成立。然而現行法律養成教育下過於斷章取義的法律人，便會讓人覺得毫無人性，因為人命豈能論斤計價而有統一的價格，這點頗值得學習法律者深思！

另外對於訴訟制度的重大改革，訴訟當事人除需面對未來訴訟程序無法「速審速結」，案件審結時間延長，致使律師考量繁重工作量的「投資報酬率」時，勢必將重新調整其計費方式，訴訟或辯護費用亦將隨之提高。

而過去律師赴法院開庭、謄寫書狀，收費均有一定「行情」。

不過，在可預期訴訟時間可能延長的情況下，加上訴訟品質、專業程度的要求，以及投入的時間成本，過往的訴訟費用計算模式，未來已經無法與律師投入的精力成本相比較。

　　或許司法改革將訴訟制度改向當事人進行主義，導致當事人在訴訟程序中，更需要專業律師協助進行，而增加律師界接案的案源，不過事實上情況並不如此樂觀。依據司法院統計，目前訴訟當事人委任律師進行辯護的比率不高，且集中於都會區，更何況有許多案件當事人，根本無經濟能力委任，加上包括竊盜等不少類型的刑案或是簡易案件，並不屬於刑事訴訟法第三十一條規定的強制辯護案件範圍，因此部分涉案被告除根本無法利用法院設置的公設辯護人為其進行辯護外，更遑論有能力聘請坊間專業律師，而針對觸犯三年以上徒刑之罪者，由法院編列車馬費之預算支付律師，而原本觸犯罪行為三年以下者，則只能自求多福的情況，在最新通過的「法律扶助法」後將獲得保護，因為該法是針對保障人民權益，同時對於無資力，或因其他原因，無法受到法律適當保護者，提供必要之法律扶助；而其內容包括：(1)法律諮詢；(2)調解、和解；(3)法律文件撰擬；(4)訴訟或仲裁之代理或辯護；(5)其他法律事務上必要之服務及費用之扶助；(6)其他經基金會決議之事項。至於該法所指無資力者，係指符合社會救助法之低收入戶或其每月可處分之收入及可處分之資產低於一定標準者。

　　舉例來說，我們舉刑法妨害性自主中強制性交之構成要件來加以分析說明，便可以理解打官司的意義所在，首先探討強制性交案必須了解其必須具備以下諸多要件，如此這場官司的受害者權益才能獲得法律正確的援助，如此才能發揮打官司的功能，所以首先我們必須釐清法律的真意為何。茲就強制性交罪來舉例說

明之：

1.主觀方面須有強制性交之故意。

2.客觀方面須有強暴脅迫之行為（須有行強之行為），亦即必須違反婦女意志遂行強暴脅迫的性交行為，而此強暴脅迫之實施，須在著手強制性交中始得構成；而且關於觸犯強制性交罪之強暴脅迫等方法，必以見諸客觀事實者為限，若犯人主觀上雖有行強之意，但在未著手強暴脅迫等方法以前，因意外障礙而未及實施者，即不能以強制性交未遂論擬；或苟因犯人於求姦之際，尚無行強情形，僅因被姦者自己疑慮，恐其將至行強，為避免行強之發生，而認許（默許）性交者，則仍為和姦而非強制性交，故這點一般受害者必須嚴加注意並予以區別，否則將因此而遭致「啞巴吃黃連，有苦說不出」之遺憾。

3.實施性交行為：法律規定是以兩性生殖器官已否接合為準，並不以滿足性慾為必要。

4.著手之判斷：舉凡本於強制性交之意思而施用強暴脅迫之手段者，即使強制性交尚未開始，仍不得謂非著手強制性交，故既認定當事人圖性交某氏而掩住其口，挾持其脅肋，使不得聲張掙脫，則其強制性交行為，自屬已經著手。

5.正犯及幫助犯：至於於強制性交時協助按住被姦者之口以防其呼喊，即構成共同正犯之罪責；倘若係由妻聽從夫之指使，將被姦人誘騙至家中而反鎖房門以任其夫強制性交，則屬幫助犯。

6.刑法第二百二十一條強制性交罪、第二百二十四條強制猥

褻罪，與第二百二十五條乘機性交罪、同條第二項乘機猥
褻罪，其主要區別在於犯人是否施用強制力及被害人不能
抗拒之原因如何造成，爲其判別之標準：

(1)如被害人不能抗拒或顯難抗拒之原因，爲犯人所故意造
成者，則視其強制性交之行動是否接合，而分別成立強
制性交罪或強制猥褻罪。

(2)如被害人不能抗拒之原因，非出於犯人所爲，且無共犯
關係之情形，僅於被姦人心神喪失或其他相類之情形不
能抗拒時，犯人乘此時機以行性交或猥褻行爲者，則應
依乘機性交或乘機猥褻罪論處。

第二節　官司的種類

「路徑窄處，須讓一步與人行；滋味濃處，須留三分與人
食。」訴訟一般被稱爲「官司」，簡單的說法便是請求或者被要求
利用公權力的介入，來解決糾紛的一種最強制性的手段。而訴訟
細分爲：刑事訴訟、民事訴訟及行政訴訟三種。

一、刑事訴訟

刑事訴訟法乃刑事法之一種，係規定實行刑罰權步驟的刑事
訴訟程序法規，而屬於介於刑法與行刑法之間。

蓋因刑事法可以區分爲實體法與程序法（亦稱形式法）二
種。其中關於何種行爲構成犯罪，而對該犯罪應科以何種刑罰，
則是以刑法設其實體規定，稱之爲刑事實體法，劃定國家刑罰權

之範圍，具有實體、抽象及靜態的法律關係，詳參第五章的說明；另外舉凡遇有具體的犯罪事實發生時，對之應如何追訴、如何處罰，則係以本節的刑事訴訟法來設定其程序進行的各種規定，學者稱之爲刑事程序法，據此來行使國家刑罰權，因具有程序、動態、發展性的法律關係，所以一旦犯罪經此種程序之裁判確定後，如對之應如何執行，則另以行刑法設其規定，此時則稱之爲刑事執行法，用以實現國家刑罰權。

刑法，係規定刑罰權之內容、增減刑度及其法律條件；刑事訴訟法，乃規定實現刑罰權之方法，雖各有其獨立的法則性，但此二者實具有一體兩面共工分業的機能，因有稱刑法爲實體刑法，刑事訴訟法爲形式刑法，即此之意。

是故刑法，從其爲判決之內容言，固具有訴訟的機能；然而刑事訴訟法，從其實體刑法言，則具有實體的機能，因認刑事訴訟法，係實現刑罰權之程序的法規，亦即經由偵查、起訴、審判及如何執行的一貫性來實現。因此國家刑罰權，非依刑事訴訟法所定之程序無從確定，此在我國憲法第八條第一項規定：「非由法院依法定程序不得審問處罰」，亦本此旨趣。

稱刑事訴訟，本有廣狹二義。狹義：專指起訴至裁判間之訴訟程序言。而我國現行刑事訴訟法（以下簡稱本法）第一條第一項規定：「犯罪，非依本法或其他法律所定之訴訟程序，不得追訴、處罰。」即本此狹義定義之解釋。

而律師與法官、檢察官爲司法刑事訴訟制度的「鐵三角」，三者除彼此監督，同時也必須三者均健全發展，司法始有可能獲得人民信賴。身爲「在野法曹」的律師，不同於由國家賦予公權力的法官或檢察官，更須善盡其監督制衡的角色與社會功能，以期發現事實的眞僞；然而近來有當事人向筆者反映說他所委任的律

師卻與對方律師勾結，其實很多案件當事人必須親自參與了解，否則社會上有許多的恩怨糾葛，往往無法讓每一次的委任都盡如人意。

所以，現行刑事訴訟制度將加重當事人進行主義色彩，並提升當事人在法庭詰問對造及證人攻防的主導性，而律師的地位也因此相形地重要起來。

不過，如果刑事訴訟制度採加強當事人進行主義，勢必將加重檢察官、自訴人的自行舉證責任，以及交互言詞詰問等訴訟攻防戰，這也勢必造成法院審理案件時間的拉長，案件當事人與辯護人間的委任關係，將會因訴訟制度的變革，增加不少互動溝通的問題。

茲就刑事爭訟的方式，臚列一些重要的原則說明如次：

1. 告發：任何人知有犯罪均得告發。

2. 告訴：犯罪之被害人、法定代理人得提出告訴；但告訴乃論之罪不得與被害人之意思相反。

3. 自訴：自訴制度必須直接被害人才可提起；間接被害人則不可。簡言之，同一事件中，只要含有應經公訴之牽連犯即不得提起自訴。且犯罪行為雖足加國家及社會以損害，而個人之受害與否，尚須視他人之行為而定者，即不能謂係同時被害，而不得提起自訴。同時自訴人是否被害人以上訴狀所述之事實為準，而非以經調查結果作為提起自訴的依據。

4. 被告或涉嫌人之權益：由於有大法官會議釋字第三九二號解釋要求二年內必須完成修法之緊箍咒，立法院必須也終於及時趕在八十六年十二月十二日三讀通過修正刑事訴訟

法，其後並於八十九年二月、七月及九十年一月、九十三年六月增修部分條文。其中重要精要如次：

(1)羈押決定權回歸給法院，及明定許可停止羈押時應遵守的事項。

(2)納入智能障礙者強制辯護及強制輔佐規定。

(3)訊問被告或犯罪嫌疑人之前，程序上應告知包括其得保持緘默之規定；同時偵訊時辯護人亦應在場。但槍砲彈藥刀械管制條例中卻規定拒絕供述或供述不實可加重其刑，顯然違反刑事訴訟的根本大法而侵害人權，因而八十七年四月最高法院刑庭庭長會議對此作出決議不應援用的原則。

(4)禁止疲勞訊問及原則上禁止夜間詢問規定。

(5)檢察官對司法警察移送或報告案件擁有立案審查權限規定，以及逕命具保、責付及限制居住的規定。

(6)審判期日應傳喚被害人到庭陳述意見規定。另外法院或受命法官，得於第一次審判期日前，訊問自訴人、被告及調查證據，於發見案件係民事或利用自訴程序恫嚇被告者，得曉諭自訴人撤回自訴。前項訊問不公開之；非有必要，不得先行傳訊被告。

(7)簡易案件限於得易科罰金、單科罰金及宣告緩刑案件；簡易判決，應記載下列事項：

　A.第五十一條第一項之記載。

　B.犯罪事實及證據名稱。

　C.應適用之法條。

　D.第三百零九條各款所列事項。

　E.自簡易判決送達之日起十日內，得提起上訴之曉示。

但不得上訴者，不在此限。

(8)在簡易訴訟程序中引進認罪協商制度。

(9)有關羈押部分，新增預防性羈押條文、再執行羈押，架構撤銷羈押及停止羈押之法院審查方式。

(10)羈押中被告之禁止接見通信併同回歸法院決定等等。

此均是影響日後刑事司法程序正義走向之重大修正；同時對於證人之保護亦將制定專法予以保護等，都頗值得加以注意。

二、民事訴訟

民事訴訟簡言之是指公民之間、法人之間，或者其他組織之間以及他們相互之間因財產關係或人身關係所引起的爭執。

1. 和解（公共工程恐涉及圖利廠商而無法以此方式解決）：
   是指由於雙方對於爭執事項，都願意適度地讓步而形成的一種共識，基本上不必一定由第三者從中協調。同時和解可分為訴訟上（得退回部分裁判費）及訴訟外和解兩種，其效力有別，務必小心因應。

2. 調解（法院調解、鄉鎮市調解委員會、公共工程委員會之爭議處理小組依據公共工程爭議處理暫行要點就招標及契約爭議來進行處理及指定第三人調解、醫療糾紛調處等五種方式）：亦即由第三者來協調雙方原有的爭議事項，然後透過彼此的意見交換，由第三者來尋求一個雙方能夠接受的折衷方案。

3. 仲裁：過去偏向一般工程常有設置仲裁前置程序的約定，以及商業糾紛的處理模式，其訴訟費用較節省；目前依

「仲裁法」任何民事糾紛只要雙方有約定的話，則依法均可採行仲裁。

4.訴訟：若有仲裁條款則依民事訴訟法第二百四十九條駁回而先行依仲裁來解決紛爭，另外就是有無管轄合意以及法院管轄權的問題。

由以上的說明我們可以很清楚地知道，解決問題的方法有很多種，所以解決問題絕對不能只是採取零和或單純的整合的談判方式。

而民事訴訟法總共有十編，第一編是總則，第二編是第一審程序，第三編上訴審程序，第四編抗告程序，第五編再審程序，第五編之一第三人撤銷訴訟程序，第六編督促程序，第七編保全程序，第八編公示催告程序，第九編人事訴訟程序。以下即就各編作簡要的說明：

(一) 第一編：總則

第一編總則規定的就是整個民事訴訟法所共通適用的原理、原則。因此總則編裡所規定的各個條文，在其他各編，除非性質不相容的以外，都可以在其他各編程序適用總則編的規定。

例如：抗告程序雖然是規定在第四編中，但是如果提起抗告沒有繳納抗告裁判費用的時候，這是屬於抗告書狀不合程式，此時就必須依據總則編第一百二十一條的規定，定期間命當事人補繳裁判費用。因此總則編簡單的來說，也就是民事訴訟法各編共通適用的原理原則。

（二）第二編：第一審程序

第二編是第一審程序。我國的民事訴訟法原則上採取三級三審制度，因此原則上民事訴訟案件在一定金額範圍以上，都可以經由上訴的程序，而經由第一審、第二審事實審及第三審法律審法院的判決。而第二編所規定的就是第一審訴訟程序該如何進行的步驟，以及明確界定法律的爭點（請求權的依據），亦即一般所謂的法律訴求。

（三）第三編：上訴審程序

第三編所規定的是上訴審程序，也就是第二審及第三審的訴訟程序。因為我國民事訴訟法採三級三審制度，如果對第一審法院的判決不服的時候，可以依上訴的程序來向第二審及第三審法院表示，第三編裡的上訴審程序所規定的就是針對第二審上訴，和第三審上訴的各種程序以及原則，同時依據新修正的民事訴訟法規定，上訴第二審採上訴理由強制提出及採嚴格限制之續審制，上訴第三審的標的必須符合法律的金額及酌採第三審上訴特許制（包括律師強制代理及律師認許制度），方得提起第三審上訴，此點亦是上訴的重要關鍵。

（四）第四編：抗告程序

第四編第四百八十二條以後所規定的是抗告程序。所謂「抗告程序」就是當事人對於法院或審判長所作的裁定有所不服，而向上級法院聲明不服，請求廢棄或變更原來的裁定，這就叫作「抗告」。法院所作的裁判分成二大類，第一類是判決，第二類是裁定。對於判決有所不服，必須依照第三編的規定，以「上訴的

程序」來進行救濟,而對於裁定不服者,必須依據本法第四編的規定,以「抗告的程序」來聲明不服,加以救濟;然而訴訟程序進行中所為之裁定,除別有規定外,不得抗告。

(五)第五編:再審程序

第五編是再審程序。當事人對於法院的終局確定判決聲明不服,請求法院再為審判的行為,就叫作「再審」。而再審和上訴最大的區別便在於再審一定要對於判決確定不能再上訴的事件,才能提出再審之訴,而且再審必須要有第四百九十六至四百九十八條所列舉的特別理由,才可以提出再審之訴;對於還沒有判決確定,還能再上訴的案件,只能依據第三編的規定,提起上訴來加以救濟,不能逕行提起再審之訴。

例如:判決所依據的證物已經證明是偽造或變造的時候,而上訴期間又已經經過,判決也已經確定,此時不能再依上訴方式來尋求救濟,此時只能看案情有無第四百九十六條所列舉的特別理由,而依據此一再審程序,提起再審之訴。

(六)第五編之一:第三人撤銷訴訟程序

第五編之一所規定的是第三人撤銷訴訟程序。有法律上利害關係之第三人,非因可歸責於己之事由而未參加訴訟,致不能提出足以影響判決結果之攻擊或防禦方法者,得以兩造為共同被告對於確定終局判決提起撤銷之訴,請求撤銷對其不利部分之判決。第五百條第一項、第二項、第五百零一條至第五百零三條、第五百零五條、第五百零六條之規定,於第三人撤銷之訴準用之。

（七）第六編：督促程序

　　第六編所規定的是督促程序。督促程序就是指債權人和債務人之間的債務，是以金錢或其他的代替物，或者是有價證券的給付為內容，法院只依據債權人單方面的聲請，而不加以訊問債務人，直接依債權人的聲請，就對債務人發支付命令，以督促債務人履行債務，如果債務人對於法院的支付命令不在法定期間內提出異議，法院的支付命令就和確定判決有同樣的效力，這就叫作「督促程序」。

　　而此督促程序是為了便利債權人請求而設計的規定，因為很多訴訟債務人可能只是一時沒有資金，或者是有其他困難，對於債權人的債權（金錢或是其他有價證券或代替物）不加以爭執或否認，這時就沒有進行訴訟的必要，而由債權人依督促程序來督促債務人履行就可以了，此督促程序是規定在第五百零八條到第五百二十一條。

（八）第七編：保全程序

　　第七編所規定的是保全程序。保全程序實際上就是假扣押、假處分的程序。這種程序是為了保障債權人，以免債權人在訴訟勝訴確定後，無法強制執行債務人的財產所設的制度，而現行保全程序亦配合可憑該准予保全的裁定向國稅局調閱債務人之相關財產資料，以免無從進行保全。

　　例如：債務人乙欠甲一千萬元，而乙的唯一財產只有一棟房子，假設甲向乙提起訴訟之前，就發現乙正要將他唯一的一棟房子加以變賣花用，此時如果甲沒有依據本法第七編保全程序的規定，對乙的房子先實施假扣押，則待甲向乙提起民事訴訟，判決

勝訴確定之後，乙的唯一財產（房子），早就變賣且花光了，就會造成甲縱使獲得勝訴判決，日後強制執行的時候，也會發生強制執行無效果的不利後果，因此為了保障債權人的合法權益，本法特設有保全程序，來確保債權人在獲得勝訴判決之後，可以有效的對債務人的財產強制執行以便獲得清償。

（九）第八編：公示催告程序

第八編所規定的是公示催告程序。所謂「公示催告程序」，就是法院依據當事人的聲請，以公告的方式來催告不明的利害關係人出面申報權利，如果不在法院所規定的期限內，出來申報權利，經過法院除權判決，就會使他發生失權效果的特別程序，這就叫作公示催告程序。

例如：記名的股票因為某種原因遺失了之後，就可以依據本法第八編公示催告程序，向法院聲請公示催告之後，再聲請法院作除權判決，以保障股票遺失人的權利。

（十）第九編：人事訴訟程序

第九編是人事訴訟程序。所謂「人事訴訟程序」，就是規定婚姻事件、親子關係事件，以及禁治產事件、宣告死亡事件的訴訟程序。因為這些人事的訴訟程序，關係到公益以及善良風俗，所以本法特設人事訴訟程序來專門規定這些婚姻、親子訴訟事件應該如何進行。人事訴訟程序包括：(1)婚姻無效的訴訟；(2)撤銷婚姻的訴訟；(3)確認婚姻成立與不成立的訴訟；(4)離婚訴訟；(5)夫妻同居的訴訟；(6)收養無效的訴訟；(7)撤銷收養的訴訟；(8)確認收養關係成立與不成立的訴訟；(9)終止收養關係的訴訟；(10)否認子女的訴訟；(11)認領子女的訴訟；(12)認領無效的訴訟；(13)

撤銷認領的訴訟；(14)母再婚後，所生子女確認生父的訴訟；(15)宣告停止親權的訴訟；(16)撤銷停止親權宣告的訴訟；(17)禁治產宣告的訴訟；(18)撤銷禁治產宣告的訴訟；(19)聲請死亡宣告之訴；(20)撤銷死亡宣告之訴等二十種，都是屬於人事訴訟的程序。

三、行政訴訟

請參閱下一章節中的完整說明，在此茲不贅述。

生活實例演習

☞ 案例：

清大研究所女生遇害，兇手泯滅人性，卻在鐵證如山之情形下，不得不向司法調查俯首認罪，試問如果其為自首是否會有不同的結果呢？而今其辯護律師所爭執的自首還是自白，在法律判刑上有無任何不同的結果呢？

💡 解析：

所謂刑法上的自首，是指未發覺之罪，亦即凡有搜查權之官吏，不知有犯罪之事實；或雖知有犯罪事實，但卻不知犯罪人為何人之情形。

不過所謂未發覺，係對犯人之嫌疑僅單純的主觀上懷疑，而尚未有確切的根據為合理的懷疑之前屬之。

而所謂發覺，則是指有偵查犯罪職權的公務員已知悉犯罪事實及犯罪人而言；發覺後的投案陳述只能視為自白，一併在此釋明。

至於自首的方法，在刑事訴訟程序上則是包括自行投案、託人代理自首或向非偵查機關請其轉受均無不可外；自首之人必須有向管轄之司法機關，自承犯罪而願受裁判的事實存在始成立；否則若僅於犯罪後向被害人、被害人家屬或非偵查犯罪職務的公務員陳述自己犯罪事實，都與自首要件不符；而一般自首依法在法院判刑時是必須減輕其刑期。

　　同時依最高法院刑六庭之最新判決認為，被告自首後翻供，否認犯罪，這種情形，被告並無悔過或接受判刑之意，應不成立自首，頗值得當事者注意。

　　當然自首為必減輕其刑，而自白得減輕其刑，兩者在刑度減免上是有不同的考量，這點必須要充分了解。

第三節　為何打官司

　　其實在現代工業資訊社會，想要打官司的人最怕時間拖延，但如果以國內現行法院積案如山的體質來看司法斷案制度，如果民眾想上法院打官司，而意欲在短期內期待一個「即時」的正義，恐怕會是一種無解的奢望；倘若又遇到複雜度高或涉嫌重大的刑事案件，那麼纏訟時間將拖上三、五年才等到判決結果的情形，在現行司法體制下根本不足為奇。

　　希望法院速審速結，將犯罪者繩之以法，是民眾依據舊有封建思想對現代化司法「包青天」式的一種夢幻式期待，而對於社會治安來說，也因此具懲戒的教育結果；但事實證明，法院平均審結一個案件的時間，不但逐年增長，而民眾好訟，動不動就上

法院尋求公斷的習性，也在西風東漸的情形下，讓法官對案件負荷量不斷叫苦連天，甚至有過勞死的病歷產生，這也難怪法院每年趕著出清的結案數量，永遠也追不上新受理案件數量的成長。

訟則終凶，古有明訓，凡訴訟者，動輒經年累月，不但荒時廢業，且耗費金錢，縱幸而獲勝，亦往往得不償失。若其敗訴，所受損失更為重大，故於未起訴之先，如非有不得不訴訟之原因，而有調解、和解之可能性，宜先行為之，即令不成而至於起訴，如在訴訟進行中仍有可以協商之機會，亦須盡力協調避免打官司，此方為真正的避免官司纏身的自保之道。

而現行和解之方法有二，茲簡述如次：

1. **法庭外和解**：即由雙方當事人協商條件，終止訴訟。和解如已成立，即由原告撤回其訴（一般均在條款中註明放棄有關民事上的訴訟權，至於刑事上的訴訟權則須視告訴乃論或非告訴乃論而有區別，前者可，後者否，此關係到當事人可否拋棄之重點問題之所在）。

2. **法庭上和解**：即法院不問訴訟程度如何，得於言詞辯論前或由受命推事或受託推事試行和解，和解成立後，訴訟即行終結，而依法作成和解筆錄以代判決書，此一和解筆錄有與確定判決相同的效力。

然而身為現代人必須要了解為何打官司？打官司究竟有何目的？是想討回公道？還是釐清事實真相？亦或還我清白？這一切一切的疑問，無論如何一定要先行弄清楚，否則一場官司下來，恐怕什麼都還未贏到，卻輸掉自己的青春、錢財及前途呢！

因此為何打官司便成為現代人必須深思的一項重要課題，首先這場官司是不是一定要打，如果一定要打，那麼其目的何在？

譬如筆者曾經接觸過的一些個案，經常在相關律師評估後，根本沒有勝算的可能，但是當事人卻別無選擇的必須打下去，原因不外乎這場官司的結果，關係他一生的身家成敗。

舉個實際發生的案例，某甲在二十年前取得某項機器設備的專利權，但因沒有資金，於是在姐夫的投資下，開設了一家工廠，也因此某甲對姐夫簡直言聽計從，由於該項專利技術獲得市場很大的認同感，所以訂單不斷，也因此工廠十分賺錢，多年後因此而買下工廠所在地，因為自己親人信賴，所以在未設防的情況下將購買的工廠登記在姐夫名下，然而事隔沒幾年，工廠生意逐漸轉淡，所賺的錢也減少許多，但是因為房地產大漲，於是姐夫寄發存證信函，要求某甲工廠搬遷。突然接到律師函，讓某甲感到十分吃驚，但因房屋確實登記在其姐夫名下，他不禁感到手足無措，因為他一生的心血全部投注在這上面。

試問在這種情況下，他能不打這場官司嗎？如果不打這場官司，工廠勢必搬遷，但是工廠生意大不如前，究竟要搬到哪裡去呢？多出來的租金支出在工廠業以必須量入為出的情況下又該如何支應呢？而某甲全家全靠這座工廠生意維持生計，如果搬離一家生計又該如何是好呢？凡此種種考量，均是一場無法避免的官司挑戰！

除了為生計不得不打官司之外，便是還我清白而不得不加以澄清，畢竟名譽是人的第一生命，任何人都不希望自己一生沾上污名，然而今日社會有太多的人見不得別人好，總是用盡心機，想要設計入人於罪，或者詐騙別人來增加自己的財富，然而這場爭戰，往往因為對方所設計的陷阱，或者自己疏於作好防範，而必須纏訟經年，所以身為現代人經常在不得不然的情況下，往往也打了一場不知為何而戰的官司，也因此打官司究竟為何而打，

對於面對訴訟的當事人是一件十分重要的課題。

另外有關刑案，例如以下兩個類似的竊盜個案，當事人均因為一時貪念，而在前往學校接送其姪子或子女的時候，在等候下課放學的空檔時，發現隔壁教室講台桌上的座椅有一個女用皮包，便順手拿起，結果被適巧返回的老師發現，而倉惶逃逸後被逮，結果其中一個家人聘請的律師要求其堅決否認偷竊，然而事實俱在，被法官當庭斥責，不知悔誤而重判；而另一個律師在衡量案情後，要求當事人承認並認錯，結果連蒞庭的檢察官都幫當事人求情。

同樣的官司卻有兩樣不同的情形，這點頗值得欲打官司者思考打官司時所應面對官司的真實意義。

當然，打刑事官司必須要注意到不可有誣告或偽證的情形發生，因為如果有任何一種情形發生，將會被處七年以下有期徒刑之重罪，此點必須特別加以注意。例如最近台北市議員揭發「腳尾飯」風波，如果是設計造假的話，就是觸犯誣告及偽造文書等的罪嫌，青年學子對此一教訓不可不慎。

當然更重要的是，現行法律在這一、二年內急速地增加，簡直可以用「多如牛毛」來比喻，也就因為如此，這其中法律所隱藏的重重危機現象，相對地讓許多人感到十分的無可奈何，因為不知道自己何時會誤觸法網而不自知，也因此對於為何要打官司，也就不再只是一種因何而戰的困惑，更重要的是如何面對可能挑戰的迫切需求性，比為何要打官司更值得我們關注，不是嗎！

第四節　訴訟之法律關係

　　談到訴訟便不能不考慮其中的法律關係，像刑事案件必須考慮是否構成刑法分則中各種罪責的法律的構成要件；而民事案件便在於所主張的權利，究竟具備怎樣的法律請求權基礎。

　　因此想要進入訴訟程序，任何人都必須要明白自己想要的是什麼？而這些該如何透過法律的術語來告訴法官，以便法官能夠了解問題的癥結點，而作出符合自己需求的判決，這點將考驗即將面對法律官司者的法學概念。

　　本節將分別就民、刑法訴訟所依循的法律關係，分別舉例說明，首先談到民事部分，一般民事訴訟時，法官所問的第一件事，就是請求權基礎，而請求權基礎分別規定在債權、物權及親屬繼承的法規中，所以當遇到民事法律訴訟時，首先必須釐清自己的請求權為何？當事人想要主張自己的權益，首先便是要了解如何建立請求權的基礎，亦即（究竟如何發生）是基於債權（侵權、契約）、物權或身分權（親屬、繼承權）；而依據這些請求權的基礎法條去衍生各種法律關係的請求，例如在債權部分，關於買賣的基礎請求權是民法第三百四十五條，相對買賣雙方的衍生請求則分別是第三百四十八及三百六十七條，而車禍受到傷害的損害，則請求權基礎為基於民法第一百八十四條以後的侵權行為為基礎而請求（包括身體、健康、名譽、自由、信用、隱私、貞操，或不法侵害其他人格法益而情節重大者等）；除此之外也會發生所謂請求權競合、相異、併行的問題，茲簡單說明如次：

1.無因管理與侵權行為之競合時：兩者並不排斥；因此縱使成立無因管理仍有侵權行為之適用。

2.不當得利與侵權行為之競合時：不當得利返還請求權與損害賠償請求權，實務上以其法律上之性質雖有未同，但二者訴訟上所據之事實如屬同一，當事人即可據此選擇其中之一來請求。則當事人起訴時，雖係基於侵權行為之法律關係，然在訴訟進行中，於他造為時效之抗辯後，亦不妨再基於不當得利之請求權而為主張。

3.侵權行為與債務不履行之相異點（非請求權競合之法規競合）：除非有特別規定排除侵權責任之意思外，債權人非不可在兩種請求權間擇一請求。

4.侵權行為與委任契約返還處理事務所收取之請求權之競合時：此係針對兩者得由債權人選擇行使，倘其一請求權已達目的者，其他請求權即歸於消滅之情形。

5.不動產返還之租賃與所有權兩者的併行請求權：不動產返還可分別基於租賃物返還請求權及依所有權請求返還。

6.侵權行為與物上請求權之競合時：倘若同時基於侵權行為請求回復原狀，則係基於債之關係，請求賠償損害；或所有人基於民法第七百六十七條主張物上請求權，則係基於物權，兩者法律性質不同，而應認兩者間有請求權競合而不能併存之問題。

其次談到刑事案件有關訴訟的依據，必須先區分出侵害的法益為何？基本上刑法所保護的法益基礎包括國家、社會及個人法益等三種，其中可能涉及跨越其中兩種的情形，因此對於刑法所欲保護的對象，應加以區分清楚，如果侵害的是個人，則原則上犯罪之被害人及其家屬可以提出告訴，如果並非受害人而只能為

告發，但是若侵害國家或社會法益時，原則上僅能告發，因受害對象為國家或社會，例外才能提出告訴，此點必須先行加以分辨。

蓋因刑法與吾人日常生活息息相關，稍有不慎，即有觸法之虞，是故刑法之內容係規定犯罪之成立及其處罰要件；而刑法之作用，則在維持生活秩序，以保障個人權益，或維護社會公共利益，或維持國家之組織為目的。故刑法保護之法益可區分為三大類：

1. **個人法益**：人之生命、身體、自由、名譽、信用、秘密及財產，應受刑法之保護，倘有侵害者，刑法第二百七十一至三百五十七條即設有處罰的規定（注意：九十四年二月二日修正之二九六之一、二九七、三一五之一、三一五之二、三一六、三四一、三四三條條文，於九十五年七月一日始正式施行）。

2. **社會法益**：社會之公共安全、公共信用及個人之性的自由、婚姻與家庭、國民經濟、健康，應受刑法之保護，如受侵害時，刑法第一百七十三至二百七十條即設有處罰的規定（注意：九十四年二月二日修正之一八二、二二〇、二二二、二二五、二二九之一、二三一、二三一之一條條文，於九十五年七月一日始正式施行）。

3. **國家法益**：國家內部、外部之存在及關於國家權之行使，應受刑法適當的保護，倘有侵害者，刑法在第一百至一百七十二條即設有相關處罰的規定（注意：九十四年二月二日修正之一五七條條文，於九十五年七月一日始正式施行）。

舉例來說，殺人罪成立與否？依證據法則的適用上，不能僅以受傷害之部位來斷定其是否具有殺人之故意，而在現行實務上有以下資訊可供參考：

1. 殺人罪之成立，須於實施殺害時，即具有使其喪失生命之故意，倘缺乏此種故意，僅在使其成為重傷，而結果致重傷者，只與使人受重傷之規定相當，要難遽以殺人未遂論處。（參四十八年台上字第三三號判例）且「事實審法院應行調查之證據，不以當事人聲請者為限，凡與待證事實有關之證據，均應依職權調查，方足發現真實，否則仍難謂無刑事訴訟法第三百七十九條第十款之違法。」（最高法院八十七年台上字第三六三號判決參照）

2. 按「殺人罪以實施加害行為時，自始即有使人喪失生命之故意為要件，此主觀犯意，攸關其殺人罪責之成立，自應詳加審究。」（最高法院八十七年度台上字第七六○號判決參照）

3. 「殺人與傷害致死之區別，應以有無殺意為斷，其受傷之多寡，及是否為致命部位，有時雖可藉為認定有無殺意之心證，究不能據為絕對標準。」（十八年上字第一三○九號判例參照）且「殺人與傷害致死之區別，即在下手加害時有無死亡之預見為斷，至受傷處所是否致命部位，及傷痕之多寡，輕重如何，僅足供認定有無殺意之參考，原不能為區別殺人與傷害致人死之絕對標準。」（十九年上字第七一八號判例參照）

　　其次恐嚇他人亦可區分為以下三種層面來探究，其在法律上基本之樣態可細分為以下三種，讀者應可由以下的說明，明白地

判斷出其所分別侵害的法益所在：

1. **恐嚇公眾**：以加害生命、身體、財產之事恐嚇公眾，致生危害於公安者，處二年以下有期徒刑。（刑法一百五十一條）

2. **恐嚇特定之一人或數人**：以加害生命、身體、自由、名譽、財產之事恐嚇他人致生危害於安全者，處二年以下有期徒刑、拘役或三百元以下罰金。（刑法三百零五條）

3. **恐嚇取財**：詳如前述之說明，處六月以上五年以下有期徒刑，得併科一千元以下罰金。（刑法三百四十六條）

第十四章
行政救濟法令

第一節　請願法

　　請願是指人民對於國家政策、公共事務或是跟自己權益之維護相關的事項，向職權所屬的民意機關或主管之行政機關表達意見，請其能做出符合自己意見的決定之一種制度。按人民對於一些相關的公共事務或與自己權益相關的事項，有時會有自己的意見存在，或是有與政府機關相反的意見存在，例如在某地興建垃圾掩埋場或是水庫等，有時會造成當地住戶的反對或是環境破壞的可能，在此情形下應該讓反對的民眾有表達自我意見的機會，我國憲法也明文規定人民有請願的權力，為了讓憲法的保障落實，所以特別制定了請願法。

　　依請願法規定，人民對於國家政策、公共事務或是跟自己權益之維護相關的事項原則上都可以請願，但是如果該請願事項有牴觸憲法或干預審判的情事存在，或是對於該事項已經依法提起訴願或已經起訴時，為了避免干預審判或有違憲的可能存在，因此請願法明定在此情形下不能進行請願，否則即為違法。

　　人民要進行請願時，依請願法規定必須具備請願書，載明下列事項，由請願人或請願團體及其負責人簽名蓋章：

1.請願人的姓名、性別、年齡、籍貫、職業、住址；請願人為團體時，其團體之名稱、地址及其負責人。
2.請願之事實、理由及其願望。
3.受理請願之機關。
4.中華民國年、月、日。

在請願人或請願團體寫好請願書之後，便可向所欲提出訴求的單位進行請願。不過如果請願人數過多，也就是人民集體向行政或立法機關提出請願時，此時如果要面遞請願書或向行政或立法機關進行陳述，則依請願法規定應該以推派代表的方式進行，而且代表人數不能超過十人，以避免造成紛亂之狀況。在進行請願行為時，要注意不能有聚眾脅迫、妨害秩序、妨害公務或其他不法的情事存在，違反時除了可能受到相關刑罰的處罰外，其請願的內容受理請願機關依法也可以置之不理，反而造成請願訴求的不利結果。

　　在人民依法提出請願後，依請願法規定受理請願的機關應該將其結果儘速通知請願人，縱使該請願並非受理機關的職掌範圍內，受理機關也必須將有權處理之機關的名稱、地址等通知請願人，以便請願人能向有權處理之機關進行請願行為。在處理請願時，受理請願之機關或請願人所屬的機關之首長，依法均不能對請願人有任何脅迫行為或因為其提出請願而有所歧視，否則相關人員將依相關法律予以懲處，以保障請願人的權利。

第二節　訴願法

　　訴願，依以往的規定是指人民對於中央或地方行政機關的行政處分認為違法或不當，致損害其權利或利益，而向該管行政機關提出申請，請其對於該行政處分加以重新審查的一種制度。不過由於此規定的範圍稍嫌狹隘，無法涵蓋上級機關對下級機關的行政處分行為，因此在民國八十九年七月一日施行新修正之訴願法，將各級地方自治團體（例如縣、市政府或鄉鎮公所等）或其

他公法人（即由政府出資成立或政府持股達50%以上之法人而言）對於上級機關的行政處分，認為有違法或不當的情形存在，致損害自身的權利或利益時，也可以依法提起訴願，以求救濟。

除了前述的情形外，人民因為中央或地方機關對於其依法申請的案件，如果在法定期間內應作為而不作為，致損害自身的權利或利益，例如申請謄本卻一直不做處理等情形時，也可以依法提起訴願；如果對於該項申請行為，法律並未規定行政機關應為處理的期限時，依訴願法規定此時行政機關仍然需於兩個月內為行為，否則人民即可以依法提起訴願。

至於所謂行政處分，是指中央或地方機關就公法上的具體事件所為之決定，或是其他基於公權力措施而對外直接發生法律效果的單方行政行為而言。前述的決定或措施，依法並不以對於特定的人為限，就算是對於不特定人所做出，只要依一般性的特徵可以確定其範圍時，也是屬於行政處分的範圍；即使如同公物之設定、變更、廢止或一般使用等情形，依法也是行政處分的範圍，只要有違法或不當，致使損害人民或公法人的權益時，依法都可以提起訴願。

一、訴願之管轄

訴願之管轄就是指訴願應向何機關提起而言，由於行政處分的情形以及行政機關的範圍相當廣泛，因此訴願要向何一機關提出申請就必須注意，以免發生錯誤：

1.不服鄉（鎮、市）公所或縣（市）政府所屬各級機關之行政處分者，向縣（市）政府提起訴願。

2.不服縣（市）政府所屬各級機關之行政處分者，向縣（市）政府提起訴願。

3.不服縣（市）政府之行政處分者，向中央主管部、會、行、處、局、署提起訴願。

4.不服直轄市政府所屬各級機關之行政處分者，向直轄市政府提起訴願。

5.不服直轄市政府之行政處分者，向中央主管部、會、行、處、局、署提起訴願。

6.不服中央各部、會、行、處、局、署所屬機關之行政處分者，向中央該部、會、行、處、局、署提起訴願。

7.不服中央各部、會、行、處、局、署之行政處分者，向主管院提起訴願。

8.不服中央各院之行政處分者，向原院提起訴願。

　　人民對於前述規定以外之中央或地方機關之行政處分提起訴願時，應按其管轄等級，比照前述之規定辦理，如果是對於二個以上不同隸屬或不同層級之機關共為之行政處分，應向其共同之上級機關提起訴願。假使是無隸屬關係之機關辦理受託事件所為之行政處分，應視同委託機關之行政處分，比照前述規定，向原委託機關或其直接上級機關提起訴願。原行政處分機關在做出處分後被裁撤或改組時，為了避免爭議，訴願法明定應以承受其業務之機關視同原行政處分機關，比照前述之規定，向承受其業務之機關或其直接上級機關提起訴願。

二、訴願提起之時間限制

依訴願法規定，訴願的提起應自行政處分達到或公告期滿之次日起三十日內提起之。換言之，也就是以申請人收到行政處分書的第二天開始起算三十天內提起；如果行政機關並未送出行政處分書，而是以公告的方式處理，例如變更地目、徵收等，此時以公告期滿的次日起算三十天內必須提起，否則依法就喪失提起訴願的權利。不過前述規定是以受處分的本人為限，如果是利害關係人，因為並非當然可以知道前述狀況，因此依法是以該利害關係人知悉時起算，但是如果從行政處分達到或公告期滿後已經超過三年時，為了避免造成行政處分的不確定性，導致人民無法預期的損失，所以此時依法也不能提起訴願。

其次，人民有時因為天災或其他不能歸責於自己的事由，導致無法於法定期間內提起訴願，例如因為地震而交通中斷無法外出等情形發生時，為了保護這些人員的合法權益，因此訴願法也明定，在前述情形存在、導致遲誤申請提出訴願的時間時，依法可以在原因消滅後十天內，以書面敘明理由，向受理訴願機關申請回復原狀，並同時補提訴願書。一旦經審查認定確實無誤時，訴願之申請即回復如同未逾期的情形，訴願機關就必須依法對訴願內容做出決定，不能再以訴願逾期為理由而直接不受理。

至於訴願提起的時間，依法應以原行政處分機關或受理訴願機關收到訴願書之日為準，不過如果訴願人誤將訴願書遞錯至無權受理的機關時，為了維護人民的權益，依法也是以該機關收到之日即視為提起訴願之日，以避免因一時不懂法律而遭受損害。

三、訴願之提起

提起訴願時必須具備訴願書，載明下列事項，並由訴願人或代理人簽名或蓋章：

1.訴願人之姓名、出生年月日、住、居所、身分證字號。如係法人或其他設有管理人或代表人之團體，其名稱、事務所或營業所，及管理人或代表人之姓名、出生年月日、住、居所。

2.有訴願代理人者，其姓名、出生年月日、住、居所、身分證字號。

3.原行政處分機關。

4.訴願請求事項。

5.訴願之事實及理由。

6.收受或知悉行政處分之年、月、日。

7.受理訴願之機關。

8.證據。如果證據是文書時，應該附加繕本或影本。

9.年、月、日。

除此之外，提起訴願時一般尚需附上原行政處分的影本，但如果是因為行政機關在法定期間內未對合法提出之申請做出決定而提起訴願時，依法前述第三、六項就改成提出申請之機關及提出申請的年、月、日，並附上原申請書之影本以及受理申請機關之收受證明即可。

第三節　行政訴訟法

　　行政訴訟，即對於公法上的爭議事項，由人民對政府的行政措施或行政處分等問題向行政法院提起訴訟，以求救濟的一種制度。按政府雖然是行使國家的統治權，原則上人民對於政府的行政措施應該加以服從，但是政府的行為也不是漫無限制，也是必須依循相關法律的規定始可，如果政府的行為違反相關的法令，致使人民的權益有受到危害或有危害的可能時，當然應該使人民有救濟的管道。雖然在前節已經介紹訴願的制度，但是由於訴願主要是使政府機關有自我察覺錯誤的制度，仍然屬於政府機關內部作成的決定，有時並非當然完全無誤，仍然有使人民權益無從伸張的可能。因此，我國特別制定了行政訴訟法，也就是對於訴願或再訴願不服的人民可以用提起行政訴訟的方式，尋求司法機關的救濟，以便使自己的權益能真正受到法律的保障。

　　我國行政訴訟法有做過多次修正，最近一次的修正將制度作了相當大的變革。首先在於起訴事由方面，以往要提起行政訴訟必須是主張因為行政處分損及自己的權益，才能起訴請求加以撤銷，但是新修正的行政訴訟法則規定，除了前述的撤銷訴訟之外，凡是任何關於公法上的爭議都可以提起，無形中也提高了行政訴訟所允許提起之範圍；其次，以往要提起行政訴訟，必須經過行政機關的訴願及再訴願程序才可以提起，但是在新修正的法律中則規定只要對於行政機關的訴願決定不服時，就可以直接向高等行政法院提起行政訴訟，無形中可以節省一些時間的花費。

一、行政訴訟之種類

依行政訴訟法規定，行政訴訟可區分為撤銷訴訟、確認訴訟及給付訴訟，而前三種中又可細分出請求應為行政處分之訴訟、維護公益訴訟及選舉罷免訴訟等。

(一) 撤銷訴訟

所謂撤銷訴訟，是指人民因中央或地方機關之違法行政處分，認為損害其權利或法律上之利益，經依訴願法提起訴願而不服受理訴願機關之決定，或提起訴願逾三個月受理訴願機關仍然不為決定，或延長訴願決定期間逾二個月受理訴願機關仍然不為決定時，可以向高等行政法院起訴請求加以撤銷之訴訟。按政府機關與人民間接觸頻繁，往往會有許多對人民的限制或處分存在，例如課稅、補稅、開罰單、沒收、徵收等等，往往會造成人民的權益因此而受到一些相關的影響，如果發生違反法令的情事存在時，對人民當然會造成相當大的損害，為了使人民有救濟的管道，所以規定可以對這類的違法處分請求行政法院加以撤銷，以保障自身權益。

其次，關於違法行政處分，當然指違反法律及依法發布的行政命令而言，如果該行政處分本身就有違反法令之情事存在時，當然可以請求加以撤銷；但是如果法律並未對該行政處分內容加以規定，而是行政機關本身有逾越權限或濫用權力而作成該行政處分時，由於此時仍然並非依法所作成，所以行政訴訟法也明定對於這種情形也以違法論，以杜絕爭議。

另外，如果一項行政處分同時損害許多人，而僅有其中一部

分人提起訴願，其他人對於該訴願決定仍然不服時；或是訴願的決定反而造成其他人權益的受損時應如何處理？爲了免除重複起訴或另提訴願之煩擾，行政訴訟法也明定在此情形下，只要訴願人以外之利害關係人，認爲訴願機關所作成的訴願決定，有損害其權利或法律上之利益時，都可以向高等行政法院提起撤銷訴訟，以維護權益。

（二）應爲行政處分之訴訟

此種訴訟可分爲兩種情形，第一種是當人民因爲中央或地方機關對其依法申請之案件，於法令所定期間內應作爲而不作爲，認爲其權利或法律上利益受到損害，經提起訴願仍然對於該訴願決定不服時，可以向高等行政法院提起請求該機關應爲行政處分或應爲特定內容之行政處分之訴訟。換言之，也就是當行政機關對於人民所提出的申請有拖延不辦之情形，經訴願程序仍然沒有獲得滿意的答案時，由人民起訴請求行政法院判決命該行政機關加以處理或爲特定處理的訴訟。

第二種則是當人民因中央或地方機關對其依法申請之案件，予以駁回，認爲其權利或法律上利益受違法損害者，經提起訴願仍然對於該訴願決定不服時，可以向高等行政法院提起請求該機關應爲行政處分或應爲特定內容之行政處分之訴訟。這情形與前一種情形有所不同，前一種情形是行政機關根本拖延不辦、不爲任何的處理，而第二種情形則是行政機關對於該人民依法申請的案件卻予以駁回，而造成人民權益受損，在訴願程序卻無法獲得救濟而言，有此種情形也可以依法提起應爲行政處分的訴訟，以維護自身權益。

（三）確認訴訟

確認訴訟，是指對於行政處分之無效與否以及關於公法上之法律關係的存在或不存在，請求法院以判決加以確認的情形而言。對於確認訴訟，必須原告有即受確認判決之法律上利益者才可以提起，換言之，也就是原告對於該確認的結果具有法律上的利害關係，可以因該確認判決而獲得法律上的利益始可，如果並沒有前述關係存在時，依法不能任意提起本訴訟，否則即會受到敗訴的判決。確認訴訟以高等行政法院為第一審的管轄法院。

在提起確認訴訟時，需注意如果是提起確認行政處分無效之訴訟，起訴的原告必須已經向原處分機關請求確認該處分為無效卻未被允許，或經過請求後於三十日內原處分機關仍然不為確定的答覆時，始得提起，如果在根本尚未向原處分機關提出請求前就起訴時，依法就會受到被駁回之判決結果。

此外，關於確認公法上法律關係成立或不成立之訴訟，如果原告可以依提起撤銷訴訟之方式處理時，依法就不能提起確認訴訟，否則依法也會受到敗訴的命運。但是如果是應提起撤銷訴訟，誤為提起確認行政處分無效之訴訟，而當事人尚未申請依訴願程序進行時，此時高等行政法院僅能以裁定將該事件移送於訴願管轄的行政機關，並且以行政法院收受訴狀之時，視為提起訴願，不能逕予駁回。

（四）給付訴訟

當人民與中央或地方機關間，因公法上原因或公法上的契約而發生財產上之給付，或是請求行政機關作成行政處分以外之其他非財產上之給付時，由人民對該行政機關起訴的訴訟就叫做給

付訴訟。舉例而言，行政機關辦理徵收卻未依法給付徵收補償費時，人民就可以用提起本給付訴訟的方式請求辦理機關依法給付。

不過，有時給付訴訟之裁判，會有以行政處分應否撤銷為前提之情形發生，例如行政機關違法沒收甲的東西，此時甲如果要拿回自己的東西，就必須先起訴請求撤銷該沒收的行政處分，但是如果強制要求甲必須在勝訴後才能再另外起訴請求行政機關返還，可能反而會造成甲的時間及精力上的花費，徒增煩擾，因此行政訴訟法也明定，在原告依法提起撤銷訴訟時，也可以一併為給付訴訟的請求，以避免造成當事人的不便。

（五）維護公益訴訟

所謂維護公益訴訟，就是指人民為維護公益，在法律有特別明文規定的情形下，就無關自己權利及法律上利益之事項，而對於行政機關之違法行為提起行政訴訟之情形。此種訴訟由於跟自身權益無關，所以為避免濫訴的情形發生，所以行政訴訟法明定必須在其他法律有特別明文規定的情形下才可以提起。至於維護公益訴訟的性質，必須看其起訴的方式而準用撤銷、確認或給付訴訟有關之規定。舉例而言，如果是請求確認某行政處分無效時，就準用前述確認訴訟的規定。

（六）選舉罷免訴訟

選舉罷免訴訟，就是所有關於選舉罷免事件之爭議所提起的訴訟而言。此種訴訟的性質，也是依其提起的方式而準用撤銷、確認或給付訴訟有關之規定。

二、行政訴訟之被告機關

在提起行政訴訟時，當然必須要確認所欲告的對象始為合法，在給付訴訟及確認訴訟時，由於要求哪個行政機關來給付或是要求確認何機關所作成的行政處分為無效，其對象通常較明確，所以比較不至於發生問題。只是如果該爭議事件並非行政機關所作成，而是因人民與受委託行使公權力之團體或個人，因受託行使公權力的事件涉訟時，此時因為是受託的團體或個人始較為明瞭事實狀況，所以依法仍然是以該受託之團體或個人為被告，並非以委託的機關為被告。

其次，在撤銷訴訟時，由於經過訴願程序，因此究竟以何一機關來作為訴訟的被告可能會產生爭議，因此行政訴訟法明定，關於經過訴願程序之行政訴訟，其被告為下列機關：

1.駁回訴願時之原處分機關。
2.撤銷或變更原處分或決定時，為最後撤銷或變更之機關。

除前述的情形外，如果被告機關經裁撤或改組時，如果有其他機關承受其業務時，就以承受其業務之機關為被告機關；如果沒有承受其業務之機關時，為免造成紛擾，所以行政訴訟法特別明定以其直接上級機關為被告機關，以杜爭議。

三、行政訴訟之程序

（一）一般訴訟程序

依法關於行政訴訟的提起，除了必須符合個別訴訟的要件之外，尚應以訴狀表明下列各款事項，提出於高等行政法院爲之：

1. 當事人。
2. 起訴之聲明。
3. 訴訟標的及其原因事實。
4. 經訴願程序者，應附具訴願決定書。

關於行政訴訟的提起，原則上並無法定期間的限制，只有在提起撤銷訴訟時，依法必須於訴願決定書送達後二個月之不變期間內爲之。但是如果是由訴願人以外之利害關係人提起行政訴訟時，由於其並非可以立即得知訴願的結果，因此行政訴訟法規定，如果該利害關係人知悉在後時，則自知悉時起算二個月內提起，但如果自訴願決定書送達後已逾三年時，則任何人都不能提起行政訴訟。

在起訴後，行政法院就必須審查原告起訴是否合法，如果原告之訴有下列情形之一時，行政法院應以裁定駁回之。但其情形可以補正者，審判長應定期間先命補正：

1. 訴訟事件不屬行政法院之權限者。
2. 訴訟事件不屬受訴行政法院管轄而不能請求指定管轄，亦不能爲移送訴訟之裁定者。

3.原告或被告無當事人能力者。

4.原告或被告未由合法之法定代理人、代表人或管理人為訴訟行為者。

5.由訴訟代理人起訴，而其代理權有欠缺者。

6.起訴逾越法定期限者。

7.當事人就已起訴之事件，於訴訟繫屬中更行起訴者。

8.本案經終局判決後撤回其訴，復提起同一之訴者。

9.訴訟標的為確定判決或和解之效力所及者。

10.起訴不合程式或不備其他要件者。

11.撤銷訴訟，原告於訴狀誤列被告機關者。

在審查原告的起訴合法時，高等行政法院就應該進入實質的審查，不過如果原告的起訴，依其所訴之事實，在法律上根本顯然沒有理由時，行政法院也可以不經言詞辯論，而直接以判決駁回之。在高等行政法院做出判決之後，如果對於判決結果不服時，可以在高等行政法院判決送達後二十日之不變期間內提起上訴，但宣示或公告後送達前之上訴，依法也發生上訴的效力。提起上訴，應以上訴狀表明下列事項，提出於原高等行政法院為之：

1.當事人。

2.高等行政法院判決，及對於該判決上訴之陳述。

3.對於高等行政法院判決不服之程度，及應如何廢棄或變更之聲明。

4.上訴理由。但是上訴狀內如果未表明上訴理由者，上訴人也可以在提起上訴後二十日內提出理由書於原高等行政法院，不過如果是判決宣示或公告後送達前就提起上訴之情

形時，則是從判決送達後起算二十日內補提上訴理由即可。如果當事人逾期未提出時，由原高等行政法院就可以直接以裁定駁回其上訴。

5.添具關於上訴理由之必要證據。

對於高等行政法院判決之上訴，依法必須以該判決有違背法令為理由始可，換言之，也就是上訴理由中需具體指明原判決有何違背法令之處，否則上訴仍然不合法。所謂判決違背法令，只要是判決不適用法規或適用法規不當時即屬之，有下列各款情形之一者，其判決則是當然違背法令：

1.判決法院之組織不合法者。

2.依法律或裁判應迴避之法官參與裁判者。

3.行政法院於權限之有無辨別不當或違背專屬管轄之規定者。

4.當事人於訴訟未經合法代理或代表者。

5.違背言詞辯論公開之規定者。

6.判決不備理由或理由矛盾者。

在當事人的上訴被駁回或是由最高行政法院做出撤銷改判的判決時，由於最高行政法院是終審法院，所以在此情形下該判決依法即為確定，當事人不能再作爭執。

（二）簡易訴訟程序

關於下列的行政訴訟事件，依法應適用簡易程序：

1.關於稅捐課徵事件涉訟，所核課之稅額在新台幣三萬元以下者。

2.因不服行政機關所爲新台幣三萬元以下罰鍰處分而涉訟者。

3.其他關於公法上財產關係之訴訟，其標的之金額或價額在新台幣三萬元以下者。

4.因不服行政機關所爲告誡、警告、記點、記次或其他相類之輕微處分而涉訟者。

5.依法律之規定應適用簡易訴訟程序者。

前項所定數額，司法院得因情勢需要，以命令減爲新台幣二萬元或增至新台幣二十萬元。

關於行政簡易程序原則上都準用通常程序的規定，但是與通常程序主要有以下之不同點：

1.原告起訴以及其他期日外之聲明或陳述，都可以用言詞爲之即可，如果以言詞起訴時，只需由書記官記明筆錄，然後將筆錄送達於他造即爲合法的起訴。

2.簡易訴訟程序在獨任法官前進行，而且簡易訴訟程序之裁判可以不必經過言詞辯論就直接由法官判決。

3.簡易判決的判決書內之事實、理由，可以不分項記載，並且可以僅記載其要點即可。

4.對於適用簡易程序之裁判提起上訴或抗告，須經最高行政法院之許可，而且前述的許可，以訴訟事件所涉及之法律見解具有原則性者爲限。換言之，依簡易程序進行的判決原則上不得上訴，除非因爲其牽涉的法律見解具有原則上的重要性，並且經最高行政法院的許可，否則都會造成一審即終結的結果。

（三）再審及重新審理

♀ 再審

再審，是原訴訟當事人對於已經確定判決不服時的唯一救濟方法。按案件一經判決確定，原則上任何人都不能再加以爭執，以維持判決的效力。但是，有時判決本身有些特殊情形導致判決結果有違誤的情形，當然不能不使當事人有救濟的管道，所以行政訴訟法明定，原判決本身或為判決基礎之裁判有下列各款情形之一者，除了當事人已依上訴主張該事由或知其事由而不為主張外，可以提起再審之訴對於確定終局判決聲明不服：

1. 適用法規顯有錯誤者。
2. 判決理由與主文顯有矛盾者。
3. 判決法院之組織不合法者。
4. 依法律或裁判應迴避之法官參與裁判者。
5. 當事人於訴訟未經合法代理或代表者。
6. 當事人知他造之住居所，指為所在不明而與涉訟者。但他造已承認其訴訟程序者，不在此限。
7. 參與裁判之法官關於該訴訟違背職務，犯刑事上之罪者。
8. 當事人之代理人、代表人、管理人或他造或其他代理人、代表人、管理人關於該訴訟有刑事上應罰之行為，影響於判決者。
9. 為判決基礎之證物係偽造或變造者。
10. 證人、鑑定人或通譯就為判決基礎之證言、鑑定或通譯為虛偽陳述者。
11. 為判決基礎之民事或刑事判決及其他裁判或行政處分，依其後之確定裁判或行政處分已變更者。

12.當事人發見就同一訴訟標的在前已有確定判決或和解或得使用該判決或和解者。

13.當事人發見未經斟酌之證物或得使用該證物者。但以如經斟酌可受較有利益之裁判者為限。

14.原判決就足以影響於判決之重要證物漏未斟酌者。

15.確定終局判決所適用之法律或命令，經司法院大法官依當事人之申請解釋為牴觸憲法者，其申請人亦得提起再審之訴。

前述第七項至第十項情形，以宣告有罪之判決已確定，或其刑事訴訟不能開始或續行非因證據不足者為限，得提起再審之訴。

提起再審之訴時，應向為判決之原行政法院提出，但是如果對於審級不同之行政法院就同一事件所為之判決提起再審之訴者，由最高行政法院合併管轄之。再審之訴，應以訴狀表明下列各款事項，並添具確定終局判決繕本，提出於管轄行政法院為之：

1.當事人。

2.聲明不服之判決及提起再審之訴之陳述。

3.應於如何程度廢棄原判決及就本案如何判決之聲明。

4.再審理由及關於再審理由並遵守不變期間之證據。

至於提起再審之期間，依法要提起再審之訴，必須在判決確定時起算三十日之不變期間內提起；但是再審之理由如果知悉在後時，則自知悉時起算；如果是依第十五項之大法官會議解釋而提起再審之訴時，則自解釋公布當日起算。

⚷ 重新審理

重新審理與再審不同，再審是由原來參與行政訴訟的原告、被告等人對於確定判決不服時的救濟方法，至於重新審理則不

同，是由原來根本沒有參與行政訴訟的第三人所提起救濟的情形。詳言之，重新審理是由因撤銷或變更原處分或決定之判決而權利受損害之第三人，在非可歸責於己之事由下未能參加訴訟，致使不能在訴訟中提出足以影響判決結果之攻擊或防禦方法的情形下，賦予該第三人有尋求救濟的機會之一種制度。符合前述的要件時，就可以申請狀表明下列事項，在知悉確定判決之日起三十日之不變期間內提出於原判決的行政法院申請重新審理，但是如果自判決確定之日起已逾一年時則不得申請：

　　1.申請人及原訴訟之兩造當事人。

　　2.申請重新審理之事件，及申請重新審理之陳述。

　　3.就本案應為如何判決之聲明。

　　4.申請理由及關於申請理由並遵守不變期間之證據。

　　申請重新審理如果不合法或無理由時，行政法院應以裁定或判決駁回之，但是行政法院認為該申請有理由時，則應以裁定命為重新審理，一旦開始重新審理之裁定確定後，原訴訟程序即當然回復，原申請人於回復原訴訟程序後，依法即當然參加訴訟，至於原法院則依原審級所應進行的程序來重新為審理判決。

第四節　國家賠償法

　　在今日的社會生活中，與政府機關之接觸愈趨頻繁，因此也會產生許多無法預期的後果，例如公務機關所屬之車輛在路上撞傷行人，或是政府所設置的相關設施因為維護不當造成人民因此受到損害，如此結果應該如何處理呢？由於有此類的需求，因此

國家賠償法乃應運而生。

所謂國家賠償法，依據國家賠償法第二條及第三條規定，是指當公務員執行職務、行使公權力時，因為故意、過失或怠於行使職務，不法侵害人民之自由或權利；或是因為公有公共設施的設置或管理有欠缺，導致人民的生命、身體或財產受到損害，而由國家負責賠償的一種制度。由於國家賠償法是國家負賠償責任的一般性規定，所以除非其他法律有特別規定，否則要申請國家賠償都係以國家賠償法為主要依據。

至於其他國家賠償法的特別規定方面，在我國法律中主要就是冤獄賠償法。雖然冤獄賠償法也是國家應負賠償責任的規定，但是冤獄賠償法的範圍僅限於因為刑事訴訟程序而受到冤枉坐牢或罰金之人，使其能請求賠償的規定，因此與國家賠償法之廣泛適用於所有問題的情形不同。在有前述冤獄的情形存在時，由於冤獄賠償法是特別規定，因此要請求國家負起賠償責任時就必須依據冤獄賠償法，不能依國家賠償法請求，此點要特別注意。

一、請求國家賠償的要件

依據國家賠償法的規定，必須有下列三種情形之一才能請求國家賠償：

（一）公務員於執行職務、行使公權力時，因為故意或過失不法侵害人民之自由或權利

此種情形是指公務員基於國家所賦予的權力而行使，卻因為行使時的故意或疏失，導致人民的自由或權利受到損害的情形而言，例如被警察濫用權力違法查扣駕照，或是被值勤中的公務車

撞及的情形均包括在內。但是，如果公務員並非執行公權力，而係自行在外為私人的行為時，例如購買預售屋發生糾紛時，則不屬於國家賠償法的範圍，僅能依民法的規定加以處理。

（二）公務員怠於執行職務，致人民之自由或權利遭受損害

此種情形是指公務員並非積極地對人民為侵害的行為，但是對於人民依法有請求為特定行為之權利而提出請求時，卻故意為拖延怠惰之行為，導致人民的權利受到損害的情形而言。不過要注意的是欲依據本規定請求時，其前提要件必須是人民對該行為有公法上的請求權存在，如果不是，例如寄信要求總統解任某位部長等情形，由於依法總統並無必須依信件內容解任的義務，所以就不能因此而要求國家賠償。

（三）公有公共設施因設置或管理有欠缺，致人民之生命、身體或財產受有損害

所謂「公有公共設施」是指公家所設置、並且供公眾使用的設施而言，舉凡道路、橋樑、學校、公園等都包括在內，但是如果前述的設施尚未完工並且開放供大眾使用時，則仍然不能稱為「公有公共設施」，如果有人在其中發生損害時，只能看公務員是否有故意或過失行為存在而依前述第一、第二種規定求償，不能適用此處的規定。其次，「公有公共設施」也必須在設置之初就存在有問題，或是在管理維護上有所欠缺，並且因此導致人民之生命、身體或財產受有損害時，受害者才能請求國家賠償，否則如果是因為其他人的問題，例如因為有人喝醉酒開車撞斷電線桿，而被電線桿砸傷的人，就不能只因為電線桿是公物而請求國家賠償。

二、請求國家賠償之程序

（一）前置程序——書面請求

國家賠償法與一般民事請求損害賠償最大的不同點就在這裡，因為在請求國家賠償時，依法必須先以書面向應負責賠償之機關請求賠償，並且於該機關拒絕賠償、或是拖延而不為任何協議時，才能向法院起訴，否則如果貿然直接向法院起訴時，就會受到敗訴被駁回的命運。至於所謂書面，其內容只要能載明提出請求人之姓名、住址、請求賠償的事實及理由、請求賠償的金額、賠償義務機關的名稱，並由提出請求的人簽名蓋章即可，並無特別格式的要求。

（二）協議程序

所謂協議程序，是指賠償義務機關於接獲前述請求時，應該先行與請求人聯絡，並且進行協調之程序而言，如果賠償義務機關認為不應賠償時即應明示拒絕賠償，但如果賠償義務機關認為應該賠償時，就必須儘速與請求人協調賠償之事宜。如果賠償義務機關於提出請求之日起算三十天內尚未開始協議之程序，或自開始協議之日起超過六十天還未能達成協議時，請求人就可以依法向法院起訴請求國家賠償。

（三）起訴程序

所謂起訴程序就是在賠償義務機關拒絕賠償，或如同前述之拖延協議開始日期及協議完成日期時，由請求人向法院民事庭起

訴之程序而言。一旦進入起訴程序之後，所有的程序都準用民事訴訟程序，依法必須繳納裁判費，並且按一般訴訟程序進行，茲不復贅。

三、國家賠償之賠償義務機關

依據國家賠償法的規定，受損害的人如果要請求賠償時，必須視其究竟是因為何種原因受到損害來定其賠償義務機關，如果向錯誤的賠償義務機關提出請求，就會因此而受到敗訴的命運。茲分述如下：

（一）因公務員於執行職務、行使公權力而受到損害

此時受害人應該以該公務員所屬機關為賠償義務機關。例如民眾如果因為監理處職員之行為而受到損害時，該職員所屬的機關——監理處，就是該受害民眾可以請求國家賠償的賠償義務機關。

（二）因公有公共設施的設置或管理有欠缺而受損害

此時受害人應以該公有公共設施之設置或管理機關為賠償義務機關。舉例而言，如果因為某縣政府所設置及管理的道路上有坑洞而跌倒受傷時，則該道路的管理機關——縣政府就是賠償義務機關。

（三）如果依前兩項所定的機關在請求前已經被裁撤

此時必須依照下列方式決定應向何機關提出請求：

1.如果有新機關承受該機關的業務時，則以該機關為賠償義

務機關。例如農業發展委員會和其他單位合併成為行政院農業委員會，此時原來屬於農業發展委員會應負責賠償的案件，就可以轉而向行政院農業委員會請求賠償。

2.如果原機關被裁撤卻沒有其他機關承受其業務時，此時受害人就可以向原機關的上級機關請求賠償。舉例而言，內政部如果將所屬的某局或某署裁撤，卻沒有任何其他機關承受其業務時，受害人便可向原局（署）之直接上級機關——內政部請求國家賠償。

四、冤獄賠償提起之要件

依冤獄賠償法規定，凡是在刑事訴訟程序受到羈押或被判處罰金之人，其後被認定為無罪確定時，可以依法提起冤獄賠償之請求。至於其得提起的條件如下：

1.不起訴處分獲無罪判決確定前，曾經受到羈押者。詳言之，凡是在被認定為無罪之前曾經受到羈押，不論該羈押決定時是否有任何故意或過失存在，甚至可能司法官只是受到欺瞞而做出羈押的決定，受羈押者都可以提起冤獄賠償之請求。

2.依再審或非常上訴程序判決確定前，曾經受到羈押或受到刑之執行者。

3.有以下情形之一時，不能請求冤獄賠償：
   (1)因未滿十四歲之行為及心神喪失之行為而不罰者。
   (2)該行為違反公共秩序或善良風俗，或應施以保安處分者。

(3)因受害人之故意或重大過失之行為導致受到羈押或刑之執行者。

(4)因判決合併處罰之一部受無罪之宣告，而其他部分受有罪之宣告者。

(5)曾經判決確定者。

(6)時效已完成者。

(7)曾經大赦者。

(8)犯罪後的法律已廢止其刑罰者。

(9)告訴或請求乃論之罪其告訴或請求已撤回或已逾告訴期間者。

(10)法院對被告無審判權者。

(11)法律規定應免除其刑者。

(12)因犯罪情節輕微，而由檢察官裁量為不起訴處分者。

(13)因被告死亡而不起訴者。

五、冤獄賠償之程序

冤獄賠償提起請求的方式與一般國家賠償不同，是向做出不起訴處分之機關或判決無罪之機關提出請求，例如由台北地檢署為不起訴處分的案件中，受害人請求冤獄賠償時就必須向台北地檢署提出請求。至於申請冤獄賠償時，必須具備下列之格式及內容：

1.申請人之姓名、性別、年齡、職業、住居所。如果受害人已經死亡或受死刑之執行時，則需由其法定繼承人檢具戶籍謄本提出申請。

2.申請賠償的標的，例如被羈押多少天等。

3.事實及理由，並且應附具不起訴處分書或無罪判決之正
  本。

4.管轄機關。

5.提出申請之年、月、日。

申請人提出請求後，受請求機關就必須依法做出是否賠償的
決定，對於受請求機關之決定如果不服時，可以於收到決定書二
十日內向司法院冤獄賠償覆議委員會申請覆議。不過由於冤獄賠
償是採二級二審制，因此只要司法院冤獄賠償覆議委員會做出決
定後就告確定，其後即不能再進行任何爭執，此點與國家賠償之
適用民事訴訟程序的情形並不相同，實應多加注意。

第五節　公務人員保障法

公務人員保障法，主要是規定關於公務人員權益的保障，舉
凡公務人員的身分、工作條件、官職等級、俸給等關係公務人員
的權益，以及當公務員本身權益受到損害時應如何救濟等情形均
包括在內。公務人員保障法適用的對象包括法定公務機關依法任
用、派用之有給職的專任人員，以及公立學校編制內依法任用之
職員，但是如果是政務官或民選公職人員則不受本法的保障。至
於以下人員，由於與公務員性質接近，所以依法也準用公務人員
保障法之規定：

1.教育人員任用條例公布施行前已經進用，但未經銓敘合格
  之公立學校職員。

2.公營事業對經營政策負有主要決策責任及依法任用之人員。

3.機關組織編制中依法聘用或僱用之人員。

　　只要屬於以上之人員，依法都可以適用或準用公務人員保障法的規定及相關程序來保障自身權益，如果所屬長官有違反公務人員保障法之情事存在時，依法都會受到相當之懲處。

一、保障之內容

　　依公務人員保障法規定，凡是公務人員都受到以下之保障：

（一）身分之保障

　　所謂身分之保障，是指只要具有公務人員任用或派用資格，經依法任用或派用，並經銓敘合格之現職人員，依法即取得公務人員的身分，對於此項公務人員的身分以及基於身分的請求權，非依法律不得加以剝奪。換言之，也就是一旦依法取得公務人員之資格，除非有公務人員懲戒法等相關事由存在，否則絕對不能任意剝奪其公務人員之資格，否則即屬違法。

（二）工作環境之保障

　　所謂工作環境的保障，是指對於公務人員必須提供良好之工作環境、執行職務必要之機具設備，以及對於公務人員執行職務的安全予以保障的情形。換言之，也就是公務人員之工作環境必須是具備安全性以及妥善性之情形下始為合法，如果行政機關對於該機關公務人員執行職務時並沒有提供安全之防護措施時，就

屬於違反此處對公務員之保障規定。

（三）官等職等之保障

這是指公務人員只要是經銓敘審定的官等或職等依法都受到保障，除非依法律的規定，否則任何機關或個人都無權加以變更。

（四）俸級之保障

所謂「俸級」是指公務人員計算薪資的標準級數而言，依法只要是公務人員經銓敘後審定的俸級，都受到法律上的保障，除非依照法律有關之規定，否則不能任意加以降級或減俸。

（五）法定加給之保障

所謂法定加給，是指公務人員因為其職務種類、性質或服務地區之緣故，而由法律特別明定特別增加之薪資補償而言。對於法定加給，依法也受到保障，除非有法令的依據，否則任何機關都無權不發給該公務員。

（六）訴訟協助之保障

這是指當公務人員依法執行職務而導致涉及訴訟或遭受侵害時，為了保障該公務員不至於無端受害或造成困擾，所以公務人員保障法明定，此時該公務員的服務機關應該聘請律師為其辯護以及提供相關法律上的協助。不過如果該公務人員的涉訟或遭受損害，純粹是因為該公務員個人的故意或重大過失所造成時，此時要求其服務機關負責亦不妥當，所以雖然其服務機關也是可以提供相關協助，不過對於費用的支出等則可以向該公務員請求賠償。

二、違反保障時之救濟

雖然公務人員保障法已規定相關的保障，但是如果執行者違反時應如何處理當然也不能不加以規定，否則保障規定就有可能成為具文。依法公務人員需視其所受的損害究竟是因服務機關或人事主管機關之處分，還是對於服務機關所提供的工作條件及所為的管理認為不當有所爭執之不同，而有不同之救濟方式。

（一）行政處分的救濟

這是關於公務員所屬的服務機關或人事主管機關對於該公務員為行政處分，該公務員認為不服而請求救濟的情形，舉例來說，甲在公務機關任職三年，某日突然收到上級機關的降調處分，或是收到人事機關的記過減俸處分等情形都包括在內，此時由於「官等職等之保障」以及「俸級之保障」都是公務人員保障法上明文規定的制度，所以依法該公務員甲就可以循此處規定的管道加以救濟。

依公務人員保障法規定，對於行政處分的救濟是以復審、再復審之程序進行救濟。所謂復審，就是當公務員對於服務機關或人事主管機關所為的行政處分，認為其係違法或不當，導致損害自己的權利或利益時，可以填寫復審申請書向上級機關申請對該處分重新審查。如果對於復審機關所做出之決定不服時，該公務人員可以在收到復審決定書之次日起三十日內向公務人員保障暨培訓委員會申請再復審（也就是再審查）。如果對於再復審的結果還是不服時，該公務員依法還可以在收到決定書送達之次日起二個月內向司法機關尋求救濟，以保護該公務員的權益。

如果公務員並未提起司法救濟時，再復審決定就因而確定，關於公務人員保障暨培訓委員會所做的再復審決定依法就有拘束各關係機關的效力，原處分機關除有必要得延長一個月外，依法應在再復審決定確定之次日起二個月內將處理情形回覆復審機關及公務人員保障暨培訓委員會。原處分機關如果沒有在前述期限內處理時，公務人員保障暨培訓委員會可以為以下之處置：

1. 違失人員為薦任第九職等以下人員時，由公務人員保障暨培訓委員會通知原處分機關之上級機關依法處理。
2. 違失人員為薦任第九職等以上人員時，由公務人員保障暨培訓委員會移送監察院審查。

(二）管理不當之救濟

這是指公務人員如果對於服務機關所提供的工作條件，或所為的管理認為不當時的救濟方式。例如對於公務機關內並未提供辦公所需的物品，或是並未提供安全的環境等情形，如果公務員有所不滿，應該如何救濟的規定。依公務人員保障法規定，在此種情形下，公務人員可以依法檢具書面，載明下列事項，向服務機關提出申訴：

1. 申訴人姓名、年齡、身分證統一編號、服務機關（單位）、職務、住所。
2. 事實。
3. 改善建議。
4. 年、月、日。

在申訴人提出申訴後，服務機關依法應於收到申訴書之日起

三十日內答覆申訴人，必要時得延長十日。如果申訴人在前述期限內並未收到答覆，或是對於服務機關之申訴決定的答覆不服時，依法可以在收到函覆之次日起三十日內填寫再申訴書（內容同申訴書）向公務人員保障暨培訓委員會提出再申訴。提起再申訴時需注意不能有下列情形，否則依法將不予受理：

1.無具體之事實內容。

2.未具真實姓名、服務機關及住所者。

3.同一申訴事件，經再申訴決定後，仍再申訴者。

再申訴符合法律規定時，公務人員保障暨培訓委員會依法應自收到再申訴書之日起二個月內做出決定，必要時得延長一個月，對於再申訴決定依法應送達再申訴人及有關機關。關於公務人員保障暨培訓委員會所做的決定確定時，依法有拘束各關係機關的效力，服務機關除了有正當理由，經報請公務人員保障暨培訓委員會同意延長期限外，需於收到申訴決定書之次日起二個月內將處理情形回覆公務人員保障暨培訓委員會。

法律與生活【第二版】　　　　　　　　　　POLIS系列34

編　著　者╱劉俊麟・劉俊良

出　版　者╱揚智文化事業股份有限公司

發　行　人╱葉忠賢

總　編　輯╱林新倫

執行編輯╱晏華璞

登　記　證╱局版北市業字第1117號

地　　　址╱台北市新生南路三段88號5樓之6

電　　　話╱(02)2366-0309

傳　　　眞╱(02)2366-0310

E - m a i l╱service@ycrc.com.tw

網　　　址╱http://www.ycrc.com.tw

郵撥帳號╱19735365

戶　　名╱葉忠賢

印　　　刷╱大象彩色印刷製版股份有限公司

法律顧問╱北辰著作權事務所　蕭雄淋律師

初版一刷╱2001年9月

二版一刷╱2005年10月

定　　　價╱新台幣500元

I S B N╱957-818-743-2

國家圖書館出版品預行編目資料

法律與生活 = Law and human life / 劉俊麟, 劉俊良
編著. -- 二版. -- 台北市：揚智文化, 2005 [民94]
面；　公分. -- (POLIS系列；34)

ISBN 957-818-743-2（平裝）

1. 法律 - 中國

582.18   94017259